轨道交通客运服务心理与实务

（第二版）

主　编　王慧晶

中南大学出版社
www.csupress.com.cn

·长沙·

内容摘要

《轨道交通客运服务心理与实务》一书为高等职业教育规划教材，是从高职教学的实际出发，把心理学知识与轨道交通客运服务有机结合起来，使本书更具有针对性，符合高职教育课程内容与职业标准对接的要求。本书主要内容包括：轨道交通客运服务心理学概述，轨道交通客运服务人员的心理品质及培养，满足或超越旅客的需要，客运服务中旅客的冲突、投诉心理与服务。

本书可作为高职院校交通运输类专业教材，也可作为铁路运输、城市轨道交通管理基层工作人员的培训教材和从事轨道交通客运服务人员学习的参考用书。

总　序

　　交通运输业是国民经济体系的重要组成部分，也是促进国民经济发展的重要基础产业和推动社会发展的先决条件。在最近的30年里，我国交通运输业整体上取得飞速发展，交通基础设施、现代化运输装备、客货运量总量和规模等都迅猛扩展，大量的新技术、新设备在铁路等交通运输方式中被投入应用。同时，大量的交通基础设施建设，特别是近年来我国高速铁路的不断投入使用，使我国的交通供需矛盾得到一定的缓解，我国交通运输网络的结构也得到了明显改善，颇具规模的现代化综合型交通运输网络已经初步形成。

　　我国交通运输业日新月异的发展，不仅对专业人才提出了迫切的需求，更使其教材建设成为专业建设的重点和难点之一。为解决当前国内高职院校交通运输类专业教材内容落后于专业与学科科技发展实际的难题，由中南大学出版社组织国内交通运输领域内的一批专家学者，协同编写了这套普通高等职业院校交通运输类"十四五"规划教材。参与规划和编写这套教材的人员都是长期从事交通运输专业的科研、教学和管理实践的一线专家学者，他们不仅拥有丰富的教学和科研经验，同时还对我国交通运输相关科学技术的发展和变革也有深入的了解和掌握。这套教材比较全面、系统地介绍了目前国内交通运输领域尤其是高速铁路和城市轨道交通的客货运输管理、运营技术、车站设计、载运工具、交通信息与控制、道路与铁道工程等方面的内容，在编写时也注意吸收了国内外业界最新的实践和理论成果，突出了实用性和操作性，适合大中专院校交通运输类以及相关专业的培养目标和教学需求，是较为系统和完整的交通运输类系列教材。该套教材不仅可以作为普通高等职业院校交通运输专业课程的教材，同时还可以作为各类、各层次学历教育和短期培训的首选教材，也比较适合作为广大交通运输从业人员的学习参考用书。

　　由于我们的水平和经验所限，这套教材的编写也有不尽如人意的地方，敬请读者朋友不吝赐教。编者在一定时期之后会根据读者意见以及学科发展和教学等的实际需要，再对教材认真进行修订，以期保持这套教材的时代性和实用性。

　　最后衷心感谢参加这套教材编写的全体同仁，正是由于他们的辛勤劳动，编写工作才得以顺利完成。我们还应该真诚感谢中南大学出版社的领导和同志们，正是由于他们的大力支持和认真督促，这套教材才能够如期与读者见面。

中南大学校长、院士

第二版前言

本书是在 2017 年出版的高等职业院校交通运输类"十三五"规划教材《轨道交通客运服务心理与实务》的基础上修订而成的。

我国"八纵八横"铁路网已完成 70% 的建设任务，高速铁路网络化特征日趋明显，城市群、都市圈内多层次轨道交通融合发展，旅客在要求交通工具更加方便、快捷的同时，对于客运服务的期望与要求也与日俱增。本书在修订过程中，针对旅客出行需求高效率、高质量、个性化、多元化的发展趋势，对章节内容进行了更新、补充和调整。

本版保留了第一版将心理学知识与轨道交通客运服务有机结合的编写理念，采用理论和实践相结合的编写方法。本版与第一版相比增加了转变态度的方法技巧、积极心理学的人格理论、大五人格、人际交往距离等内容；更新了心理学的派别，轨道交通客运服务中的感知觉，客我交往的心理障碍与冲突等内容；更注重旅客出行体验，从旅客体验角度出发，突出"以人为本"的服务埋念。

本书由湖南铁路科技职业技术学院王慧晶教授担任主编，并撰写模块 1 内容 1、内容 3，中国铁路广州局集团公司廖明聪编写模块 1 内容 2，湖南铁路科技职业技术学院熊芬编写模块 2 内容 1、内容 2，湖南铁路科技职业技术学院罗丹编写模块 2 内容 3、内容 4，湖南铁路科技职业技术学院周国玲编写模块 2 内容 5，中国铁路广州局集团公司汤霜编写模块 3 内容 1、内容 2、内容 3，湖南铁路科技职业技术学院张园园编写模块 4 内容 1，湖南铁路科技职业技术学院李益佳编写模块 4 内容 2。在编写过程中，得到了中国铁路广州局集团公司客运处、株洲站、长沙客运段、广州客运段，长沙市轨道交通集团有限公司，深圳市地铁集团有限公司等部门的大力支持和热情帮助，在此表示衷心的感谢！此外，在编写本书的过程中还参阅了大量有关书籍，在此向所有作者表示感谢！限于编者的水平，书中难免有疏漏和不妥之处，恳请读者和同行专家批评指正。

编　者

2020 年 12 月

第一版前言

随着沪昆、兰新、贵广、津秦、厦深、西宝等一批新建高速铁路投入运营，2014年底全国高速铁路运营里程达到1.6万km，位居世界第一，中国"四纵四横"快速铁路网主骨架已粗具规模，成为世界上高速铁路投产运营里程最长、在建规模最大的国家。截至2013年底，我国城市轨道交通运营线路80条，城市轨道运营里程2400 km，城市轨道运营车站1600座，城市轨道运营车辆需求约2322辆，2013年我国城市轨道固定投资规模达2897亿元，截至2014年底，全国共计有36个城市相继建设轨道交通线路，在建线路共计63条、24段、2198 km。2013年全年，我国城市轨道交通运输客流量前五的城市分别是北京、上海、广州、深圳、重庆，其平均日客流量分别为1100.22万人次、814.6万人次、690万人次、230.88万人次、164.2万人次。

我国高速铁路、城际铁路及地铁的发展，吸引了越来越多的旅客选择乘坐轨道交通运输工具出行，轨道交通运输客流量大幅度增加。为适应新情况和新变化，轨道交通运输企业应与时俱进，不断针对旅客心理需求，完善服务体系，提升服务质量，以满足和适应不同层次、不同目标的市场需求，这就对轨道交通客运服务人才培养提出了新的要求。为满足高等院校培养轨道交通运输服务行业高素质技术技能型人才的需要，我们编写了《轨道交通客运服务心理与实务》一书。本书从高职教学的实际出发，把心理学知识与轨道交通客运服务有机结合起来，在轨道交通服务领域内系统研究轨道交通旅客与客运服务人员心理活动现象及其规律，着重介绍结合轨道交通旅客特点的服务方式与技巧。本书在编写过程中，注重理论和实践相结合，在每章列举了大量实例进行说明，使全书知识性和实践性融为一体，便于读者理解和运用。

本书由王慧晶主编、撰写提纲并进行修改，王慧晶撰写模块1内容1、内容3，廖明聪编写模块1内容2，李红芳编写模块2内容1，熊芬编写模块2内容2，罗丹编写模块2内容3，何美生编写模块2内容4，周国玲编写模块2内容5，李培锁编写模块3内容1，周阳编写模块3内容2、黄艺娜编写模块3内容3，张园园编写模块4内容1，李益佳、张吉光编写模块4内容2。本书在编写过程中，还得到了广州铁路(集团)公司客运处、长沙站、长沙客运段、广州客运段、长沙市轨道交通集团有限公司，深圳市地铁集团有限公司等部门的大力支持和热情帮助，在此表示衷心的感谢！此外，在编写本书的过程中还参阅了大量相关书籍，在此向所有作者表示感谢！

限于编者的水平，书中疏漏和不妥之处难免，恳请读者和同行专家批评指正。

编　者

2017 年 7 月

目　录

模块 1
轨道交通客运服务心理学概述

内容描述

轨道交通客运服务心理学是心理学科的一个分支学科，是心理学基本理论与方法在轨道交通客运服务领域的应用与发展。本模块主要介绍普通心理学的基本内容，轨道交通客运服务的含义及特征，明确心理学知识运用于轨道交通客运服务中对于提高轨道交通客运服务质量的重要意义。

拟实现的教学目标

1. 能力目标

把握人的心理的基本规律，树立自觉运用心理学的知识与技能去观察、感知服务对象的意识，在日常的学习生活中能熟练运用观察法、访谈法、问卷法等去了解周围人群的某些心理活动。

2. 知识目标

了解心理学常识，轨道交通心理学研究的内容及方法，认识轨道交通客运服务的特点，掌握轨道交通客运服务的含义和特征。

3. 素质目标

明确心理学知识运用于轨道交通运输服务中对于提高轨道交通运输服务质量的重要意义，能不断地充实完善自己，达到轨道交通客运服务人员的素质要求。

引入案例

铁路部门推出"首问首诉制"

铁路部门推出的"首问首诉制"是指第一个接待旅客问询、投诉、求助的工作人员善始善终地协助旅客解决好问题，即为首问负责人。在这一过程中，要认真负责解答旅客提出的问题，不得将责任推诿、转嫁给别的服务者，真心实意为旅客排忧解难，解决好旅客出行中的难题。在快速飞奔的列车上，客运服务工作看起来是一项很简单的工作，但又是很极其繁杂的工作，南来北往、形形色色的不同旅客汇聚在一起，他们在乘车过程中，难免会出现这样和那样的困难，需要询问、求助，这就需要列车工作人员给予解答或帮助。如果以"不知道，不清楚，不归我管"等推辞，很容易影响铁路企业的形象。如果列车工作人员实行首问负责制，以尊重旅客、关心旅客、帮助旅客、引导旅客，保证询问和帮助旅客件件有落实、件件有答复,尽可能帮助他们解决困难,用最好的服务让旅客满意。那么热心服务后所收获的效果截然不同,换来的必然是更多的掌声和笑语,让旅客出行增添更多的欢乐。

内容 1　心理学知识简述

1.1　相关知识

1. 心理学的符号标志

心理学,即 psychology,源于希腊语的"灵魂"(psyche)和"思考"(logos),而希腊文原文为"灵魂"(ψυχή)和"研究"(λόγος)。又因为心理学是对灵魂的思考,侧重点为灵魂,所以用其首字母 Ψ 代表之心理学(图 1-1-1)。

2. 威廉·冯特(Wilhelm Wundt)

威廉·冯特是德国生理学家、心理学家、哲学家,被公认为实验心理学之父(图 1-1-2)。他生于德国巴登邦的一个牧师家庭,自幼就养成了一种好学深思的习惯。年青时代的冯特对生理学和哲学颇感兴趣,所从事的学习和研究都是这两方面的。至 1874 年冯特到苏黎世大学担任哲学教授时,他的学术兴趣已由生理学转向心理学。1875 年,他到莱比锡大学任哲学教授,长达 40 多年,致力于心理学方面的研究和著述工作,并于 1879 年创建了世界上第一个正式的心理学实验室。正是这个实验室的建立宣布了科学心理学建立。他19 岁进入杜平根大学,第二年秋转入海德堡大学继续学习医学和哲学。1856 年春,冯特到柏林大学跟当时被称为"生理学之父"的约翰内斯·缪勒学习和研究生理学,同年返回海德堡大学,先后获取医学、哲学两个博士学位。1857 年任该校

图 1-1-1　心理学的符号标志

图 1-1-2　威廉·冯特
(Wilhelm Wundt, 1832—1920),德国

生理学讲师。1858 年后他任著名的生理学教授赫尔姆霍兹的助手十余年,协助指导学生做肌肉收缩和神经冲动传导的实验。此时,冯特开始研究生理心理学。1862 年开设"自然科学的心理学"(后改为"生理心理学")讲座。到 1864 年升任副教授。此后世界各国的青年学生都慕名前来学习。1881 年,他创办了心理学专门刊物《哲学研究》,并于 1903 年改名为《心理学研究》。1889 年任莱比锡大学校长。他学识渊博,著述甚丰,一生作品达 540 余篇,研究领域涉及哲学、心理学、生理学、物理学、逻辑学、语言学、伦理学、宗教等。

1.2　心理学基本知识

1.心理学的产生和发展

心理学是一门研究人类的心理现象、精神功能和行为的科学，既是一门理论学科，也是一门应用学科。包括基础心理学与应用心理学两大领域。心理学研究涉及知觉、认知、情绪、人格、行为、人际关系、社会关系等许多领域，也与日常生活的许多领域——家庭、教育、健康、社会等发生关联。心理学一方面尝试用大脑运作来解释个体基本的行为与心理机能，也尝试解释个体心理机能在社会行为与社会动力中的角色；同时它也与神经科学、医学、生物学等科学有关，因为这些科学所探讨的生理作用会影响个体的心智。

心理学家从事基础研究的目的是描述、解释、预测和影响行为。应用心理学家还有第五个目的——提高人类生活的质量。这些目标构成了心理学事业的基础。

（1）心理学的产生

心理学有一个很长的过去，但却只有一个短暂的历史。在中国，两千多年前，儒家学说中就有关于心理学思想的不少论述。

19 世纪中叶以前，对心理学的探索和研究，都是处于一种无明确的研究目的、目标，无明确的研究思想、方法的混沌状态下自发或不自觉状态，夹杂在对哲学和神学的研究中。心理学的内容在哲学和神学的内容中，心理学家是由哲学家、神学家、医学家或其他科学家兼任，心理学的方法也主要是思辨的方法。亚里士多德的《灵魂论》，可以说是世界上的第一部心理学专著。

心理学的真正历史，是 1879 年冯特在德国莱比锡大学建立世界上第一个心理实验室才开始的。冯特是公认的第一个把心理学转变成一门正式独立学科的真正奠基者，也是心理学史上第一位真正的心理学家。他的《生理心理学原理》是心理学史上第一本真正的心理学专著。

心理学既是一门古老的科学，又是一门年轻的科学。

（2）心理学的主要派别

1）构造主义

冯特建立的实验心理学既标志着心理学作为一门独立的科学从哲学中分离出来，也标志着现代心理学第一个学派——构造主义的开始。该学派主要代表人物是冯特和其学生铁钦纳，其心理学体系的主要观点：①心理学是研究直接经验的科学；②元素分析与创造性综合；③实验内省法。铁钦纳一方面继承了冯特的心理学体系。另一方面在一定程度上也修正和发展了冯特的心理学体系，冯特认为内省法只能用来研究简单的心理过程，而铁钦纳则把内省法用来研究思维、想象等高级的心理过程；冯特把心理元素分解为纯粹的感觉和简单的情感，铁钦纳则把意识经验分析为三种元素：感觉、意象和感情。感觉是知觉的基本元素；意象是观念的元素；感情是情绪的元素。总之，铁钦纳把心理过程分析为感觉、意象、感情，并认为感觉、意象有四种属性，即性质、强度、持续性和清晰性。感情有前三种属性而缺乏清晰性。三种元素在时间和空间上混合形成知觉、观念、感觉、感情、情绪等心理过程。

2）行为主义

行为主义是美国现代心理学的主要流派之一，也是对西方心理学影响最大的流派之一。行为主义产生于 20 世纪初的美国，代表人物是华生和斯金纳。行为主义的主要观点是认为心理学不应该研究意识，只应该研究行为，把行为与意识完全对立起来。在研究方法上，行为主义主张采用客观的实验方法，而不使用内省法。主要观点可以概括如下：

①机械唯物主义决定论。

②认为心理学是一门自然科学，是研究人的活动和行为的一个部门，要求心理学必须放弃与意识的一切关系。提出两点要求：第一，心理学与其他自然科学的差异只是一些分工上的差异；第二，必须放弃心理学中那些不能被科学普遍术语加以说明的概念，如意识、心理状态、心理、意志、意象等。

③极力要求用行为主义的客观法去反对和代替内省法。认为客观法有四种：第一，不借助仪器的自然观察法和借助于仪器的实验观察法；第二，口头报告法；第三，条件反射法；第四，测验法。斯金纳则属于新行为主义心理学，他只研究可观察的行为，试图在刺激与反应之间建立函数关系，认为刺激与反应之间的事件不是客观的东西，应予以排斥。斯金纳认为，可以在不放弃行为主义立场的前提下说明意识问题。

3）格式塔心理学

格式塔心理学是西方现代心理学的主要流派之一，1912年在德国诞生。代表人物韦特墨、考夫卡和柯勒。根据其原意也称为完形心理学。完形即整体的意思，格式塔是德文"整体"的译音。该学派反对把心理还原为基本元素，把行为还原为刺激—反应联结。他们认为思维是整体的、有意义的知觉，而不是联结起来的表象的简单集合；主张学习是在于构成一种完形，是改变一个完形为另一完形。他们认为学习的过程不是尝试错误的过程，而是顿悟的过程，即结合当前整个情境对问题的解决。

其著名的实验便是柯勒做的猩猩吃香蕉的实验：把香蕉悬在黑猩猩取不到的木笼顶上，笼中黑猩猩在试图跳着攫取香蕉几次失败后，干脆不跳了，它若有所思地静待了一会儿，突然把事先放在木笼内的箱子拖到放香蕉的地方，一个够不着，将两个箱子叠在一起，爬上箱子取下香蕉。格式塔学派重视知觉组织和解决问题的过程以及创造性思维，这些都为现代认知心理学奠定了基础。

4）精神分析

精神分析学派的创始人S.弗洛伊德是奥地利的精神病学家，其代表作有《梦的解析》《精神分析新引论》《精神分析纲要》。弗洛伊德把一个人的人格看成由本我、自我和超我三部分构成的系统。

本我是个体原始的意识状态，它遵循简单快乐原则，也就是说它需要满足时就马上希望得到满足。自我是指个体为了调和周围世界和内部驱力通过暂停或停止快乐原则，追随客观环境的现实原则而发展出来的意识状态。它需要满足时会愿意有一个等待的过程。它遵循现实主义原则。自我一般是延迟本我的即时需要而产生出来的意识水平。一种观点认为自我的范式与本我同时存在，然后发展壮大。还有一种说法认为自我是从本我中分化出来的。超我是来自外在环境的道德等影响而产生的意识状态，它遵循理想原则和完美主义原则。超我是社会性的，它会以良心等形式表现。对于超我开始发展的时间在精神分析学派中目前有两种观点，一种认为超我是在6岁开始酝酿形成的，另一种观点则认为超我是10岁左右开始形成的。

本我、自我、超我的发展过程：本我作为个体早期的基点，它遵守快乐原则，然后在个体和现实环境的互动与适应发展中出现自我，并开始适应现实原则。主要表现为幼儿的本我遵循的快乐原则是即时快乐的方式——初级思维(想得到就立即要得到)。

在大约 6 岁以后超我的力量开始崛起。这主要是社会道德等加入个体内部的竞争,在自我的基础上发展出超我。因而超我应该看作是一种特殊的自我,但它又反过来制约自我。在6 岁或 10 岁这个年龄段,正是个体的主观分化,能够感受他人的感觉和想法与自己的感觉、想法可能有所不同的年龄段的开始或者完成的阶段。

5)人本主义心理学

人本主义心理学兴起于 20 世纪五六十年代的美国。它由马斯洛创立,以罗杰斯为代表,被称为除行为学派和精神分析以外心理学上的"第三势力"。人本主义和其他学派最大的不同是,它特别强调人的正面本质和价值,而并非集中研究人的问题行为,并强调人的成长和发展,将其称为自我实现。

人本主义心理学研究的主题是人的本性及其与社会生活的关系。他们强调人的尊严和价值,反对心理学中出现的机械化倾向,主张心理学要研究对个人和社会进步富有意义的问题。在方法论上,他们反对以动物实验结果推论人的行为,主张对人格发展进行整体分析和个案研究。

无论是马斯洛的自然人性说和自我实现的需要层次理论,还是罗杰斯基于尊重、真诚、悦纳的"完人"教育观,都从人性的角度启示我们重新审视儿童的本性与潜能、需要与自我实现,以及早期教育活动的开展等问题。尽管人本主义心理学有其不足之处,如理论体系不够严谨,缺乏对基本观点的明确目标和充分论证,一些概念也描述得很模糊,过分强调自我实现和自我选择,认为这是一种与生俱来的自然倾向,忽视社会环境和后天教育对人成长的影响和制约,但它探讨了人的本性和价值,为我们开创了认识人生,改善人生的新天地,它研究的问题与社会生活紧密相连,提出了引人深思的社会问题。这是积极的,对社会个体、民族乃至人类整体的生活水平的提高都是有益的。

6)机能主义心理学

机能主义心理学是 19 世纪末 20 世纪初出现在美国的心理流派,是美国第一个本土心理学流派。广义的机能主义心理学包括早期机能主义思潮、芝加哥机能主义学派和哥伦比亚机能主义学派,代表了美国心理学的根本倾向;狭义的机能主义心理学则专指早期的芝加哥机能主义学派。该学派主张意识是连续的整体,强调心理的适应机能,重视心理学的实际应用,并且主张把心理学的研究范围扩大到动物心理学、儿童心理学、教育心理学、变态心理学、差异心理学等领域。

机能主义心理学反对构造主义的元素主义,主张心理是有机体适应环境的活动过程或机能,这相对于构造主义心理学把心理视为封闭的精神实体的观点是一个进步。机能主义心理学强调人的心理的整体性、活动性和适应性,把人的心理视为一种有机体有效地适应生活条件的活动过程,使心理学研究重心从有机体的内部结构转移到有机体与客观环境相适应的关系中,进行比较开放、动态和客观的研究。可见,机能主义心理学在把心理学研究从主观主义向客观主义前进的道路上推进了一步。

7)认知心理学

认知心理学是最新的心理学分支之一,在 20 世纪五六十年代发展,到 70 年代成为西方心理学的主要流派。1956 年被认为是认知心理学史上的重要年份。这一年几项心理学研究都体现了心理学的信息加工观点。如 Chomsky 的语言理论和纽厄尔(Alan Newell)和西蒙

(Herbert Alexander Simon)的"通用问题解决者"模型。"认知心理学"第一次在出版物出现是在1967年Ulrich Neisser的新书中。而唐纳德·布罗德本特于1958年出版的《知觉与传播》一书则为认知心理学取向立下了重要基础。此后,认知心理取向的重点便在唐纳德·布罗德本特所指出的认知的信息处理模式——一种以心智处理来思考与推理的模式。因此,思考与推理在人类大脑中的运作便像电脑软件在电脑里运作相似。认知心理学理论时常谈到输入、表征、计算或处理,以及输出等概念。

认知心理学研究人的高级心理过程,主要是认知过程,如注意、知觉、表象、记忆、思维和语言等。与行为主义心理学家相反,认知心理学家研究那些不能观察的内部机制和过程,如记忆的加工、存储、提取和记忆力的改变。

(3)心理学的发展

继1879年心理学产生以后,心理学获得了迅速的发展,或反对或继承冯特,或另辟蹊径独树一帜,心理学出现了各种各样的上百个流派,且遍布世界各地。经过一百多年的发展,心理学已具有众多分支学科,形成了一个庞大的学科体系。如普通心理学、社会心理学、教育心理学、法律心理学、管理心理学、消费心理学、差异心理学、旅游心理学、广告心理学、营销心理学等,航空服务心理学,也属于这个学科体系的一员。而且,随着人类社会实践活动的发展,分工的越来越细,心理学及其分支学科还会不断地得到发展壮大。

2.心理学的研究内容

(1)心理学的含义

心理学是研究人的心理现象或心理活动发生、发展及其规律的科学。我们以心理过程和个性心理两个方面来加以阐述。

1)心理过程

它包括认识过程、情感过程和意志过程三方面。其中认识过程是基本的心理过程,情感和意志是在认识的基础上产生的。

①认识过程。这是指人在认识客观事物的过程中,为了弄清客观事物的性质和规律而产生的心理现象。感觉、知觉、记忆、想象和思维等心理活动,在心理学中统称为认识过程。

②情感过程。这是指人在认识客观事物的过程中所引起的人对客观事物的某种态度的体验或感受。"愉快""满意""热爱""厌恶""欣慰""遗憾"等心理反应,在心理学中统称为情感过程。

③意志过程。这是指由认识的支持与情感的推动,使人有意识地克服内心障碍与外部困难而坚持实现目标的过程。

认识、情感和意志都有其自身的发生和发展的过程,但是,它们不是彼此独立的过程。情感过程和意志过程中含有认识的成分,它们都是由认识过程派生出来的;情感与意志又对认识过程发生影响,它们是统一的心理活动中的不同方面。认识过程、情感过程、意志过程作为心理学研究对象的一部分,被统称为心理过程。

2)个性心理

个性心理是每个个体所具有的稳定的心理现象。它包含个性倾向性和个性心理特征两个方面。

①个性倾向性。个性倾向性是决定个体对事物的态度和行为的内部动力系统,是具有一定的动力性和稳定性的心理成分。个性倾向性是个性心理的重要组成部分,它对相关的心理

活动起着支配和控制的作用。

②个性心理特征。个性心理特征是个体身上经常表现出来的本质的、稳定的心理特征。它主要包括能力、气质和性格，其中以性格为核心。

（2）人的心理的实质

脑是心理的器官，心理是脑的机能。大量的研究表明，心理机能依赖于人脑，心理现象是脑的机能。例如，临床研究发现，语言表达功能的障碍是与大脑额叶特定区域的损伤有关的；而老年痴呆是大脑双侧额叶及海马受损伤的结果。

心理的实质是脑的机能，是对客观现实的反应。

心理的产生也依赖于神经系统与脑的出现。随着神经系统和脑的发展，才产生了有意识的人的心理，出现了人的抽象思维和复杂的情绪与情感。

个体心理的发展也和脑的发育相联系。婴儿出生之后，神经系统和脑获得迅速的发展，正是在这段时间内，儿童的语言能力和其他认知能力也得到迅速的发展。

1）客观事物是心理的源泉和内容

我们说脑是心理的器官，心理是脑的机能，没有脑就没有心理。但是还应该认识到，只有脑而没有客观事物对它的作用，也不会产生心理。如果仅从这个意义上说，脑就像一面镜子，没有任何客观事物，它是什么也反映不出来的。一个闭目塞听，完全脱离客观世界和现实生活的人，是不能充分认识世界的，也不会具有丰富的心理内容。人的一切心理活动都是对客观现实的反映。心理是对物质世界的复写、摄影或者映象。这是我们理解客观现实和心理关系的唯一正确的结论。

心理反映的内容是外部客观世界，没有客观世界的存在便不会有反映。但也要看到，对客观世界的反映总是通过每个个体来实现的，而且每个个体对客观世界的反映并非像照镜子一样机械地反映，人的心理反映是要受个人条件折射的，要受个人的知识、经验和他的个性特征制约，并通过他的活动来实现的。所以，心理反映总带有个体色彩，是主观的。对同一事物，具有不同知识、经验和不同气质、性格的人的心理反映是不同的。不仅不同的人对同一对象的心理反映不同，即使是一个人，在不同的时间、环境、不同的主体状况下，其心理反映也是不相同的。这就说明，心理是脑对客观世界的反映，同时又有主观条件的制约和改造过程。所以说，心理是客观世界的主观映象。

2）心理支配行为，又通过行为表现出来

行为是有机体的反映系统，是由一系列反应动作和活动构成的。行为不同于心理，但又与心理有着密切的联系。行为总是在一定的刺激下产生的，而且引起行为的刺激常常通过心理的中介而起作用。不理解人的内部心理过程，就难以理解人的外部行为；心理支配行为，又通过行为表现出来。心理现象是一种主观精神现象，而行为却具有显露在外的特点，它可以用客观的方法进行测量。心理学研究的一条基本法则就是通过外部行为推测内部心理过程。在这个意义上，心理学有时也叫作研究行为的科学。

3）人的心理具有意识与无意识的特点

人和动物都有心理。但人的心理不同于动物的心理，它具有意识的特点。人的活动具有明确的目的，能够预先计划达到目的的方法和手段，这是人类意识的一个特点。人的意识还表现在人能够把"自我"与"非我"、"主体"与"客体"区分开来。也就是说，人不仅能意识到客体的存在，而且具有自我意识。正是这种自我意识，使人们能够对自己的所作所为进行自我分析、自我评价、自我调节和控制。动物只有自我意识的萌芽,婴儿的自我意识也有一个发展过程,因而都没有自我分析和自我评价的能力。自我意识是人的心理的重要特点,是个体在一定发展阶段上才能表现出来的,它对个体的发展有着重要的意义。

但是,人的心理除意识外,还有无意识现象。这是人们在正常情况下察觉不到的,也不能自觉调节和控制的心理现象。无意识在人的行为中也有重要的作用,应该成为心理学的研究对象。

心理是客观现实的反映,是指人的心理现象,不论是简单的,还是复杂的,都是人脑对客观现实的反应,都是客观现实移入脑内的一种精神现象。客观现实是指人所处的自然环境、社会生活、家庭与学校的教育影响,以及其他人的言语和行动等。科学心理学认为,社会生活对人的心理起着决定作用,仅仅有高度发达的大脑并不能保证人的心理的发生和发展。

(3)心理学的研究内容

心理学研究的最终目标,是用研究成果来为人类实践服务并丰富、完善本学科的体系内容。具体地讲,心理学研究的内容为:心理与脑的关系,即脑如何产生心理;客观现实与心理的关系,即客观现实转化成为心理的方式和途径;心理过程与个性心理的关系,即二者如何相互影响;心理与活动的关系,即活动如何影响心理发展变化及心理如何调节支配活动。通过这些研究,揭示其中规律,实现为人类实践活动服务,为本学科的发展服务的目标。

总而言之,心理学是研究人的行为与心理活动规律的科学。简单地说,心理学就是将一些人的行为和心理活动,通过统计的方法,找到某种行为与某种心理活动的相关联系,最后将这种联系加以总结,最终所得的结论服务于应用心理学,实现人对心理活动的有效调节。

1.3　知识拓展

心理学的研究领域

近百年来,心理学获得了迅速的发展,心理学家将他们的研究集中于行为和经验的各个不同方面,研究领域日渐扩大,形成了许多专门领域,也产生了许多心理学和其他学科的交叉,下面是心理学的主要研究领域。

发展心理学:研究人从胎儿出生到年老死亡的成长和发展的全过程。广义的发展心理学研究人和动物的心理发展,研究心理种系发展的心理学叫作比较心理学;研究个体心理发展的科学叫作毕生发展心理学,也是狭义的发展心理学。毕生发展心理学研究个体在各年龄阶段的心理特征并揭示个体心理从一个阶段发展到另一个阶段的规律,目前的发展心理学主要是研究《儿童发展心理学》。了解儿童心理的发展规律,有利于儿童教育和智力的发展与培养,对社会发展有重大意义。当然毕生发展心理学还研究成年心理学、老年心理学等。

学习心理学:探索人是如何发展成为如今的状态。研究人类和动物的学习发生过程和原因。是研究人和动物在后天经验或练习的影响下心理和行为变化的过程和条件的心理学分支学科。

人格心理学:关注包括人格特征、动机和个体差异。可简单定义为研究一个人所特有的行为模式的心理学。

感觉与知觉心理学:研究人类怎样感知周围世界,如正在研究人类是如何识别面孔的。

比较心理学：研究和比较不同种系的动物行为。是研究动物行为进化的基本理论，和不同进化水平的动物的各种行为特点的心理学分支。

生理心理学：研究行为与生理过程之间的关系，特别是神经系统的活动。它试图以脑内的生理事件来解释心理现象，又称生物心理学、心理生物学或行为神经科学。

认知心理学：主要研究思维问题，试图了解推理、问题解决、记忆及其他心理过程与人类行为的关系。与行为主义心理学家相反，认知心理学家研究那些不能观察的内部机制和过程，如记忆的加工、存储、提取和记忆力的改变。

性别心理学：研究男性与女性之间的差异，探索生理因素、儿童抚养过程、教育、社会刻板印象等各种因素对性别差异的影响。

社会心理学：研究涉及态度、说服、骚乱、顺从、领导行为、种族歧视、友谊、婚恋等问题。如社会情绪、阶级和民族心理、宗教心理等，还研究小团体的心理现象，如团体内的人际关系、团体气氛等，还研究人格的社会心理问题，社会心理学是研究社会心理与社会行为的科学。研究社会心理学具有重要的社会意义，如预防犯罪，解决婚姻家庭问题等。

文化心理学：研究文化对人类行为的作用，是心理学与文化人类学等学科互相渗透、互相影响而形成的一门边缘性独立学科。它是从某种特定的社会文化背景下的实际社会问题、心理问题出发，以社会化与人际互动过程为研究重点，探讨文化对人的心理和行为生成以及心理与文化、社会的交互作用。

进化心理学：研究人类在历史长河中各种进化方式对行为的影响。如男性与女性之间的配偶选择方式。

临床心理学：主要研究心理健康和心理疾病。是运用心理学的知识和原理，帮助病人纠正自己的精神和行为障碍，通过心理咨询指导和培养健全的人，以便有效地适应环境和更有创造力。

学前儿童心理学：学前儿童心理学是研究从出生到入学前的儿童心理发生发展规律的科学。

行为心理学：研究有机体用以适应环境变化的各种身体反应的组合。行为心理学在自闭症治疗中的应用及其良好效果，在学术界，患者及家庭，以及有些国家的政府主管部门，均已得到广泛的认同。

犯罪心理学：研究犯人的意志、思想、意图及反应的学科。主要深入研究的部分在于有关"是什么导致人犯罪"的问题，也包括在人犯罪后、在逃跑中或在法庭上的反应。

1.4　相关规范、规程与标准

心理健康的标准

心理学家将心理健康的标准描述为以下几点：

①有适度的安全感，有自尊心，对自我的成就有价值感。

②适度地自我批评，不过分夸耀自己也不过分苛责自己。

③在日常生活中，具有适度的主动性，不为环境所左右。

④理智，现实，客观，与现实有良好的接触，能容忍生活中挫折的打击，无过度的幻想。

⑤适度地接受个人的需要，并具有满足此种需要的能力。

⑥有自知之明，了解自己的动机和目的，能对自己的能力作客观的估计。

⑦能保持人格的完整与和谐，个人的价值观能适应社会的标准，对自己的工作能集中注意力。

⑧有切合实际的生活目标。

⑨具有从经验中学习的能力，能适应环境的需要改变自己。

⑩有良好的人际关系，有爱人的能力和被爱的能力。在不违背社会标准的前提下，能保持自己的个性，既不过分阿谀，也不过分寻求社会赞许，有个人独立的意见，有判断是非的标准。

1.5　相关案例

儒家思想与积极心理学

儒家推崇的思想核心就是让人们习得快乐、获得幸福的途径。几个世纪以来，中国儒家的哲学思想(传统心理学)一直为西方哲人们所用。不仅给心理学大师荣格、弗洛姆、马斯洛等人的思想带来启发，也给积极心理学的创始人塞利格曼教授带来了灵感。西方人早已把儒家思想神圣化了，儒学被西方人称为"儒教"。

孔子的《论语》，其实就是一部心理咨询的实录，一部修心养生的智慧宝典。

积极心理学在西方已有十多年的发展历史，"积极心理学"倡导的六大美德：智慧、勇气、仁慈、正义、修养、心灵超越与儒学思想中推崇的"仁义礼智信"是同出一辙。积极心理学是建立在儒家思想寡欲、正心、仁爱、内省和行义的基础上。作为积极心理学的四个主要发展领域之一的积极健康，它不仅意味着人没有精神疾病，还意味着有积极情绪、人生意义、投入体验和积极的人际关系。在这方面孔子堪称楷模，他在这几方面都做到了极致。积极心理学的另一个主要方面：积极教育被定义为传统技能和幸福教育。积极心理学家们在世界范围内研究是否可以教授孩子们怎样可以更加健康幸福的知识，以及教授孩子们传统的技能知识，这两种知识是否互相促进。孔子在教育学生方面是世代的典范，他不但让自己的生命幸福圆满，也教给学生做人、做事幸福成功的道理。

作为儒学之首的《论语》之所以成为经典，是因为它有可以穿越时空的价值。《论语》谈论的是关于人生的哲学，而人生的哲学在于教诲人们应该怎样生活、如何做人。孔子教给我们的是朴素的、温暖的、贴近人心的哲理，它能给我们喧闹的生活排忧解难。例如，孔子倡导追求合乎"道义"或"天理"的物质生活，追求充实而幸福的精神生活；倡导"仁者爱人""己欲立而立人，己欲达而达人""己所不欲，勿施于人"的人际交往原则，以及"厚德载物"的仁爱精神。这样的原则和精神会给我们带来心灵的幸福。

"积极心理学"掀起了西方心理学的第四次浪潮。如果说"积极心理学"在"血、肉、皮、毛"上沿用的是西方心理学的实证研究，那么，其理论核心和骨架，却是来源于中国古代的儒家思想，其内核蕴藏着大量的儒家思想的"灵魂"和"气质"。"积极心理学"就是一部"儒家心性心理学"的现代版本。只是美国人用大量的实证和现代人对生活的标准，制定了一套现代人的心理学量化准则。

大脑组成如图1-1-3所示。大脑各个部位的机能见表1-1-1。

脑各个部位的机能

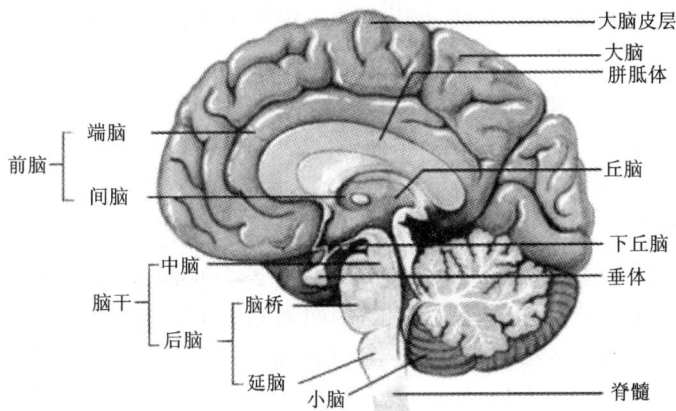

图 1-1-3　大脑组成

表 1-1-1　大脑各个部位的机能

名　称	机　能
延脑	心跳、呼吸、咀嚼、吞咽、唾液分泌、呕吐、喷嚏、咳嗽
脑桥	调节肌肉紧张、某些内脏活动
中脑	视觉、听觉、调节骨骼肌的紧张度、调节姿势、协调运动定向反射等
间脑	丘脑：初步加工神经冲动 下丘脑：调节内脏活动和内分泌，调节体温、摄取营养
网状结构	激活或抑制大脑两半球
边缘系统	嗅觉、记忆、动机、内脏活动、躯体活动、情绪活动
小脑	保持身体平衡、调节肌肉活动、协调随意动作
大脑	略

有损大脑的 10 大生活习惯

①长期饱食：现代营养学研究发现，进食过饱后，大脑中被称为"纤维芽细胞生长因子"的物质会明显增多。这些纤维芽细胞生长因子能使毛细血管内皮细胞和脂肪增多，促使动脉粥样硬化发生。如果长期饱食的话，势必导致脑动脉硬化，出现大脑早衰和智力减退等现象。

②轻视早餐：不吃早餐会使人的血糖低于正常供给，对大脑的营养供应不足，久之对大脑有害。此外，早餐质量与智力发展也有密切联系。据研究，一般吃高蛋白早餐的儿童在课堂上的最佳思维普遍相对延长，而食素的儿童情绪和精力下降相对较快。

③甜食过量：甜食过量的儿童往往智商较低。这是因为儿童脑部的发育离不开食物中充足的蛋白质和维生素，而甜食会损害胃口，降低食欲，减少人体对高蛋白和多种维生素的摄

入，导致机体营养不良，从而影响大脑发育。

④长期吸烟：德国医学家的研究表明，常年吸烟会使脑组织呈现不同程度的萎缩，易患老年性痴呆。因为长期吸烟可引起脑动脉粥样硬化，日久导致大脑供血不足，神经细胞变性，继而发生脑萎缩。

⑤睡眠不足：大脑消除疲劳的主要方式是睡眠。长期睡眠不足或质量太差，会加速脑细胞的衰退，聪明的人也会变得糊涂起来。

⑥蒙头睡觉：随着棉被中二氧化碳浓度升高，氧气浓度不断下降，长时间吸进潮湿空气，对大脑危害很大。

⑦不愿动脑：思考是锻炼大脑的最佳方式。只有多动脑筋，勤于思考，人才会变得聪明。反之，不愿动脑的情况只能加速大脑的退化，聪明人也会变笨。

⑧带病用脑：在身体不适或患疾病时，勉强坚持学习或工作，不仅效率低下，而且容易造成大脑损伤。

⑨少言寡语：大脑中有专司语言的中枢，经常说话会促进大脑的发育和锻炼大脑的功能。应该多说一些内容丰富、有较强哲理性和逻辑性的话。整日沉默寡言、不苟言笑的人并不一定就聪明。

⑩空气污染：大脑是全身耗氧量最大的器官，平均每分钟消耗氧 $500 \sim 600$ L。只有充分的氧气供应才能提高大脑的工作效率。用脑时，特别需要讲究工作环境的空气质量。

项目训练

[训练目的]

认识心理学，通过观察人的外部行为加以分析、揭示人的心理活动规律，预测和调控心理行为的发生和发展。

[训练内容]

人有各种不同的"笑"：微笑，大笑，甜蜜的笑，苦涩的笑，开朗的笑，奸诈的笑，自信的笑，卑微的笑，神秘的笑……各种"笑"都是内心活动的外部表现。每组选择一个表情进行表演，表演完毕后，由另一小组的同学根据表演判断表演的含义，预测可能的行为。

[考核标准]

教师评分，评分为百分制(10 分为一个等级，如 100、90、80……)，填于表 1-1-2 中。

表 1-1-2　评分

序号	项目	权重/%	得分
1	表演是否准确、到位	40	
2	判断理由是否充分、有说服力	40	
3	参与是否积极、主动	20	
	合计		

复习思考题

1. 你认为还可以通过哪些实例说明心理是脑的机能？

2. 天空中出现一片乌云，气象学家、农民、诗人、行人会想到什么？这说明了什么？

3. 一个旅游团队乘坐同一趟旅游列车，有些旅客对列车上的服务工作非常满意，而有些旅客则有很多抱怨，这是什么原因？

内容 2　轨道交通客运服务概述

2.1　相关知识

1. 服务的内涵

有关服务概念的研究最早是从经济学领域开始的，最早可追溯到亚当·斯密的时代。经济学意义上的服务，是指一种可供销售的活动，是以一种等价交换形式，为满足企业、公共团体或者其他社会公众的需要而提供的劳动活动和物质产品。

服务就是 SERVICE，每个字母都有丰富的内涵。

S——smile(微笑)：是指服务员应该对每一位宾客提供微笑服务。

E——excellent(出色)：是指服务员将每一服务程序，每一微小服务工作都做得很出色。

R——ready(准备好)：是指服务员应该随时准备好为宾客服务。

V——viewing(看待)：是指服务员应该将每一位宾客看作是需要提供优质服务的贵宾。

I——inviting(邀请)：是指服务员在每一次接待服务结束时，都应该显示出诚意和敬意，主动邀请宾客再次光临。

C——creating(创造)：是指服务员应该想方设法精心营造出使宾客能享受其热情服务的氛围。

E——eye(眼光)：是指服务员始终应该以热情友好的眼光关注宾客，适应宾客心理，预测宾客要求及时提供有效的服务，使宾客时刻感受到服务员在关心自己。

2. 服务的基本特征

服务本身具有四个基本特征：

(1)无形性

相对有形的产品而言，服务产品具有特殊性的品质和元素往往是无形的。产品质量往往是生产过程的结果，而服务更多体现在过程之中。

(2)差异性

由于服务人员自身的因素，尤其是心理因素的不可控，可能导致同一服务员在不同时间提供的服务都不一致，即出现服务的差距。此外，不同乘客对服务的期望不尽相同，对提供的服务感受也不相同，也是服务差异性产生的原因之一。

(3)生产与消费不可分离性

服务必须由供方和需方同时参与才有服务的过程，才能形成服务产品，二者缺一不可，没有供方的服务与没有需方的接受都不能构成服务产品。

(4)不可储存性

服务提供的时间、地点、方式、渠道都是决定了服务的即时性和不可储存性。相同的服务会因为时间的不同而形成"二次服务"，因此也可以将服务的不可储存性称为即时性。明确了解服务的基本特征，才能进一步研究如何提高服务质量的问题。

2.2　轨道交通客运服务基本知识

1. 什么是轨道交通客运服务?

(1)轨道交通客运服务的含义

轨道交通客运部门的服务,就是通过客运人员向旅客提供一定的劳务活动,即提供安全、迅速、舒适的服务,满足其在旅行中的愿望和旅行生活方面的需要。这个概念体现了旅客是轨道交通客运服务的核心和主体,而轨道交通客运服务人员、服务部门则是轨道交通客运服务的客体。

这只是从狭义角度给轨道交通客运服务所下的定义,但实际上轨道交通客运服务的含义并非仅此而已,它还有更丰富的内涵。

第一,从广义角度看,轨道交通客运服务不仅只是单纯的服务技巧,还包括轨道交通企业所提供的各项内外设施,是有形设施和无形服务共同组合而成的有机整体。

第二,从旅客的角度看,轨道交通客运服务是旅客在消费过程中所感受到的一切行为和反应。可以说这是一种经验的感受,也可以说是轨道交通运输企业及服务人员的表现给他们留下的印象和体验。

第三,从轨道交通企业的角度看,轨道交通客运服务的本质是员工的工作表现。这是轨道交通企业提供给旅客的无形产品,而这个产品具有消费和生产同时发生的特性。它有不可储存性。

综上所述,轨道交通客运服务就是在服务人员礼貌、友善、和蔼可亲的态度接待中所营造的服务环境。在这个环境中,轨道交通企业内外所提供的各种便利设施,对无形服务起着必不可少的辅助作用。

良好的轨道交通客运,应该让旅客能够产生温暖的、被了解和被关注的宾至如归的美好感觉,并由此达到让旅客渴望再次光临的效果。

(2)轨道交通客运服务的分类

轨道交通客运服务分为有形服务和无形服务两大类。有形服务如验票、维持秩序、扶老携幼、车上送水、卫生清扫、广播宣传等。无形服务主要指轨道交通客运服务人员的思想品德、职业道德、社会公德、礼貌修养、言谈举止、服务精神、工作态度等。

2. 轨道交通客运服务的特征

轨道交通客运服务既有其他服务业的共性也有其本身的个性。轨道交通的"产品"是乘客的位移以及这一位移过程中的服务。轨道交通企业就是以提供足够好的"产品"作为自己的目标,来满足广大乘客的需求。轨道交通运输生产具有服务性的特征,这种服务特征概括起来有以下三点:服务对象的广泛性、服务方式的多样性和服务时间的规律性。

(1)服务对象的广泛性

轨道交通客运服务的对象是所有乘坐轨道交通的乘客所构成的,轨道交通服务的需求广泛地存在于人们的各种活动之中,并且带有普遍性的需求。在大中城市中,轨道交通作为城市客运的主体之一,为各种职业、各个层次的城市居民和流动人口提供客运服务,具有广泛的社会效益。轨道交通的网络覆盖城市的各个区域,连接中心城市与郊区各地,是沟通人们交往的渠道,并且轨道交通的各种设施、设备遍布各区域,点多面广,产生的影响也十分广泛。

一个城市的轨道交通不仅仅是为了满足居民的日常出行要求,也是一个城市的标志性窗口行业。因为轨道交通不仅仅是一个为人们提供了位移服务就达到了企业目标的企业，它所承担的更多的是整个社会的社会效益，涉及的影响面也是十分广泛的。

（2）服务方式的多样性

随着人民生活水平的提高，人们对于服务的要求也变得越来越高，不同层次与年龄段的人们对服务提出了不同的要求。在这种情况之下，需要面对的突发情况也变得多样化。在服务上，要充分考虑和估计面临各种问题时的应对处理能力，服务方式尽可能多样化，不能再单单局限于传统的服务模式。除了可以在人工服务方面加强培训、管理与监督之外，还应该增加各种设施、设备，并不断提高这些设备、设施的功能和服务水准，与人工服务形成互补，组成一个整体。面对人们多种多样的服务需求，必须改变单一的服务方式，让人们有更多选择服务方式的空间。

服务方式多样性产生的根本原因源于服务对象存在着广泛性。对于不同年龄层次、各种职业的人来说，他们所渴望得到的服务也是不同的，只有对服务方式做出相应调整，才能满足对象广泛性的需求。例如在轨道交通服务设施中增加一些残疾人使用的设施，如盲道、大键盘按钮、坡道等，虽然不能在方方面面都考虑周全，但在某些服务环节中尽可能表现出服务方式的多样性，给人服务细致的感觉，也是提高服务质量水平的良好举措，并获得广大乘客的理解和肯定。

（3）服务时间的规律性

轨道交通客运服务活动必须根据乘客的出行规律，科学合理地组织运营，其目的是尽可能地为满足城市多数居民不同的出行提供满意的服务。轨道交通的服务时间是根据人们的生活工作时间而制定的，以满足乘客出行需求与运营设施、设备维护保养需求，两者兼顾，对服务时间做出规定并明示乘客，才能有利于满足乘客的派生需求，避免不必要的投诉纠纷，并且为树立轨道交通在乘客心目中良好的形象打下基础。在各个车站的橱窗内或公告栏上告知乘客首末班车时间，列车的时间间隔等信息，让乘客有目的地选择就是有效措施之一。与乘客之间沟通的信息要体现服务的规律性和普遍性。

国庆长假临近尾声 铁路返程客流明显增加

2020 年 10 月 7 日 22：46　来源：《经济日报》

记者从中国国家铁路集团有限公司获悉：国庆长假临近尾声，铁路返程客流明显增多。铁路部门增加运力投放，努力满足旅客返程需求。10 月 7 日，全国铁路预计发送旅客 1200 万人次，加开旅客列车 1129 列。

10 月 6 日，全国铁路发送旅客 1133.2 万人次，铁路运输安全平稳有序。其中，北京局、上海局、广州局集团公司分别发送旅客 77.7 万人次、233.7 万人次、180.5 万人次。

各地铁路部门精准投放运力，为旅客出行做好服务保障工作。沈阳局集团公司加开旅客列车 46 列，对 145 列动车组列车实施重联运行，对 272 列重点方向列车加挂扩编。太原局集团公司加开太原至北京、西安、大同、运城等方向的高峰线动车组列车 16 列，加开临汾、平遥、五台山等重点旅游目的地普速列车 9 列，对 23 列动车组列车重联运行，增加运能 2.69 万个席位。郑州局集团公司加开高铁、普速和城际列车 54 列，采取动车组列车重联、普速列车加挂加编和城际列车公交化开行等方式，努力满足旅客出行需求。西安局集团公司加开西安至北京西、延安、汉中等方向动车组列车 30 列，对西安至重庆北、宝鸡南、大荔等方向 30 列动车组列车实行重联运行。

3. 轨道交通客运服务标准

(1) 轨道交通客运服务的基本要求

1) 主动热情

主动热情是指服务人员即使在乘客暂时不需要服务时，也要眼观六路、耳听八方，心里想着乘客、眼里看着乘客，为乘客提供服务。优秀的服务人员往往能够在乘客尚未发出"请提供服务"信息之前就能察言观色，主动服务。除此以外，客运服务人员要保持持久的热情。无论乘客如何挑剔，也无论受到了多大的委屈，始终都要以积极热情的态度面对每一位乘客，服务态度决定了服务质量和服务效果。作为轨道交通企业员工，勇于承担企业、个人的责任和树立积极主动服务的服务态度，是从事客运服务工作的前提和基础。

> 日本的一家服务企业对服务员的面试十分独特，在面试时突然中断，然后安排另一个人向这名应试者询问某个问题，比如询问洗手间在什么位置。他们得到的回答通常有三种，第一种是直接回答"我不知道"；第二种回答是不知道，并说明自己的身份；第三种回答是"对不起，我是来面试的，不过我去帮您问一下，然后告诉您"。对于第一种回答的应试者公司是不会录用的，而对于第三种回答的应试者将会安排到重要的岗位。因为，能否积极主动地提供服务是对一名服务人员的最基本的要求。

轨道交通客运服务就是为乘客服务、注意服务细节、认识到服务乘客无小事。这是作为客运服务人员必须承担的个人责任，这也要求服务人员树立不说"不"的服务态度和不说"他们"只说"我们"的责任承担理念。

2) 控制情绪

作为一名优秀的客运服务人员，应善于控制自己的情绪、约束自己的情感、克制自己的举动，不论与哪一类型的乘客接触，无论发生什么问题，都能够做到镇定自若，不失礼于人。

当乘客有不满情绪时，往往会对服务人员提出批评，这种批评可能会在不同场合以不同方式提出来。当乘客在公开场合向服务人员疾言厉色时，往往会使人难以接受。遇到这种情况，客运服务人员首先需要冷静，不要急于与之争辩，切不可针锋相对，使矛盾激化难以收拾。如果乘客无理取闹，可以交相关部门或人员解决。

当乘客不礼貌时，更要做到有礼、有利、有节地解决问题。

有礼，即临辱不怒。面对乘客的不礼貌时，客运服务人员不应生气发火，而应沉着冷静，以妙语对粗语，以豁达对愚昧，以文雅对无礼，使个别乘客对自己的行为过意不去，只有这样，才不至于使自己陷入被动的境地，才能够维护企业的窗口形象。

有利，即动之以情、晓之以理。虽然这些乘客态度生硬，但是一旦发现自己理亏，得不到大多数人的支持，还是会有所收敛。

有节，乘客毕竟是乘客，是服务对象，不能因为乘客有过错而心存芥蒂。要记住和乘客的争论最终受到损失的是企业而不是乘客，同时，对乘客的宽容也会得到回报。

"青年文明号"真情服务成功应对客流高峰

2014年2月15日,刚过完情人节、元宵节的学生流、务工流促使节后再一次客流叠加,由榆林车辆段客运乘务车间"青年文明号"班组——客二组担当的7005次列车到达孙镇站时,车厢内座无虚席。当列车抵达蒲城站,500余名旅客蜂拥而至,令列车车厢内热闹非凡。

旅途中,过度拥挤难免造成旅客情绪激动、行为过激,这对于客运乘务人员来说是一次严峻的考验。从蒲城站开出约15分钟,10号车厢1名情绪异常激动的旅客将饮料全数从列车员杨旭娜头顶浇下,头发、制服瞬间湿透了,满腹委屈的她却忍着在眼眶里来回转的眼泪继续解释着;2号车厢列车员郝笑睽则被1名旅客推倒在地,致使腰椎间盘突出复发……类似这样的举动,作为"青年文明号"班组的他们没有以牙还牙,没有出现像旅客一样的过激行为,没有对骂的场景,而是耐心细致地向旅客做好解释和服务工作,想方设法化解旅客不满情绪,竭力满足旅客合理需求。采用广播员循环广播宣传、列车员口头解释、安全员巡视车内安全环境等方式来取得旅客理解与支持,用执着、责任、热情稳定旅客情绪,用多一次微笑、多一分理解、多倒一杯开水等实际行动努力践行"旅客在我心中,服务在我行中"的承诺,全力以赴将2000余名旅客安全送至目的地。

3) 处变不惊

列车就是一个社会,各式各样的人都有,各种情况和突发事件都有可能随时发生,因此,要求客运服务人员一定要有处变不惊的能力。在面对一些喜怒无常、无理纠缠的乘客时,在遇到列车晚点、发生突发事件时,都需要客运服务人员"临变不乱"来应变各种突发状况。这就要求服务人员熟知各类应急处置预案,具备良好的心理素质。

列车故障突换车底 车长果断妥善处理

2017年10月29日,福州11组值乘的G329次列车,10:33分驶出天津西站,去往美丽的福州。10:59分列车因3车轴温过高,调度通知列车于沧州西站同台倒换车底并由本班组继续值乘。列车长郝帅得到通知后立即启动应急预案,第一时间组织乘务员向旅客做好解释、疏导工作,并通过电台组织职工负责清点各自车厢备品,随时做好换车准备。13:17分热备车底到达沧州西站,在车站工作人员的协助下,班组在只有一名列车长和五名乘务员的情况下,仅以10分钟的时间完成了旅客及车底备品的倒换任务。是的,10分钟,8节,371名旅客,加上全列的备品,全部更换完毕!由于更换车体给旅客带来不便,难免有旅客情绪激动,批评声不绝于耳,列车长和乘务员逐节车厢做好安抚工作,得到了旅客的理解。由于更换的列车与我们日常车底座席等级不同,存在一定的票价差额,为了避免旅客的权益受损,列车长及时为需要退票的旅客,填写客运记录,并与站方取得联系,做好旅客延伸服务。21:47分,列车抵达福州车站,晚点2小时28分,这不是终点,大家还要继续套乘列车至上饶车站。零点钟声敲响的时刻,列车也结束了一天的运行,下车的旅客早已没有了最初的不理解,一句"你们辛苦了",是对该车乘务工作的最大肯定。

（2）轨道交通客运服务人员的综合素质要求

1）道德修养

①热爱祖国、热爱铁路事业、热爱本职工作。

②遵守国家法律、法规和铁路行业管理规章制度，自觉维护旅客和企业合法权益。

③尊重旅客的民族习俗和宗教信仰，对不同种族、国籍、民族的旅客一视同仁。

④有高度的工作责任心，诚实守信，敬业爱岗，忠于职守。

⑤爱护车站设备、设施，不占有、浪费服务备品和餐饮供应品，廉洁自律，公私分明。

⑥尊老爱幼，谦虚谨慎，真诚热情，努力树立动车组站车工作人员良好形象。

2）职业风貌

①听从指挥，团结协作，工作认真，有严谨的工作作风。

②精神饱满，仪容整洁，行为端庄，举止文明，有健康向上的风貌。

③服务主动，细致周到，表情亲切，言语和蔼，有亲和力。

④遵章守纪，落实标准，有严于律己的自觉性。

3）职业素质

①勤奋学习，钻研业务，有较高的文化素养和较全面的专业知识。

②能运用普通话，熟练掌握常用英语对话，具备良好的语言表达和文字写作能力。

③了解旅客的不同心理需求及心理特点，掌握相应服务技巧。

④熟知作业程序和标准，熟练使用服务设备、设施，能为旅客提供及时、准确的服务。

⑤熟知安全措施和应急预案，熟练使用安全设备、设施，具备妥善处理突发事件的应急、应变能力。

4. 掌握心理知识对轨道交通客运服务的意义

研究和掌握旅客在旅行过程中的心理活动，探索旅客在站、车各个环节和各种旅行环境中的旅行心理及其规律，根本的目的是提高服务质量，而服务质量的提高又很大程度上取决于运输企业服务人员的个人素质和运输企业的整体管理水平。具备和运用旅客运输心理学知识，可以更好地了解旅客的心理需要，改进客运服务人员的服务方式，科学地组织各种服务措施，最大限度地满足旅客乘车旅行的需要。加强旅客运输心理学研究的作用，主要体现在以下方面：

（1）提高客运服务的主动性

一切客观事物都有它自身的发生、发展规律，人们如能够正确认识和掌握客观事物的规律，按照客观规律办事，就会使自己的工作处于主动地位。同样，旅客运输服务工作也是如此。例如，地铁进站乘车阶段的旅客需求是确认地铁线路、售票处位置、票价、如何进站、等候多长时间才能乘上列车等；而地铁到达出站阶段的乘客的需求是如何才能尽快出站、哪个出口离自己的目的地最近、换乘地面公交车的相关信息等。这些是一般旅客的正常心理活动，这些心理活动积累多了，就可以总结出旅客旅行的心理规律。

旅客出门乘车旅行出现的心理活动，是旅客在旅行过程中各种需要的综合反映。客运服务人员如果不了解服务对象的旅行心理需要，不掌握旅客的心理活动，就难以按旅客需要去办事、提供服务，甚至会发生违背旅客需要的事情。如旅客希望站、车有良好的秩序，而站、车却因管理不善，环境不佳；旅客想买直通客票，一票到家，但车站只出售到列车终点站的车票；旅客希望到餐车就餐，而餐车只供应盒饭到车厢；等等。这样做，虽然也是服务，实际上处于被动地位,效果不会好。反过来,客运服务人员如果能够了解旅客心理,认识并掌握服务规律,尽可能按规律办事和服务,情况就会不一样。例如:列车处于超员状态时,客运服务人员从体贴旅客旅途中的困难着想,主动地想办法为无座位旅客排忧解难,组织动员旅客两人席坐三人,三人席坐四人,劝导搭边坐、换坐、轮流坐,送超员凳等;对突发疾病的旅客主动送水、送药,帮助做好临时处置,解除患病旅客的痛苦;考虑在炎热气温下的旅客心情,主动采取降温措施,开电扇、开通风窗口,做好上水、送水等。这些工作是从旅客的角度着想的,体现客运服务的主动性。

由于一切事物都在变化着,当旅行环境、旅行条件发生变化时,旅客的旅行心理也会随旅行的进行发生变化。客运服务人员对这些变化的心理状态,要做到及时掌握,使得自身的服务工作更加主动、灵活,而且还能防止旅行中意外事件的突然发生。如旅客不慎在车上丢失财物,又着急、又生气、又惊慌,甚至产生轻生念头,这时如果列车员一面帮助旅客查找、报警,一面进行安慰、劝导,就能防止不测情况的发生。又如当列车晚点时,旅客常会询问晚点的时间和原因。晚点时间越长,对旅客心理冲击越大,这时乘务人员主动地做宣传,可稳定旅客情绪,列车员还要注意到站及时打开车门,使旅客安全乘降。

(2)提高客运服务的针对性

掌握旅客心理,探索服务规律,主动地为旅客服务,但这还不够。由于客运服务人员人数有限,不可能满足所有旅客表现出的和潜在的所有的需要,因此客运服务要有重点、有针对性地对重点旅客提供使其满意的服务。重点旅客有时是一目了然的,如一位跛脚老人独自乘车,客运服务人员应该把他作为重点旅客,扶持其上下车,帮助他找到座位等。大多数重点旅客需要客运服务人员对他们的行动进行细心的观察,才能了解到他们的心理和旅行需求,提供有针对性的服务。

有些客运服务人员,为旅客服务很勤快,也很主动,但提供的服务由于没有针对旅客的需要,结果事与愿违。例如,希望在旅途中能够安静休息的重点旅客,其心理状态是不愿有人去打扰,如果列车员总去问长问短,可能还会引起他的反感。所以,服务工作不一定是"越主动越好,越勤快越好",还要讲究针对性,这样才能够收到事半功倍的效果。

掌握旅客心理,探索服务规律,提供有针对性的服务,比主动性服务的难度要大。例如,患病旅客通常是希望服务人员问长问短,对他(她)多加照顾,但有的想在列车上找到医生抓紧治疗,有的想在前方较大的车站下车去医院,有的希望到达目的地车站后再说。如果不掌握旅客心理,把不想中途下车去医院的送下车,或把想中途下车的留在车上,服务效果就会适得其反。有针对性地进行服务,是主观努力和客观需要一致的服务,是把服务工作做到点子上。实现有针对性的服务,必须了解、掌握旅客的心理需求。有的列车员通过细致的观察,了解到睡在硬卧车厢上铺的旅客容易口渴,而上下又不方便,所以在熄灯前专门给他们送一次开水。这种有针对性的服务,是优质服务的标志。

在掌握旅客共性心理需要的同时,又要掌握个性心理需要。例如,同样买卧铺,不一定个个旅客都要下铺;南、北方人同进餐车用餐,也不一定南方人专爱吃甜食、米饭,北方人全要口味重的菜、面食。所以,提供有针对性的服务,要求客运服务人员细致地了解与掌握旅客心理,包括共性心理和个性心理。

(3)提高客运服务的周到性

服务周到与否是相对而言的,既受旅客旅行心理需要满足水平的要求影响,又受环境、条件、时间等因素的制约，很难有具体的衡量尺度，或者一个统一的标准。但从概念上讲，能够实现客运工作标准的要求，能够最大限度地满足旅客旅行中的心理需要，也就可以称作是周到服务。

客运服务人员在丰富的服务实践中，已经积累和创造了一系列的服务经验，这些经验都是从了解和掌握旅客在旅行中的心理需要出发，按照服务规律，周到地为旅客服务的方法的总结。

随着时代的发展，人民生活水平的日益提高，旅客旅行心理也会随之变化。如旅客希望铁路提供多功能、多层次的服务，改革原有的服务方式。许多车站为适应新时期旅客旅行的要求，提供周到服务，开展了在非铁路沿线的城镇开办售票点，办理行包承运和接送业务等。有的中间站，居民住宅区在车站一端，或在车站站舍的背面，旅客下车后，按规定应从正面进、出站口进出站。但旅客的心理是出站到家，越近、越方便越好，于是下车后总是想从车站两头走或者横越线路。为满足旅客的这种心理要求，有的车站根据客观条件，在车站靠居民住宅区的一端或在车站站舍的背面一侧，设立了出站门，有计划、有管理地组织旅客从车站两端走或从背面出口出站，既能满足旅客的要求，又使旅客上下车进入管理状态，既服务周到使旅客满意，又保证旅客的旅行安全。

由于我国目前铁路运能与运量存在着矛盾，在旅客运输中还有许多问题满足不了旅客的要求，这是客观事实。如旅客想买卧铺票，却因数量有限而难以满足；长途旅行，有时连座位还找不到等。实质上，这些都是服务不周到的反映。面对这种现实状况，客运部门要尽力去做能够做到的，实在做不到的，也要做好耐心、热情的解释工作以弥补不周到的缺憾。

（4）树立客运服务人员正确的服务观

实现文明服务，礼貌待客，最根本的是客运服务人员要有正确的服务观，要对旅客有感情，才能在日常的服务工作中积极了解和掌握旅客的心理活动。了解旅客的困难，理解旅客"出门难"的心理状态，急旅客之所急，忧旅客之所忧，成为旅客的贴心人。有了正确的服务观和主动服务的思想，才能更好地为旅客服务。为使客运服务人员建立正确的服务观，需要对客运服务人员的心理做实际的细致的了解，并实施有针对性的心理管理。

有的站、车专门组织职工和旅客一起排队买票，和旅客一同在硬席车厢"站"车旅行几个小时，亲自体验旅客的心理状态，这是为了培养和增强对旅客的感情。

有些客运职工主观上也想为旅客服务，但对旅客问事多嫌麻烦；旅客无意中违反有关规章制度，就对旅客横加责难；车票售完后，旅客询问车票的情况，而不予理睬等。所有这些，从反面说明客运服务人员如果不注意了解旅客的心理活动，就不能体会旅客在旅行中的困难。与旅客之间的感情建立不起来，文明服务、礼貌待客就成了一句空话。所以，加强旅客运输心理活动的研究，掌握旅客心理，探索服务规律，能够加深客运服务人员和旅客的感情，从而促进服务者与被服务者之间的相互理解与支持，把服务工作做得更好。

2.3　知识拓展

高速铁路客运服务消费特征

随着社会服务"以人为本""人性化"理念的深入人心，高速铁路客运服务也以"以人为本"作为"各部门""各环节"的中心指导思想，满足旅客旅行需求，真正做到"服务旅客"，而非"管理旅客"。高速铁路客运服务实质上是旅客体验的过程。旅客对服务产品的消费是一种过程消费，而不是结果消费。高速铁路客运服务消费特征具体表述如下。

1.高速铁路客运服务的"过程消费"特性

有形产品的生产与消费是分开的，有形产品是作为生产过程的结果被顾客消费的，是一种完全的结果消费。而客运服务不可能被事先生产出来，旅客对服务产品的消费也不可能是完全的结果消费，服务过程也是服务消费的重要组成部分。

服务质量研究表明，尽管服务产品的结果对顾客来讲是重要的，但对于总的感知服务质量来说，顾客对服务过程的感知却更加重要。由于企业与企业之间所提供的服务结果正逐渐趋同，在很多情况下仅仅利用服务结果是无法与竞争对手区分开的。同时，仅仅利用服务结果来判断服务质量的高低也是相当困难的。例如，旅客通常难以判断哪个铁路局担当的列车的服务好，旅客只有在参与服务过程中，才能感受到不同企业提供的服务的差异。

2.高速铁路客运服务消费与生产的同步性

高速铁路客运服务消费的过程性决定了服务生产与消费同步进行。这种同步性决定了旅客对服务质量的感知是对服务全过程各个环节的质量感知，每个环节的质量感知都会影响到旅客对服务整体质量的评价。因此，高速铁路客运服务质量的形成不仅取决于运输企业对服务内容的设计、服务标准的制订以及服务生产过程的管理与控制，而且旅客的运输服务消费理念和实际消费过程中随机的生理、心理和特殊状况等，都会影响到其对质量的感知与评价。由此，运输企业在提供规范化、标准化服务的同时，考虑一定的"弹性"，赋予一线服务人员一定的"权力"，以适应运输服务消费与生产同步性的特点。

3.高速铁路客运服务消费与生产交叉

运输服务的生产与消费是在旅客、服务人员和服务设备互动中完成的，其互动的结果与质量有较大的后效性。即前一个服务环节的互动质量会影响到下一个环节的互动基础与氛围，最终影响旅客对运输服务质量的感知与评价以及再次选择的机会。例如，旅客对购票服务的不满意会转化为对站、车其他服务的"过于挑剔"。

总之，高速铁路客运服务消费的过程性是其特性的根源，也决定了旅客对服务质量评价的过程性，同时为运输服务质量的管理与控制指明了方向。

"以理服人，得理让人"的服务原则

乘客与客运服务人员之间发生的矛盾，部分是由误会或是客运服务人员工作的疏忽造成的，这时，客运服务人员应耐心解释或虚心道歉，以诚恳的态度取得乘客的谅解，尽量化解矛盾。

在处理由乘客粗暴无礼或故意刁难所引起的矛盾时，客运服务人员应该耐心解释。不能与这些乘客针锋相对、寸步不让，要区分不同的情况，做不同的分析。对少数不讲理的乘客，要对其说理，以理相劝，但说理一定要有利于矛盾的解决与消除。如果自恃有理，一味相争，寸步不让，其结果必然是矛盾扩大，影响正常的运营服务。这样，不仅原来的矛盾没有解决，而且随之又产生了新的、更大的矛盾。对待这类矛盾，要尽量说理，不可是非不分，说理必须要有节制，不能不顾全大局、永无休止的争吵，这就需要客运服务人员能有"以理服人，得理让人"的胸怀和气度。

"以理服人，得理让人"是城市轨道交通员工在长期服务工作实践中总结出的一条经验。

它主张城市轨道交通客运服务人员在矛盾面前要心平气和，有礼貌地说理；有了理，又要本着缩小矛盾的态度宽以待人，做到得理让人。俗话说"人非草木"，对一般无理的乘客，客运服务人员更要对其坚持耐心诚恳的态度，始终对他们保持信任和尊重，以争取他们态度的转变。

客运服务人员在服务工作中坚持"以理服人，得理让人"的服务原则，这不仅有助于顺利地解决已有的矛盾，而且还能有效地避免其他矛盾的产生。要提倡"你发火，我耐心""你粗暴，我礼貌""你埋怨，我周到""你有气，我热情"的处理态度，以实际行动创造文明和谐的乘车环境，促进社会风气的改善。

此外，有时换一位服务员来处理，让当事的服务员回避也不失为上策。而处理矛盾的服务员更应当掌握上述原则，而不是帮着"吵架"。

2.4　相关规范、规程与标准

轨道交通运输行业服务用语规范

规范服务用语是讲究语言技巧的前提，是服务岗位的基本要求。而运用技巧性的语言满足乘客的服务需求是讲究服务艺术，提高服务质量的基本要求之一，是在规范用语的基础上所能提供的高水平的服务。

1. 服务语言的用语要求

（1）语言亲切

客运服务人员的服务是否亲切、热情，一方面要看服务是否主动周到，另一方面要看客运服务人员的说话语气是否亲切、热情。

（2）商量口气

客运服务人员与乘客是服务和被服务的关系，因此客运服务人员对乘客说话不能用"命令式"的口气，要用商量的口气希望乘客配合自己的工作。

（3）言辞委婉

客运服务人员在向乘客解释一个问题的时候，言辞不能有责备的口气，应以委婉的言辞达到提醒乘客的目的，让乘客能够理解。

（4）恰到好处

客运服务人员在处理乘务矛盾时，说话办事要恰到好处。不该说的话不说，不该做的事不做，不该多说话的时候要控制自己的情绪，以免激化矛盾。

（5）留有余地

客运服务人员在乘务活动中说话办事，都要给乘客或自己留有余地，不能说绝对和过头的话、办事不留余地，不然会给自己和企业带来被动的局面。

（6）语言幽默

幽默语言并非哗众取宠，而是客运服务人员在向乘客解释问题的时候，能让乘客听了感到心情愉快、容易理解、乐意接受，是消除紧张气氛的有效手段。

（7）注意自责

客运服务人员在乘务活动中出现乘务矛盾时，首先不要责备乘客，而要先找一找自己有什么不足之处，然后再向乘客解释问题，这样从感情上就不易激化矛盾。

（8）顾全大局

客运服务人员在处理自己与乘客间发生乘务矛盾的过程中，要有一定的自我牺牲精神，要从保护乘客的利益、维护企业信誉大局出发，宁可自己受点委屈，也要妥善处理好在车站、车厢中发生的乘务矛盾。

2.服务语言的语调变化

除了服务用语要规范之外，在与乘客的交流时，语调是表达情绪的关键。同样一句话，不同的语调能反映出说话者不同的心情。服务员必须练习对乘客讲话的语调。如果语调不对，乘客可能对所提供的服务产生误解就不会满意。因此，语调在客运服务中非常重要。

语调包括语速、音量、音调、音强、语态等五要素。

（1）语速

通过讲话的速度，乘客会在大脑中形成一个对服务员的大致印象。太快：乘客以为服务员是在敷衍他或因为急于办别的事而怠慢他。太慢：乘客又以为服务员懒惰、不勤快，或对他漫不经心，不愿意帮助他。乘客认为是急事而服务员慢吞吞地解释，就容易引起矛盾。

（2）音量

讲话的音量适中，不要太高。太高就会产生一种错误的交际情景，因为喊叫是愤怒、不满的表现。

（3）音调

服务员可以通过音调的高低向乘客传达这样一个信息：我乐于帮助你们。可以用不同的音调润色同乘客说的每一句话，因为在音调的高低变化中蕴藏着无穷的力量。

（4）音强与语态

音强与语态在不同的服务场合要求讲话者表现出不同的感情。音量应随场合而变，话语中的感情表露也要随场合而变。如果讲话的态度没有表露出对乘客很理解，并且愿意为他服务的话，那么就无法表现出那一场合应有的正确语速、音量、音调和音强。话语首先要让对方感到惬意，要使内容正确传达给对方。

说话过程中要开朗、有精神，更重要的是清楚地"传达"诚意。镇静对服务人员来说是非常重要的。在接待乘客时，不要说"不"。如果用"我不能""我不会""我不应该""我不愿意"这样的语言的话，只能使乘客感到你不愿意或不能帮助他。如果反过来说："让我们来看看我们能做什么""我们能为你做的是……""我很愿意为你做……""我能帮你做……"这样，乘客的注意力就会集中在可能的解决方法上。就能创造一个积极正面的解决问题的氛围。

2.5　相关案例

电子客票来了，老年人别发愁

2020 年 7 月 23 日 6：23　新浪网

无须提前取纸质车票，刷身份证或手机二维码即可秒速进站验票乘车——电子客票来了。近日，随着电子客票开始在全国普速铁路推广实施，1300 多个普速铁路车站逐渐"转型"，科技化、信息化让更多的旅客享受到了电子客票"一证通行"带来的出行便利。在电子客票带来方便的同时，一部分老年旅客也产生了困惑：取消了纸质车票，持证进站，记不住车次信息怎么办？不会使用自助设备怎么办？行程信息单看不懂怎么办？

"针对这些疑虑，平遥火车站的做法是行程信息画一画、候车验证问一问、进站检票帮一帮、站台候车盯一盯。"介休车务段工作人员许宏翠告诉记者，在顺利过渡实行电子客票的经验中，平遥火车站探索出"四个一"的服务模式，让每一位老年旅客都能享受一路的温馨、便捷服务。

对于老年旅客购票，该站售票人员会在他们的"行程信息提示单"上将乘车时间、车次、座位号、检票口等关键信息用笔画出来，同时在背面用加粗签字笔将关键信息写明，方便老年旅客查看。当老年旅客进入候车室时，验证口客运员主动提醒询问旅客是否知道乘车时间、座位号等相关信息。对于不清楚的旅客，主动引导至售票窗口打印提示单。当排队进站时，检票口客运员主动将其引导至闸机处，帮助二次核对出行信息。在站台上，客运人员会将老年旅客作为重点帮扶对象，与列车乘务员沟通联系，主动帮助核对车次、车厢信息。"电子客票实行以来，平遥站已经接待了国内外 1.8 万名旅客出行，重点帮助近百名老年旅客平安、有序、温馨乘车，收到了良好的社会效果。"许宏翠说。

东京地铁票价的多样化和人性化

日本的东京轨道交通系统十分发达，针对不同的旅客需求推出一卡通、儿童票、多次票、月票、团体票和单日票等多样化的车票，实现了地铁票价的多样化和人性化。

东京的地铁一卡通主要有 JR 东日本的 Suica、株式会社 PASMO 发行的 PASMO 两种，其适用地域范围很广。Suica 发行约 4000 万张，早在 1999 年就开始使用。PASMO 卡发行量约为 1700 万张，于 2007 年开始提供服务。东京附近几乎所有的地铁、公共汽车、电车、出租汽车均可使用 Suica。除东京地区外，在仙台、新潟、北海道、东海、西日本、九州等很多地方 Suica 也可畅通无阻。2013 年 3 月起，主要在适用在东京周围的 PASMO 也与北海道、福冈等地的公交卡实现相互使用，极大拓展了其适用范围。

月票，是与东京市民生活联系最为紧密的一种地铁票制。东京地铁起步价为 170 日元（约 8.5 元人民币），上班族、学生通常选择比较划算的月票。日本地铁月票通常分为 1 个月、3 个月、6 个月三种，时间越长折扣越大，学生还会有更大的折扣，通常为上班族月票的半价左右。这种月票以及打折的学生票可以植入 Suica、PASMO 中，与其一卡通的其他功能并行不悖，十分方便。

"单日票"也是日本地铁较为创新的一种票制。单日票主要是针对外来游客推出的一种优惠措施。东京地铁成人单日票价格为 710 日元（约合 35.5 元），学生单日票为 360 日元（约合 18 元）。单日票当天有效，且不限乘车次数和里程。也就是说，有着一张票，东京地铁随便坐。持单日票者，在当日可以随便坐地铁，且可多次进出地铁站，极大方便了外地来东京旅游的游客。

"多次票"是一种按乘客次数计算的票制。大多数日本大学校内没有宿舍，所以学生们基本都住在校外，靠乘公共交通工具到校上课。比如某大学生每周两次课，每个月大约去学校 8 次。这样一来，他如果用月票的话，一个月 30 天只用 8 天，月票没有得到充分利用。这时就需要介于月票和全票之间的票制，这就是"多次票"。如全价 170 日元的行程，他付出 1700 日元可以买到 11 张票，相当于买 10 送 1，花 10 次的钱，可以坐 11 次地铁。另有节假日、周末的多次票，更为便宜。

此外，日本地铁还制定了不同类型的打包套餐，不同运营商之间的通票套餐，优惠折扣等,包括与机场线、JR 线、新干线的联票等。除此之外,东京地铁还有儿童票、团体票等更精细化的设计,基本覆盖了所有可能利用地铁的人群。

可见,日本地铁票价形式非常多样化、精细化和人性化,既满足了不同人群的不同需求,同时还把盈利空间最大化,可谓一举两得。

项目训练

[训练目的]

进一步了解轨道交通客运服务的特征,认识到对于不同年龄层次、各种职业的人来说,他们所渴望得到的服务也是不同的,只有对服务方式做出相应调整,才能满足对象广泛性的需求。

[训练内容]

设计一个轨道交通客运服务的场景,说明面对人们多种多样的服务需求,必须改变单一的服务方式,才能获得广大乘客的理解和肯定。

[考核标准]

教师评分,评分为百分制(10 分为一个等级,如 100、90、80……),填于表 1-2-1。

表 1-2-1　评分

序号	项目	权重/%	得分
1	场景设计是否合理	40	
2	表演是否清晰、准确	40	
3	参与是否积极、主动	20	
合计			

复习思考题

1.举例说明掌握心理知识对轨道交通客运服务工作的意义。

2.轨道交通客运服务的特征有哪些?

内容 3　轨道交通客运服务心理学的研究内容

3.1　相关知识

1. 职业倦怠

职业倦怠(job burnout)又称"工作倦怠""职业耗竭""工作枯竭"等,通常被认为是工作压力和工作应激的特殊表现形式。它是一种与职业有关的综合症状,是一种身心耗竭的状态,是个人不能成功地应付外界各种过度要求而产生身心耗竭的现象。

美国临床心理学家弗登伯格把职业倦怠定义为:服务于助人行业的人们因工作时间过长、工作量过大、工作强度过高所经历的一种疲惫不堪的状态。

服务人员"职业倦怠"是指服务从业人员在服务工作中因长期持续付出情感,并与他人发生各种矛盾中而产生挫折感,并最终表现出情绪和行为等方面机能失调的现象。面对来自工作和社会的重重压力,如果员工不能很好地将自己的角色进行定位,不能在完成工作的过程中,正确认识和分解压力,调节情绪状态和心境,学会适应变化,那么引发职业倦怠的可能性就会加大。据分析酒店业人才流失严重,人员流动频繁,在很大程度上是职业倦怠的结果。

都市特有的职业"流行病"

职业倦怠已经成为当今世界范围内普遍存在和迅速蔓延的一种现象。随着社会发展的变革转型、就业的激烈竞争、企业发展的创新突围,给管理者和员工带来了沉重的身体和心理压力,职业倦怠现象的产生也就不可避免。据调查,人们产生职业倦怠的时间越来越短,有的人甚至工作半年到八个月就开始厌倦工作。不久前,国内某知名人力资源网站开展的一项"中国职场人士工作倦怠现状调查"显示,74.6%的职场人产生了工作倦怠。该网站人力资源专家根据衡量工作倦怠的三项指标(即情感衰竭指标、玩世不恭指标、个人成就感指标),将工作倦怠分成了低、中、高三个等级。结果显示,74.6%的人有一种症状,为轻度工作倦怠;43.2%的人出现了两种症状,为中度工作倦怠;10.8%的人则同时具备三种症状,为严重工作倦怠。很多员工非但没有从工作中感受到人生的意义和价值、生活的欢乐和幸福,反而对工作感到越来越倦怠和厌恶。有足够的证据表明,"职业倦怠"这种 20 世纪 70 年代在国外开始引起人们关注的心理症状,正悄然向我国现代社会的职业人士袭来,且呈蔓延之势,已经成为目前人们心理中不可忽视的问题,一种都市特有的职业"流行病"。

---

2. 服务标准的分类

标准的分类方法有三种:按标准的级别分、按标准的性质分、按标准化的形态分。根据国家标准化法规定,我国是按标准的级别进行分类的,即我国的标准分为:

(1) 国家标准

由国务院标准化行政部门制定,由国家技术监督审查批准发布的,必须在全国统一执行的标准。如《铁路旅客运输组织术语》(GB/T 13317—1991)、《铁路客运服务图形标志》(GB/

T 7058—1986)等。

（2）行业标准

由国务院有关主管部门制定，由中央各有关部门或专业化标准组织批准发布在该行业内执行的标准。如铁路旅客运输服务质量标准(TB/T 2967—2002)。

（3）地方标准

由省、自治区、直辖市政府标准化行政部门制定并批准执行的标准。

（4）企业标准

由企业自己制定的标准。企业标准又分成三类，即技术标准、管理标准、工作标准。其中，技术标准是规范产品性能的技术要求；管理标准是规范企业开展各种作业技术活动的控制方法和要求，达到落实技术标准；工作标准是规范人们工作行为的标准。

3.2　轨道交通客运服务心理学基本知识

1. 轨道交通客运服务心理学的研究对象

旅客运输心理学研究的对象是人，这包括两个方面：一是运输服务的对象，即旅客；二是运输服务的提供者，即客运服务人员。

（1）从运输服务对象角度看

旅客运输心理学是从一个人是否有旅行需要角度定义旅客的概念：一个社会个体，从其产生旅行需要开始，到其旅行需要消失为止的整个过程，成为旅客运输业的服务对象，即旅客。根据这一定义，具有旅行需要的一切社会中的个体，无论其旅行需要是否成为现实，只要他有旅行需要，就是一位旅客。在旅客旅行需要的产生到旅行需要消失的整个过程中伴随的心理活动，成为旅客运输心理学研究的核心内容。

旅客运输产品的加工和生产过程，就是对旅客的心理活动进行剖析，使其旅行心理需要得到满足的过程。心理需要的满足程度，反映了客运服务质量的高低。因此，从服务对象角度讲，掌握旅客旅行心理活动与需要，使旅客旅行需求得到满足，是客运管理的核心内容。

（2）从运输服务业角度看

1）运输服务企业的行为就是人的行为

人是运输服务的直接提供者，运输企业要靠人来实现企业的目标，即使是未来社会的管理中，最主要的管理仍然是由人来实施的对人的管理。虽然科学技术的发展，促使高科技产品在运输服务中得到了普遍应用，但设计和使用这些产品的仍然是人。如何使高科技产品在运输企业中得到广泛应用，从而最大限度满足旅客旅行的需要，这取决于规划者、设计者以及使用者对旅客旅行心理需要的掌握程度。因此，研究运输企业中人的心理行为规律，以调动人的积极性，提高运输服务水平，是运输服务企业管理的主题。

2）人是运输企业的首要资源

从现代企业管理的角度来看，企业中人、财、物资源中，人是最重要的资源。在现代科学技术发展中，重视人的因素，发挥人的主动精神，挖掘人的潜在能力，是极为重要的。因此，旅客运输心理学的研究对象是人，着重研究人的心理行为，对充分运用人力资源，将起到重要作用。

3）人是运输企业管理的主体

现代企业管理的特点是强调以人为本，以人为中心，科学技术越发展，就越要重视人的因素，建立以人为中心的管理制度。因此，人作为旅客运输心理学研究的对象，研究运输企业中人的心理活动的规律性、人的行为模式等方面的问题，有助于企业领导更能充分了解人的心理规律，使之能在科学分析的基础上，采取科学的管理方法，促使运输企业管理取得最佳的社会效益和企业效益。

2. 轨道交通客运服务心理学的研究内容

轨道交通客运服务心理学的基本研究内容如下。

(1)旅客心理

旅客是轨道交通客运服务的对象，其心理特点、心理需求影响着轨道交通客运企业的决策及服务导向。为提高服务质量，提高旅客的满意度，必须研究、了解、把握旅客的心理。轨道交通客运服务心理学主要研究旅客的社会知觉、旅客的服务需要与动机、旅客的个性及文化背景。这些知识对于轨道交通客运服务人员把握服务尺度、提高服务效果是极其必要的。

(2)轨道交通客运服务人员的心理素质

轨道交通客运服务人员的心理素质对于运营的安全、旅客的安全、服务的质量有着至关重要的影响，同时在一定程度上影响着旅客的身心健康。轨道交通客运服务心理学主要研究轨道交通客运服务人员心理素质的特点与内容，以及提高心理素质、进行心理自助的途径与方法。具体内容包括情绪的调节与控制、态度的把握与端正、个性的完善与培养、挫折的应对与解决、人际关系的建立与发展等方面。

(3)轨道交通客运服务人员的工作技巧

轨道交通客运服务人员除了应具有坚实的理论知识外，在实际工作中还要不断总结、完善、提高自己的服务技能和技巧。轨道交通客运服务心理学主要研究轨道交通客运服务人员与旅客的沟通技巧、客我交往技巧、语言技巧，在努力工作的同时，挖掘有效的服务技巧，提高工作效率和工作质量。

3. 轨道交通客运服务心理学的研究原则

(1)客观性原则

人的心理源于客观现实，同时人的心理也是一种客观存在，有其自身产生与发展变化的规律。但是，心理是人的一种内在体验，尽管现代科技高度发达，仪器设备极其先进，但仍然难以直接对其进行观察和测量。绝大多数心理现象还只能通过对言谈举止、表情动作观察、分析、测量来间接推知。而且人的心理与行为之间往往不是一对一的关系，加上心理现象人皆有之，不仅研究对象有，研究者也有，研究者容易出现猜测与臆断。这一切特点、现象的存在表明，轨道交通客运服务心理研究必须严格遵循客观性原则，即研究要严格地对人的外在表现进行如实地观察和系统记录，尽可能收集起完整的资料，不漏掉矛盾的资料；在分析资料得出结论时，必须尊重资料提供的事实状况，对资料不能简单取舍，更不能任意添加和臆测。只有如此，研究才可能是科学的。

(2)发展原则

发展原则，又称为动态变化原则。轨道交通客运服务理念、工作方法及管理方法，总是随着内外环境条件的变化发展而发展，而伴随这些活动的心理现象也必然是发展变化的。可见，轨道交通客运服务心理研究，从指导思想到方法手段都应该遵循发展的原则，不能简单和轻易地用前人提出的、曾经是科学的结论去解释变化了的新现象、新情况。同时研究方法要有突破、创新。

(3)相关性原则

服务工作中的每个人,其心理与行为都是在彼此相互影响、相互作用的各种外部环境因素作用下发生发展的,而且各种心理现象之间、心理与行为之间,也是相互影响、相互作用的。因此,轨道交通客运服务心理研究必须真实科学地揭示服务过程中心理现象的特点和规律,坚持相关性原则。这要求我们必须用联系的观点去做多方面的考察,考察环境因素之间、环境与心理现象之间、心理现象之间、心理与行为之间的关系,以求研究结果的科学性、真实性。

(4)实践性原则

深入轨道交通客运服务工作,发现和研究心理现象,验证研究成果并用它为客运服务工作服务,不断提高研究水平,这是服务工作对轨道交通客运服务心理研究的要求,也是轨道交通客运服务心理学科完善、提高的要求。

(5)批判地吸收与继承原则

这一原则,要求研究工作要在立足于我国国情的前提下,贯彻"洋为中用"的方针,批判地吸收国外一切有利于我国轨道交通客运服务工作的轨道交通客运服务心理学理论与研究方法,对其进行改造和应用。同时也要贯彻"古为今用"方针,努力挖掘和继承我国古代的心理学思想,使历史为现实服务。

4.轨道交通客运服务心理学的研究方法

旅客运输心理学研究的对象是有思想、有感情的人,这就决定了它的研究方法有自身的特点,主要是通过调查、观察和实验等方法,了解和掌握各种心理行为的变化,加以综合分析,概括出原理原则,再放到实际中去验证。

(1)观察法

在自然条件下,对表现心理现象的外部活动进行系统、有计划的观察,从中发现心理现象产生和发展的规律性,这种方法叫观察法或自然观察法。利用观察法能否获得满意的结果,取决于观察的目的和任务、观察和记录的手段、观察者的知识和能力,以及观察者的毅力和态度。

观察法的优点是可对被观察者的行为进行直接了解,因而能收集到第一手资料。由于观察法是在自然条件下进行的,不为被观察者所知,他们的行为和心理活动较少或没有受到"环境干扰",因此,应用这种方法有可能了解到现象的真实状况。观察法的缺点,一是在自然条件下,事件很难按严格相同的方式重复出现,对某种现象难以进行重复观察,而观察的结果也难以进行检验和证实;二是在自然条件下,影响某种心理活动的因素是多方面的,用观察法得到的结果,往往难以进行精确的分析,由于对条件未加以控制,观察时可能出现不需要研究的现象,而要研究的现象却没有出现;三是观察容易"各取所需",观察的结果容易受到观察者本人的兴趣、愿望、知识经验和观察技能的影响。

(2)调查法

有些心理现象能直接观察,有些则不能。当所研究的心理对象不能直接观察时,可通过收集有关资料,间接了解被观察者的心理活动,即采用调查法。它往往用于研究不易从外部观察到的人的内隐心理活动。

调查法的途径和方法是多种多样的,有谈话、问卷、测验、活动、产品分析等。由于人的行为和心理现象是极其复杂的，因此，在进行研究时通常不是单纯地使用某一种方法，而是根据对象与任务的不同，往往以某种方法为主，辅之以其他方法，使之互相补充。这样，可以更准确地、客观地反映人的行为和心理活动的规律和特点。

运用调查法，调查者必须清楚了解所调查的课题，明确调查的目的要求，确定调查对象，拟订调查内容、方法和步骤。对于调查过程中可能遇到的情况和可能参与的外来因素，要有一定的预见和估计。另外，还必须设法使调查对象向调查者说真话，反映真实情况。

一般调查步骤如下：

①选择和确定研究的问题和对象；

②制订研究计划；

③收集和整理研究材料；

④分析材料，从而得出科学的结论。

调查法比较容易进行，有利于在不同的场合从多方面发现问题，验证研究结果。但是，在调查法所得的结果中，不易排除某些外来因素的参与。因此，为了保证研究工作的可靠性，调查的结果还需要多方面的对照和验证，并要和其他研究方法的结果相互补充。

（3）换位法

人的心理活动是相通的，从这一点出发，我们可以做一个假设：如果我是一位旅客，我希望获得什么样的服务呢？"己所不欲，勿施于人"，这是先人为人处世的哲学思想。受这种思想启迪而产生的换位法应用于旅客心理研究，通常会得到比较符合实际情况的结果。

（4）实验法

在有目的地严格控制或创设一定条件下，引起某种心理现象以进行研究的方法称为实验法。在实验中，研究者可以积极干预被试者的活动，创造某种条件使某种心理现象得以产生。例如，研究者可以创设条件明确显示心理事实，使心理事实按实验者的愿望发生变化，并且能重复出现，以便全面分析研究。实验法较观察法的优点在于研究者可以主动地引起他要研究的心理现象，而不是被动地等待某种心理现象的出现。

实验法有两种：

1）实验室实验法

实验室实验法是在专门的实验室内进行研究的方法，它是一种严格控制外界条件，通常在实验室内借助于各种仪器进行的。由于对实验条件进行了严格控制，运用这种方法有助于发现事件的因果联系，并允许人们对实验的结果进行反复验证。但也由于研究者严格控制实验室条件，使实验情境带有极大的人为性质，被试者处于这样的情境中，又意识到正在接受实验，就有可能干扰实验结果的客观性质，并影响到将实验结果运用于日常生活中。

2）自然实验法

自然实验法是在日常生活的自然条件下，研究者有意改变和创造某些条件引起被试者某些心理现象的出现。自然实验法虽然对实验条件进行了适当控制，但它是在人们正常学习和工作的情境中进行的，实验的结果比较合乎实际。

上述四种对旅客运输心理活动进行研究的具体方法中，观察法、调查法和换位法相对应用的比较广泛，在客运服务人员为旅客服务中更具有可操作性。

5.研究旅客及服务人员心理和行为的具体步骤

（1）确定研究目标

这是研究过程的第一步,即认真定出明确的研究目标,无论是研究市场细分,还是要发现旅客及服务人员对某种活动的态度,研究者从一开始就要对研究目标有一致的认识,这样才能保证研究进行得更有效。准确地陈述目标也很重要,因为它决定了所需信息的类型和数量。

(2)收集第二手资料

第二手资料包括统计机构提供的各种统计数据、他人的研究成果以及任何可以利用的数据和资料。在收集第一手资料之前,应先收集第二手资料。有时,第二手资料非常充分,就不必再设计原始资料收集方案。如果需要有关旅客的消费类型、旅客心理或社会文化方面的详细资料,就需要进行原始调查,收集第一手资料。

(3)原始资料调查方案的设计

选择什么样的原始调查方案,应以研究目的为基础。如果只需要描述性的信息,那么就要进行定量研究,如果是为了得到一个新的设想,就要进行定性研究。不同的研究类型对收集和处理数据的方法、样本的设计等都有不同的要求。

(4)收集原始数据

这是原始资料调查方案的具体执行阶段。通过面谈、实地观察、发放调查表等方式收集所需的资料。

(5)数据分析

为了方便统计和分析,应尽可能将所得信息进行量化,然后分类、制表、作图,得到逻辑清晰的基本结论。

(6)得出结论

无论是定性研究还是定量研究,最后的结论报告都应包括以下几个部分:研究方法的描述;通过分析所得到的结论以及对结论的评估;与结论有关的图表及其他材料;问卷量表的样本等。结论报告可以为将要做出的决策提出一些建议。

3.3 知识拓展

色彩心理学

目前,关于色彩与人类心理关系的研究越来越多,"色彩心理学"这个概念也应运而生。虽然目前色彩心理学还没有被心理学家正式接纳,但是色彩对人类心理存在的影响是客观存在的,而且这门学问已经用于解决现实生活中的心理问题。我们可以根据一个人对颜色的偏好,大致判断出他的性格。不同的色彩对他人也会产生不同的影响,有些人正是利用了这一点在职场上风生水起。另外,当我们心情低落的时候,颜色也可以成为治愈心病的良药。

近些年来,关于色彩心理学的基础研究日益增多,同时人们也开始把研究成果应用于实践中。有时候我们看到某种颜色,脑海里就会浮现出一种品牌的标志,这正是色彩心理学在企业形象塑造中的作用。当我们在五光十色的橱窗前驻足,或者为多姿多彩的商品掏出钱包时,你一定没有想到正是色彩在悄悄诱惑你的内心。以上这些,只是色彩影响人类心理的几个小例子。事实上,在我们的生活中,色彩无处不在,几乎时时刻刻都在影响着我们的内心,只是我们并没有注意到这一点而已。

人之所以很难感受到色彩对自己心理的影响,是因为这些影响总是在不知不觉中起作用。而色彩对心理的影响发生在不同的层次中,有些属于直接的刺激,有些则需要通过联想起作用, 更高层次的甚至涉及人的观念信仰等。

色彩带给我们的影响是复杂的, 经常是多种效果混合在一起的复合效果。而且, 由于每个人的成长背景存在差别, 色彩对人的影响便产生巨大的个体差异。不过, 这也让色彩心理学充满变化和趣味性。

如果掌握了色彩与人的心理活动之间的关系, 这样我们就可以利用色彩的能量来改变性格, 也可以减少因色彩使用不当而给人带来的困惑。另外, 掌握一些色彩心理学知识, 我们还可以看到别人无法看到的色彩世界, 我们的生活也会因此变得更加精彩有趣。

测一测, 你的色彩心理课合格吗

不同的色彩有不同的性质, 这些性质对人的心理也会产生一定的影响, 色彩心理学是要告诉人们如何利用色彩来改变自己的心理状态以及影响别人的心理。色彩对人们心理的影响几乎是无处不在的, 大家可以通过下面的题目来了解一下色彩心理学涉及的范畴。

①以橘色或者红色为主色调的快餐厅适合(　　)。

A. 谈心　　　　　　B. 吃饭　　　　　　C. 约会　　　　　　D. 放松心情

②(　　)色彩能够减少监狱里的暴力冲突。

A. 黑色　　　　　　B. 灰色　　　　　　C. 白色　　　　　　D. 淡粉色

③(　　)颜色代表医药行业。

A. 红色　　　　　　B. 黄色　　　　　　C. 紫色　　　　　　D. 绿色

④推理小说的封面最适合选用(　　)。

A. 粉色　　　　　　B. 绿色　　　　　　C. 黄色　　　　　　D. 黑色

⑤女性第一次约会的时候最好穿(　　)的衣服。

A. 绿色　　　　　　B. 蓝色　　　　　　C. 红色　　　　　　D. 白色

⑥喜欢粉色的人性格有(　　)弱点。

A. 避世　　　　　　B. 忧郁　　　　　　C. 依赖性强　　　　D. 暴躁

⑦喜欢(　　)的人心态最平和。

A. 黄色　　　　　　B. 红色　　　　　　C. 蓝色　　　　　　D. 橙色

⑧需要向别人表达强硬的立场时, 应选择(　　)。

A. 黑色　　　　　　B. 红色　　　　　　C. 紫色　　　　　　D. 灰色

⑨选择(　　)餐具可以使减肥事半功倍。

A. 红色　　　　　　B. 橙色　　　　　　C. 蓝色　　　　　　D. 白色

答案: ①B; ②D; ③D; ④D; ⑤C; ⑥C; ⑦C; ⑧A; ⑨C

3.4　相关规范、规程与标准

客运职工职业道德规范

勤恳敬业, 做到工作勤奋, 业务熟练;

廉洁奉公, 做到公道正派, 不徇私情;

顾全大局, 做到团结协作, 密切配合;

遵章守纪, 做到服从命令, 执行标准;

优质服务，做到主动热情，细心周到；

礼貌待客，做到行为端庄，举止文明；

爱护行包，做到文明装卸，认真负责。

服务工作标准

三高——高素质、高起点、高效率。

三和——和衷共济、和气生财、和睦共处。

三严——严密的制度、严格的管理、严谨的作风。

三力——凝聚力、创新力、文化力。

三魅力——人格魅力、目标魅力、形象魅力。

三自——自律、自治、自洁。

三效益——社会效益、乘客效益、员工效益。

三勤——勤学习、勤思考、勤总结。

3.5 相关案例

铁路旅客出行需求调查问卷

您好！感谢参加此次问卷调查，本次调查旨在了解旅客乘车体验及出行意愿，问卷实行匿名制，所有数据仅用于统计分析，请您根据实际情况填写。

①您的性别是？

○男　　○女

②您的年龄是？

○18 岁以下　　　　○18~23 岁　　　　○24~35 岁　　　　○36~45 岁

○46~65 岁　　　　○56~60 岁　　　　○60 岁以上

③您所在城市是？

请选择省份 ☑　　请选择城市 ☑　　请选择区/县 ☑

④您的职业为？

○企业普通员工　　○企事业管理人员　　○公务员　　　　○军人

○务工务农人员　　○个体经商人员　　　○离退休人员　　○学生

○待业人员　　　　○其他

⑤您本人的月收入为？

○2000 元以下　　　○2001~5000 元　　　○5001~10000 元

○10001~20000 元　○20001 以上

⑥您乘坐火车出行的目的一般为？（可多选）

□公务　　　　　　□探亲访友　　　　　□旅游　　　　　□上班

□个体经商　　　　□外出务工　　　　　□求学　　　　　□其他

⑦针对不同出行距离，您倾向于选择的交通方式为？（可多选）

	普通列车	高铁	民航	长途大巴	出租车	自驾	其他
小于200 km(北京—天津)	□	□	□	□	□	□	□
200~500 km(北京—济南)	□	□	□	□	□	□	□
501~1000 km(北京—徐州)	□	□	□	□	□	□	□
1001~1500 km(北京—上海)	□	□	□	□	□	□	□
1501~2000 km(北京—长沙)	□	□	□	□	□	□	□
大于2000 km(北京—广州)	□	□	□	□	□	□	□

⑧当您选择交通方式时，请将以下影响因素按重要程度由轻至重从1到7进行排序。

出发到达时间		1	
旅行时长		2	
准时性		3	
价格		4	
舒适度		5	
安全性		6	
市内交通配套设施便捷程度		7	

⑨若您某次出行乘坐长途大巴、高铁均可到达目的地，乘坐高铁可节省1小时，为此您愿意多付多少票款？

○0~30元　　　○30~50元　　　○50~70元　　　○70~100元
○100~150元　　○150元以上　　○无论是否节省都选长途大巴

⑩您出行时，是否会选择多种交通方式联运，一般会选择？（可多选）

□民航+普铁　　　　□民航+高铁　　　　□民航+长途大巴
□高铁+长途大巴　　□普铁+长途大巴　　□不采用联运方式

⑪您从家(出发地)到火车站一般选用何种交通方式？

○公交车　　　　　○地铁　　　　　　○出租车
○租车　　　　　　○步行　　　　　　○其他

⑫您下车后，从火车站前往目的地，一般选用何种交通方式？

○公交车　　　　　○地铁　　　　　　○出租车
○租车　　　　　　○步行　　　　　　○其他

⑬若您出行时，需进行铁路列车间换乘，您最多可接受的换乘时间为？

○30 min 以内　　○30~45 min　　　○46~60 min
○61~90 min　　　○91~120 min　　　○120 min 以上

⑭您认为目前铁路列车开行存在的主要问题为？（可多选）

□高铁、普速列车比例不合理　　□列车开行时间段分布不合理　　□列车停站不合理

□列车与其他交通方式接续不完善　　□没有问题

⑮您外出旅游的时长一般是?

○1~2 天　　　　　○3~5 天　　　　　○6~7 天　　　　　○7 天以上

⑯您每年的出游次数一般为?

○0~1 次　　　　　○2~3 次　　　　　○4~5 次　　　　　○5 次以上

⑰您出游的时间一般为?

○周末　　　　　○节假日　　　　　○带薪年假　　　　　○其他时间

⑱您外出旅游时,一般选择何种形式?

○个人自助游　　　○与家人自助游　　　○与朋友自助游　　　○跟团游

⑲若列车上提供旅游相关服务,您希望获得?

□旅游攻略　　　　□旅游线路预订　　　□餐饮、酒店预订

□租车等交通预订　　□其他

⑳若列车上提供沿线城市旅游相关信息,您希望通过什么渠道获取?(可多选)

□车内广播　　　　□宣传折页　　　　□列车员介绍

□主动向列车员问询　　□其他

㉑若您旅游出行,购买火车票时,可同时购买旅游产品,您可能会选择购买?(可多选)

□车票+租车　　　　□车票+大巴/机票　　　□车票+酒店

□车票+旅行社　　　　□车票+景点门票　　　□车票+地区特产

□其他　　　　　　□不会同时购买旅游产品

坚持以旅客需求为导向 铁路票价调整体现"真""细""实"

2019 年 11 月 7 日 07:10　来源《经济日报》,中国经济网

　　近日,中国铁路上海局集团、南昌局集团、成都局集团、西安局集团、兰州局集团、广州局集团、南宁局集团等纷纷发布消息,对所属高铁动车组列车执行票价优化调整。上海铁路局的 400 多趟列车将根据供求关系和客流规律实行多档次票价,票价最大折扣可达 5.5 折。

　　一直以来,铁路运输都是民生所需,铁路也一直是民众生活出行、工作往来与娱乐出游的首选交通方式。此次铁路部门的票价优化调整,是坚持以旅客需求为导向,将市场供求关系与客流规律相结合的积极举措。

　　票价调整有利于优化客流结构,缓解运输压力。铁路作为国民经济的"大动脉",在交通运输市场上占据优势地位。在当前的条件下,铁路出行不可避免地会出现季节性、阶段性的"赶潮"现象。针对这一问题,铁路部门将合理铺排运力资源作为一项重要工作,分季节、分时段、分席别、分区段实行多档次票价,以满足旅客多样化的出行需求。同时,铁路客票调价也是实施客运提质计划和"复兴号"品牌战略、落实各项服务举措的具体体现。调价在优化客流结构的基础上,将进一步提升高铁运输服务品质,让广大旅客的出行体验更美好。

　　票价优化调整有利于调节供需关系,掌握市场状况。铁路运输面向广大民众,个人出行的需求、方向、交通方式选择不尽相同,这与其经济状况、工作环境、生活方式息息相关。铁路部门的票价调整策略有利于在铁路产品的营销过程中准确掌握市场状况、民众需求、供需结构变化等信息,引导民众合理安排出行选择,再加上各方面的协调与配合,就能够发挥出较佳的营销效应,从而实现旅客满意、铁路部门创效增收的"双赢"局面。

票价优化调整有利于明确比价关系，凸显铁路优势。现代交通体系十分发达，公路、铁路、航运、水运方式多样，在强大的竞争压力之下，铁路只有不断完善自身产品的性能质量、生产能力、服务水平，才能进一步满足消费者需求。铁路部门现在推行的差异化定价机制从两个方面凸显了铁路优势，一是价格高低幅度的变化促进了产品的优化，提升了同质运输产品的竞争力；二是有利于建立多种交通方式合理的比价关系，打破异质运输产品垄断人群、垄断利润的格局，突破铁路市场生命周期所处的停滞阶段，增强需求弹性。

自 2013 年铁路政企分开以来，铁路部门一直坚持"真""细""实"的作风，持续探索市场化发展，已经推出"打折浮动""一日一价"等灵活多样的定价形式。作为刚性支出的交通费用，票价与旅客消费承受力、公共服务保障水平、社会舆论等问题密切相关。相信此次票价优化调整，将对拉动内需、增强民众获得感起到显著作用。(资料来源：《经济日报》、中国经济网　肖武琴)

项目训练

[训练目的]

初步了解调查法的途径和方法，能根据调查的目的要求确定调查对象，拟定调查内容、方法、步骤。

[训练内容]

旅客旅行途中最关心什么？担忧什么？请同学们设计《旅客心理状况调查问卷》，分小组进行调查，并对调查问卷进行分析，总结分析结果。

[考核标准]

教师评分，评分为百分制(10 分为一个等级，如 100、90、80……)，填于表 2-1-1 中。

表 2-1-1　评分

序号	项目	权重/%	得分
1	问卷设计是否合理	30	
2	调查实施情况及结果分析总结是否全面、完整	50	
3	参与是否积极、主动	20	
合计			

复习思考题

1.轨道交通客运服务心理学的研究方法有哪些？

2.学习轨道交通客运服务心理学对你而言有何意义？

模块 2
轨道交通客运服务人员的心理品质及培养

内容描述

　　人的心理活动是错综复杂的，但任何心理活动都有产生、发展和完成的过程，这一过程包括认识过程、情绪情感过程和意志过程。良好的心理品质是轨道交通客运服务人员提高服务质量的内因，也是决定因素。本模块从轨道交通客运服务人员的心理过程出发，总结轨道交通客运服务人员感知觉与服务的规律，归纳轨道交通客运服务人员情绪管理和态度形成的方式，优化轨道交通客运服务人员的人格状态，探讨轨道交通客运服务员人员心理健康的维护和压力管理的方法，阐述轨道交通客运服务人员的共性心理和一般心理规律。

拟实现的教学目标

　　1.能力目标

　　①学会克服不良知觉因素的干扰，提高服务质量；

　　②学会运用情绪疏导方法调节自己的情绪；

　　③掌握轨道交通客运服务人员服务态度的基本要求，养成和学会良好的服务态度意识和服务行为；

　　④掌握不同人格类型的旅客特点，有针对性地做好轨道交通客运服务工作；

　　⑤掌握轨道交通客运服务人员人格的基本要求及其培养方法，培养自身良好的人格；

　　⑥树立自觉运用心理学的知识与技能去体察自我健康水平、情绪情感变化、压力状态并学会自我调节和帮助他人；

　　⑦了解不安全行为产生的机制并自觉避免，以维护自身及旅客人身财产安全。

　　2.知识目标

　　①了解感知觉的含义和特征，掌握影响轨道交通旅客感知觉的主观因素和客观因素；

　　②了解客运服务人员的情绪与服务质量之间的关系；

　　③了解态度的构成与特征，理解影响旅客态度和轨道交通客运服务人员态度的因素；

　　④了解气质、性格、能力的基本知识，理解轨道交通客运服务人员人格的总体要求；

　　⑤学习并掌握身心健康的标准，健康生活方式、压力的早期预警信号、压力调节的具体方法，熟知不安全行为的心理模型。

　　3.素质目标

　　①学生运用情绪调控方法，提高自身的心理素质；

　　②明确良好的态度和人格在轨道交通客运服务中的重要作用，促使客运服务努力形成良

好的态度和人格，提高轨道交通客运服务人员的素质；

③培养健康的身心素质，提升生活质量，提高轨道交通客运服务质量。

引入案例——在铁路发展中感受中国铁路的最美缩影

48 岁的石俊刚在临颍站工作了 30 多年，先后参与 1996 年以来我国铁路六次大提速的前期提速试验工作。石俊刚一家四代人的命运与铁路发展紧密交织，而他们故事中不断变化的铁路是新中国成立 71 年来辉煌成就的缩影，也见证了国家的巨变。

石俊刚经历了铁路六次大提速，当技术更新设备更换后，他从一名人力"信号机"变成了信号机维修工；90 后的石居锋从石俊刚手中接过接力棒，大学毕业后，在临颍站成为一名信号工，在这个高铁腾飞的时代，感受着中国铁路最前沿的智能信号控制技术和高铁智能运行系统。

回望新中国成立 71 年来，人们出行所发生的巨变，特别是安全、高效、舒适的高铁给人们带来了幸福感、获得感，人民群众都有最真切的感受，这样的幸福也随着铁路建设步伐加快在延续。未来中国高铁的发展速度将更加迅猛，覆盖面积更加广泛，运行方式更加环保，出行方式更加智能，国际地位更加显著。也将会有越来越多的人愿意选择高铁出行，铁路也将以自己的行动实现民众对美好幸福生活的追求。

（资料来源：铁路网）

内容 1　轨道交通客运服务人员的感知觉与服务

1.1　相关知识

1. 统觉

统觉（apperception）是指知觉内容和倾向蕴含着人们已有的经验、知识、兴趣、态度，不再局限于感知事物的个别属性。"统觉"是赫尔巴特教育思想中的一个最基本的心理学理论，最初是由莱布尼兹提出的。莱布尼兹认为，统觉是一种自发的活动，它主要依赖于心灵中已有内容的影响。通过统觉，人们理解、记忆和思考相互联合的观念，从而使高级的思维活动得以完成。康德继承并发展了莱布尼兹的统觉理论。康德认为，统觉是理智的活动，统觉的能力不是建立在灵魂已有内容的基础上，而是由一切产生于外界的经验所赋予的。赫尔巴特统觉理论的基本含义：当新的刺激发生作用时，表象就通过感官的大门进入到意识阈上，那么，二者的联合就进一步巩固了它的地位。他说："统觉，或内在的感觉，只有在条件允许的时候才会发生。"

2. 感觉剥夺实验

1954 年，心理学家贝克斯顿（W. H. Bexton）、赫伦（W. Heron）和斯科特（T. H. Scott）等，在加拿大首次进行感觉剥夺试验。试验过程中，严格控制被试的感觉输入，如给被试戴上半透明的塑料眼罩，可以透进散射光，但没有图形视觉；给被试戴上纸板做的套袖和棉手套，限制他们的触觉；头枕在用 U 形泡沫橡胶做的枕头上，同时用空气调节器的单调嗡嗡声限制他们的听觉。开始阶段，许多被试都是大睡特睡，或者考虑其学期论文；两三天后，他们便决意要逃脱这单调乏味的环境。实验的结果显示：感到无聊和焦躁不安是最起码的反应。在实验过后的几天里，被试注意力涣散，思维受到干扰，不能进行明晰的思考，智力测验的成绩不理想。另外,生理上也发生明显的变化:通过对脑电波的分析,证明被试的全部活动严重失调,有的被试甚至出现了幻觉(白日做梦)现象。

感觉剥夺实验说明,感觉虽然是一种低级的、简单的心理活动,但它对人来说意义重大。剥夺感觉,就势必会影响知觉、记忆、思维等较高级的和复杂的心理现象。没有刺激、没有感觉,人不仅不会产生新的认识,而且连正常的心理机能都得不到维持。

1.2　轨道交通客运服务人员感知能力的培养

1. 认识感知觉

日常生活中,我们经常用到"感觉"这个词,但是我们的表达不一定是心理学中的意义。比如,有的同学说,"我对这个女孩有感觉",其实这并非感觉,而是你的情绪反应,是你对她的爱慕;还有的同学说,我对这个事情有感觉,这其实也并非感觉而是一种意识。

感觉是对事物个别属性的认识,是认识过程的开端。在感觉的基础上,人们对事物的个别属性加以分析综合,形成知觉,对事物有了比较完整的形象。感觉、知觉是认识的初级阶段,即感性认识阶段。

人们为了加强对事物的认识,还借助记忆把过去生活实践感知的东西、体验过的情感或知识经验,在头脑中重复反映出来。人们对事物的认识过程,不仅通过感觉、知觉去认识事物的外在联系,还要以表象的形式向思维过渡,进一步认识事物的一般特征和内在联系,全面地、本质地把握事物的本质。这个思维过程是人们对客观事物在头脑中概括的、间接的反映,是认识的高级阶段,即理性认识阶段。

例如,人们旅行对交通工具的选择过程,就是从感性认识到理性认识的过程。在选择交通工具时,旅客首先借助掌握的各种交通工具的信息,对交通工具有一个感性认识。再经过思维,对交通工具进行比较,获得理性认识。最后,决定乘坐哪一种交通工具。

鲁南高铁,体验"飞"一般的感觉

2019年8月20日上午,检测列车如一道银色闪电,在鲁南大地划过。10时9分列车时速达到388.5 km,如此"刻薄"的检测,再一次证明鲁南高铁精品工程建设"名不虚传"。

鲁南高铁位于山东省南部,东起日照,与青连铁路日照西站接轨,向西经临沂、曲阜、济宁、菏泽,与郑徐客运专线兰考南站接轨,线路全长494 km,设计时速为350 km。鲁南高铁,不仅将结束鲁南、鲁西南地区没有高铁的历史,而且鲁南高铁也是国家"八纵八横"高速铁路网的重要连接通道,它对于山东省经济发展,以及融入"一带一路"建设都有重大意义!

(资料来源:中华铁道网)

感觉是直接作用于感受器官的客观事物的个别属性在人脑中的反映;知觉是人脑对刺激物体的整体观察、感受、整合、加工和解释。

一般来说,感觉是对事物个别属性的直接反映,是比较客观的;而知觉是对事物整体属性的间接反应,是比较主观的。感觉和知觉的关系,有两种加工方式,一种是指刺激的分析始于感觉受体,然后再上升至大脑和心理的层次;一种是根据我们以往的经验和预期,先从

较高水平的心理过程来完成信息的加工处理，进而形成感官认识。

2. 感知觉的特征

感觉反映的是当前直接作用于感觉器官的客观事物，而不是过去的或间接的事物。感觉是人认识客观世界的开端，也是一切知识的来源。感觉是以客观事物为源泉，以主观解释为形式，是主观与客观联系的重要渠道，是客观事物个别属性的主观映象。

（1）感觉的特征

①适应性。由于刺激对感受器的持续作用从而使感受性发生变化的现象，叫感觉适应。"入芝兰之室，久而不觉其香；入鲍鱼之肆，久而不闻其臭。"刚走进花园，你会闻到一股花香味，但过了几分钟，就闻不到了，这种现象就是感觉适应。这是在同一感受器中，由于长时间的刺激作用，导致感受性发生变化的现象。感觉适应既可引起感受性的提高，也可引起感受性的降低。所有感觉都存在适应现象，但适应的表现方式和速度不尽相同。

感觉的相互作用。在社会生活中，各种感觉之间的相互影响是很普遍的。不同感觉之间的相互作用，可使感觉发生变化。如城市轨道中某一地铁站内外环境的好坏，客运服务人员的仪表、态度优劣，站内温度、湿度、空气流通度等都会引起旅客不同的心理感受，并在一定程度上决定着旅客是否选择轨道交通工具出行。

在"智慧铁路"中感受"交通强国"

近年来，铁路客运服务驶入互联网"快车道"，铁路部门实施"互联网+"重要战略，就是为了激发市场要素的创造活力，发挥科技进步对铁路行业"智慧发展"的促进作用。

从各铁路部门推出的新媒体平台全方位发布服务资讯，到 12306 网站提供订票、正晚点查询、高铁网络订餐、自主选座、接续换乘、微信支付、网上购票近八成无须验证码，以及刷脸进站、站车免费 WiFi 等举措，让人们感受到多形式的"智慧铁路"创新，不仅给旅客带来更便捷、更人性、更体贴的出行体验，更是国家发展带动交通"智慧""智能"的表现。

（资料来源：中国新闻网）

感觉的相互作用也可以发生在同一感受器官的不同感觉之间，即感觉的对比。例如，吃完苦药再吃糖会觉得糖特别甜……

②联觉。联觉是一种感觉引起另一种感觉的心理现象。例如，声音会使人产生联觉；有的乐曲使人产生沉重感，有的使人产生轻快感；噪声使人感到心情烦躁、不安。在火车上播放轻松悠扬的背景音乐就是为了减少旅客旅途中的烦闷，使宾客心情舒畅。

望梅止渴

曹操带兵出征途中找不到有水的地方，士兵们全军都很口渴。于是曹操叫手下传话给士兵们说："前面就有一大片梅林，结了许多梅子，又甜又酸，可以用来解渴。"士兵们听后，嘴里都分泌口水，一时也就不渴了。他们凭借着这个念头，最后到达前方有水源的地方。

（2）知觉的特征

人们的知觉具有差异性，但也有着共同的规律，即知觉的整体性、选择性、理解性、恒常性等。

①整体性。知觉的整体性是指在知觉过程中，人们不是孤立地反映刺激物的个别特性和属性，而是多个个别属性的有机综合，反映事物的整体和关系。比如，我们在看一张图的时候，对这张图的认识就不是一个局部的、分割式的认识，而是一个整体的认识。

我们对感觉信息过行加工和组织时应遵循四个原则，其中一个原则是接近律。如图 2-1-1 所示，看这幅图形时，我们并不把它看作是八条单独的直线的组合，而是一眼就会把图形知觉为四组直线。

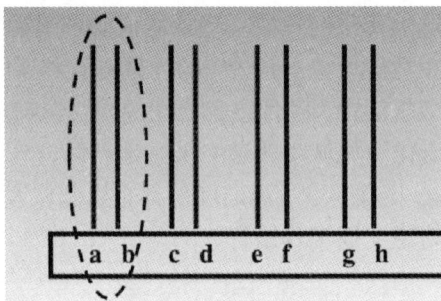

图 2-1-1　知觉整体性

又如，在我国现有的铁路三级管理模式中，把广州客运段、长沙客运段、广九客运段、东莞东客运段、肇庆客运段划归为广州铁路(集团)公司管理就是接近律的一种体现。二是相似律。相似律是指人们在感知各种刺激物时，容易将具有相似自然属性的事物组合在一起。例如，在轨道交通客运服务中，人们习惯于将黑龙江人、吉林人、辽宁人称为"东北人"；容易将美国人、加拿大人、英国人混淆，就是因为他们的长相、举止很像的缘故。三是连续律。连续律是指几个对象在空间和时间上如果有连续性，容易被感知为一个整体。例如，铁路职工都有统一的制服，这样人们看到服装及标志，就很容易将他们知觉为一个整体，他们代表了中国铁路事业的形象，成为"铁路人"的象征。四是相关律。有相关性的一些东西，我们容易把它知觉为一个整体。

铁路制服

铁路制服不是单一的统一着装，也不是一种时尚服饰，它有深刻的内涵，有着铁路工人的创业史，更有着铁路工人的精神风范。铁路制服穿在每一个铁路人身上都肩负着一个历史使命，它是铁路工人的代言人，也是铁路职工的象征，两根钢轨连接起人与人之间的深情，增进了人与人之间的友谊。在这套铁路制服的约束下，我们就要真诚地为旅客服务，全心全意地为旅客奉献，因为我们是铁路工人，我们的言行代表着铁路工人的形象。确实，铁路制服时刻无言地警示着把它们穿在身上的铁路职工："我是铁路工人，要为铁路争光彩！"

（资料来源：中国文明网）

②选择性。人们对客观事物并不全面接受，而只是根据个人的经验、兴趣、身份、情绪等的不同，有选择地知觉其中的一部分。

知觉选择性实验：23 位企业主管共同阅读一篇有关某钢铁公司的资料

迪尔波恩和西蒙(Dearborn H. A. Simon)曾做过一项实验。23 位分别来自销售部门、生产部门、会计部门和总务部分的企业主管，共同阅读了一篇有关某钢铁公司的资料。阅读之后，实验者要求这些主管写下他们认为这家企业最需要解决的问题。结果，每个人所写的大多是与他们主管的业务有关的问题。例如，有83%的销售主管认为问题在销售方面，而其他各部门的主管中只有29%的人强调销售问题的重要性。

这一结果表明，主管们只注意与自己部门有关的问题。而且对组织活动的知觉与决策也倾向于与自己部门相关的内容。这种本位主义的知觉反映了工作特点、兴趣、需要以及利害关系对主管们的影响。知觉的选择性保证了人们能够把注意力集中到重要的刺激或刺激的重要方面，排除次要刺激的干扰，使其更容易成为被选择的对象。

实际上，知觉对象从背景中分离，与注意的选择性有关，只有发挥知觉选择性的功能，才能使知觉过程正常进行。如，选择乘坐火车的人，对火车的知觉因素有：一是运行速度，我国铁路已是第六次大提速，为人们旅行提供了便利；二是运行时间，是否准时正点运行，发车和抵达目的地的时间，中间停留次数；三是车上服务质量。通常选择乘坐火车的旅客不注意保险机构，因为旅客不愿意也不可能把乘坐火车旅行知觉为危险的过程。

铁路已成为"出行"的首选方式

据中国国家铁路集团有限公司发布的数据显示，截至 2019 年 8 月 31 日，多地铁路运输已创下客流新高：长三角暑运期间铁路客流达到 1.41 亿人次，同比增长 10.3%；广铁集团 2019 年暑运同样客流破亿，达到 10722 万人次，同比增长 15.5%；而铁路乌鲁木齐局的铁路客流增长率更是创下全国之最，达到 20.6%，共发送 1019.5 万人次。

其实大多数旅客愿意使用铁路交通方式作为自己的出行方式的主要原因在于出行的安全系数相对于其他出行方式高，且出行费用低。更为重要的一点，大多数旅客是以旅游的目的来出行，各大旅游城市成为大多数旅客选择的重点地区，且大部分的旅游城市都存在至少一个高铁站或者火车站，因此选择铁路交通方式去往这些旅游城市，相对来说，会更为方便，且花费时间少，从而提高了旅客旅行的质量。据数据统计，大部分旅游城市在暑假期间旅游人数有所增长，且通过铁路出行方式占的比例相对较多。

(资料来源：铁路网)

③理解性。知觉的理解性，是指人们往往借助过去的知觉经验，理解客观事物的含义，并形成整体的知觉印象。影响知觉理解性的因素是个人的知识经验、兴趣爱好、需要动机、态度情感等。同一个知觉对象，具有不同知识经验背景的人对它的组织加工是不同的，一些形成的知觉经验也会存在差异。例如，2009 年武广高铁运营后，每月乘飞机往返于长沙和广州(路程约 600 km)之间的乘客从 9 万人次减少到了 3 万人次。人们从航空转移到高速铁路，就是对两地距离、所需时间、两种交通工具价格、舒适度等综合比较后做出的选择，也是知觉理解的过程。

④恒常性。知觉的恒常性，是指人在一定范围内，不随知觉客观条件的改变而保持其知

觉映象的过程。也就是说，只要是认识了的事物，不管在什么条件下，都容易抓住它的本质。比如，图2-1-2中所示，随着铁路轨道向前延伸，它在视网膜上的视像变成了一个点，但知觉映象不会认为是两条铁轨相交，知觉大小都与轨道的实际大小相近。在视觉范围内，知觉恒常性的种类有大小恒常性、形状恒常性、方向恒常性、颜色恒常性和亮度恒常性等。

图2-1-2　知觉恒常性

1.3　知识拓展

1.轨道交通客运服务人员对乘客的知觉

轨道交通客运服务人员可以通过旅客的表情、言语、仪表、体态、角色等来形成对旅客的知觉。

"察言观色"是轨道交通客运服务人员的基本功。"察言"是注意一个人的声音，"观色"是观察一个人的表情。言为心声，一个人的言语节奏、语调高低、语速缓急，都是了解旅客内心世界和性格特征的有效途径；面部表情是一个人喜怒哀乐的晴雨表。笑声朗朗，说明旅客心情愉快；语调沉缓，说明旅客心情郁闷；语调高、速度快说明旅客可能性子较急、直率；语调低、语速慢说明旅客可能性情温和、沉稳；目光炯炯、神采奕奕说明旅客当前情绪愉悦；目光呆滞、脸皮阴沉，说明情绪低落、兴致不高；东张西望、好奇心强说明可能较少乘坐轨道交通工具；等等。

2.轨道交通客运服务中常见的知觉偏差

（1）首因效应

首因效应，也被称为第一印象，是指人们在首次接触某种事物时所形成的印象，它将对今后交往有一定的影响。第一印象的形成50%以上内容与相貌、体态、气质、神情和衣着的细微差异有关；大约40%的内容与声音的音调、语气、语速、节奏有关；有少于10%的内容与言语举止有关。

在轨道交通客运服务中，由于服务人员与旅客的交往多数是一次性的，因此要以最佳的言行、正确的态度、合适的表情、清晰的言语表达、得体的打扮给旅客留下良好的第一印象。

世界微笑日

从 1948 年起，世界精神卫生组织确定每年的 5 月 8 日为"世界微笑日"，也是唯一一个庆祝人类行为表情的节日。

法国医生提香认为，人类真实的微笑其实是有一些可以看得出来的明显的特点，它一定是笑容饱满、牙齿露出来、面颊提高、眼周还要出现皱纹。但很多时候，我们表现出的是一种职业式的微笑和假笑。心理学家凯特尔对伯克利加州大学附近的一所女子学校——米勒学校 1960 年毕业生毕业典礼上的照片进行了扫描，区分出提香式微笑的照片和假笑的照片或者没有微笑的照片。30 年之后，再去回访这些女同学，意外地发现：那些习惯于以提香式微笑上镜头的女生，生活要幸福一些、结婚的概率要高、离婚的概率要低。

（资料来源：《心理学概论》）

（2）近因效应

近因效应是指在多种刺激一次出现的时候，印象的形成主要取决于后来出现的刺激，即在交往过程中，对他人最近、最新的认识占据主导地位，掩盖了以往形成的对他人的评价。

在轨道交通客运服务中，树立轨道交通企业的良好形象非常重要，但在持续的服务中保持企业的美誉度更加重要。这就要求轨道交通客运服务人员在工作中始终如一，用专业的服务、热情的态度对待旅客。轨道交通服务企业也可以运用近因效应的正向价值，在处理突发事件、公关危机当中，通过与旅客的真诚沟通，体现自身的服务品质，提升在旅客心中的印象。

（3）晕轮效应

晕轮效应，又称光圈效应，就是在人际交往中，人身上表现出的某一方面的特征掩盖了其他特征，从而造成人际认知的障碍。

俄国著名的大文豪普希金因决斗而死。他狂热地爱上了被称为"莫斯科第一美人"的娜坦丽，并且和她结了婚。娜坦丽容貌惊人，但与普希金志不同道不合。当普希金每次把写好的诗读给她听时。她总是捂着耳朵说："不要听！不要听！"相反，她总是要普希金陪她游乐，出席一些豪华的晚会、舞会，普希金为此丢下创作，弄得债台高筑，最后还为她决斗而死，使一颗文学巨星过早地陨落。在普希金看来，一个漂亮的女人也必然有非凡的智慧和高贵的品格，然而事实并非如此，这种现象被称为晕轮效应。普希金的死，可以归结为晕轮效应的作用。

晕轮效应是一种以偏概全的主观心理臆测，其错误在于：

①它容易抓住事物的个别特征，习惯以个别推及一般，就像盲人摸象一样，以点代面。

②它把并无内在联系的一些个性或外貌特征联系在一起，断言有这种特征必然会有另一种特征。

③它说好就全都肯定，说坏就全部否定，这是一种受主观偏见支配的绝对化倾向。

（4）刻板印象

所谓刻板印象，是指在人的头脑中存在的对某人或某一类人的比较固定概括而笼统的印象。《三国演义》中曾与诸葛亮齐名的庞统去拜见孙权，"权见其人浓眉掀鼻，黑面短髯，形容古怪，心中不喜"；庞统又见刘备，"玄德见统貌陋，心中不悦"。孙权和刘备都认为庞统这样面貌丑陋之人不会有什么才能，因而产生不悦情绪，这实际上也是刻板效应的负面影响在发生作用。

轨道交通客运服务人员需要在工作中避免以偏概全、固守已有的偏见和传统，客观、公正地对待每一位旅客。

3. 影响轨道交通客运服务人员感知觉的因素

(1) 影响轨道交通客运服务人员感知觉的主观因素

人是知觉的主体，知觉者的很多个人特点和个人的主观因素都会影响知觉。人在知觉过程中表现出来的个体特征，又称知觉方式或知觉风格。知觉方式表现为一个人习惯于采取什么方式对外界事物进行认知，它并没有好坏的区分。在影响知觉方面最相关的个人因素是兴趣、需要与动机、经验和期待、个性特征等。

1）兴趣

一般来讲，人们所选择的知觉与其所关心的事物是密切相关的。兴趣，能帮助人们在知觉事物中排除毫不相干或无足轻重的部分。兴趣是人们积极探究某种事物或从事某种活动的意识倾向，这种倾向使人们对某种事物给予优先注意。人们通常把自己感兴趣的事物作为知觉对象，而把那些和自己兴趣无关的事物作为背景，或干脆排除在知觉之外。如，从事客运岗位的工作人员比从事售票岗位的工作更容易注意重点旅客的状况。一个讲求办事效率和思想较为敏锐、开放的人，在从事客运工作时更乐于帮助有困难的旅客。

长沙南站"大堂经理"：做满意服务，让旅客来得开心，走得舒心

郭浪，现任职务是长沙南站客运值班站长。从 2009 年调入长沙高铁南站，已有 10 个年头了，在值班站长这个岗位上，也工作了差不多 7 个年头，已经连续 6 年的大年三十，是在岗位上度过的。

郭浪介绍，他的工作内容就和银行的"大堂经理"类似，他就等同于是长沙南站的"大堂经理"。主要工作：第一是服务重点旅客，第二是帮助旅客查找遗失物品，第三是处理现场投诉，第四是处理一些应急的事件。每天从早上 6 点多开始工作，差不多要工作到晚上 11 到 12 点的样子，每天差不多有 18 个小时的工作时间。

郭浪说："自己作为一个大堂经理，作为一名值班站长，既然选择了这个职业，选择了这个岗位，作为我个人来讲的话，应该认真地履行这个职责，帮助每一位有需求的旅客去解决他们的问题，尽量做到旅客满意，让他们来得开心，走得舒心，这也是我们一个最朴素的追求！"

（资料来源："湘情长南快乐陪伴"公众号）

2）需要和动机

当人生理或心理缺少某种东西时所产生的主观体验叫作需要。这种主观体验表现为不安、紧张、焦虑。动机是激励人们进行某种活动，以达到一定目的的内在原因或内部动力。人的任何有目的的活动都是在动机的驱使下进行的。如喝水是为了缓解口渴，学习是为了适应工作和生活的要求，锻炼是为了有强壮的身体等。需要和动机作为一种内部动力，是通过外在的行为反映出来的。通过对任务的选择，可以判断个体行为动机的方向；通过努力程度和坚持性，可以判断个体动机的强度等。

人们的需要和动机对知觉有着重要的影响。凡是能满足人的需要、符合人动机的事情，

往往会成为知觉的对象、关注的中心；反之，与人的需要和动机无关的事情，往往不被人注意。心理学家给饥饱程度不同的受试者辨认一张看不出任何图形的画，结果：饥饿受试者辨认出那张画是食品的概率高达 40% 左右；远远高出非饥饿受试者辨认出那张画是食品的概率（10% 左右），这就是需要对认知的影响。在一般情况下，只有那些能够满足需要、符合动机的事物，才能引起知觉者的注意，从而被清晰地感知。

作为轨道交通客运服务人员，有不同的需要与动机，如事业型、自尊型、服从型、逆反型。由于各种类型的客运服务人员有不同的需要和动机，所以，他们对于客运服务工作感知的范围、具体对象、以及最终的知觉映象是多种多样的。事业型的客运服务人员，热爱本职工作，不斤斤计较报酬和荣誉，不怕艰苦和劳累，工作上积极主动性强，看重乘客的需要；自尊型的客运服务人员自尊心强，比较看重荣誉和"面子"，力求使工作符合规章的要求，看重工作的差错率；服从型的客运服务人员安于现状，满足于"过得去"，看重领导的安排；逆反型的客运服务人员不服从指挥，不积极工作，看重别人的关注程度。

案例：北京西站售票员为盲人按摩师送票上门

2014 年 12 月 31 日早上，北京气温降到了 0 摄氏度，五六级的大风吹得人摇摇晃晃。上午 9：00，北京西站售票车间的三个姑娘——段晶、范晓雪、安静冒着寒风出发了，她们要去太平路的栖慈堂盲人按摩院，为这里的盲人按摩师于海鹏送春节回家的火车票。

9：30，于海鹏正在按摩院里忙着，几位售票员的突然到访让他和家人惊喜不已。摸着三张冻得冰凉的火车票，于海鹏心里却是暖暖的。于海鹏是一位低视力的视力残疾人，他和母亲、妻子、孩子有两年没有回东北老家过年了。今年，孩子的太姥姥已经 80 多岁，特别希望和家里人一起过个团圆年。但是，因为低视力无法操作电脑、手机等先进的购票工具，抢火车票成了一家子的心病。于海鹏在 2014 年 12 月中旬，就抱着试试看的想法来到了西站售票厅。由于预售期已过，他想购买的北京到哈尔滨的卧铺车票已经售光。看到于海鹏怅然若失的样子，售票大厅里的志愿者为他提供了帮助。志愿者细心地记下了他的需求，承诺一旦有人退票，售票人员将在第一时间帮助他"抢票"。

本来以为这只是志愿者一句安慰自己的宽心话，没想到，在 2014 年的最后一天，三张北京站开往哈尔滨的 T47 次列车硬卧车票就送到了他的手中，不收一分手续费，不收一分送票费，不收一分订票费。不善言辞的于海鹏和他的母亲，拉着售票员的手不断地说着"谢谢"。

送票上门的范晓雪说，这是她 12 月以来第三次上门送火车票了。今年，西站推出了"五帮、四多、三增"的新服务，其中，为 70 岁以上老人、特殊的老弱病残孕乘客免费订票、送票就是一项新服务。"票真是不好买，我们几个人盯守了好几天，才终于为他抢到了回家的车票，看到旅客通过我们的努力能回家，我们心里其实也特美。"

当天，西站的售票员还来到了金铭建筑劳务有限公司，为这里的 480 余名劳动者送去了回家的团体票。看着回家的车票有了着落，云南昆明的姚映旭心里踏实了。

（资料来源：千龙网）

3)经验和期待

经验,是人们从实践活动中得来的知识和技能。凭借以往的经验,人们可以很快地对知觉对象的意义做出理解和判断,从而节约感知时间,扩大知觉范围。过去的经验往往使知觉更清晰、更迅速。比如,客运服务人员对旅客的判断,就是通过旅客的表情、言辞、语调、仪容、气质来感知他们的动机、情感、意图等方面的信息,经验起到主要作用。

案例:20分钟的紧急抢救

"谢谢你们这些好心人,是你们挽救了我爱人的生命啊!"2015年1月7日,旅客白先生握住大连站客运员刘晓云的手不停地表示感谢。

当日上午9时30分,正在该站候车大厅巡视的客运员刘晓云突然听到对讲机里传来同事的呼叫,原来北一楼售票厅内有名旅客心脏病突然发作,急需救助。闻听此讯,刘晓云急忙携带上车站专门为旅客准备的"爱心急救包",快速赶到售票厅内。只见一名70岁左右的老人满脸赤红,呼吸急促,表情痛苦地躺在地上,一起同行的白先生手足无措,老泪纵横。刘晓云连忙疏散围观的人群,轻扶起老人向白先生问明情况后,立刻拨打了120急救电话,并从急救包内取出平时备用的速效救心丸给老人服下,同时运用自己日常掌握的心脏复苏术对老人进行紧急抢救,经过20分钟的努力,老人终于苏醒了过来。10时左右,120救护车赶到,刘晓云和同事刘伟协助医务人员给老人测量完血压后,小心翼翼地用担架将其抬上了救护车。

(资料来源:辽宁新闻网)

4)个性特征

个性是指区别于他人的、在不同环境中显现出来的、相对稳定的、影响人的外显和内隐行为模式的心理特征的总和。不同人的个性有很大的个体差异,每个人对事物的看法都自成体系,行为表现也有其独到之处,这是由每个人的具体生活条件和教育条件不同所致。

个性大致分为四种类型:胆汁质、多血质、黏液质、抑郁质,不同个性的客运服务人员对旅客的感知是不一样的。比如,胆汁质的客运服务人员对人热情、易激动、服务速度快、办事效率高,往往感知的是旅客的外在需要;多血质的客运服务人员活泼大方,面部表情丰富,富于生气,爱交际、爱讲话,关注旅客是否能提供感兴趣的信息;黏液质的客运服务人员温和稳重,做事慢、谨慎,关注旅客是否符合规章制度要求;抑郁质的客运服务人员敏感孤僻、言语动作细小无力,关注旅客对其态度是否尊重。

5)其他因素

影响客运服务人员感知觉的主观因素,除了以上几个方面外,还包括人口统计方面的因素。如,收入、年龄、性别、岗位、家庭结构、民族、信仰等,其中,年龄、岗位、收入、性别等因素对旅客社会知觉的影响较大。

(2)影响轨道交通客运服务人员感知觉的客观因素

除了以上提及的主观因素,许多客观因素也同样在影响客运服务人员的知觉过程,这些客观因素包括知觉对象和知觉情景。

1)知觉对象

人们往往对自己周围世界的某种刺激物的大小、形状、声音、色彩、运动等比较熟悉,当其他一切刺激因素出现时，如果这些刺激因素和人们所预料的差别较大，就容易引起人们的注意而成为知觉对象。一般来说，响亮的声音、鲜艳的色彩、突出的标记等都会引起人们的注意，使人们清晰地感知到这些事物。

对于客运服务人员来说，服务对象往往首先成为他们知觉的对象。客运服务人员可以通过旅客的表情、个性、角色来形成对旅客的知觉。

表情。言为心声，一个人的言语节奏、语调高低、语速缓急，都是了解旅客内心世界和性格特征的有效途径；面部表情是一个人喜怒哀乐的晴雨表。笑声朗朗，说明旅客性格开朗、心情愉快；唉声叹气、目光呆滞、脸色阴沉，说明旅客情绪低落、心中不快；东张西望、好奇心强，说明旅客可能是第一次来该站等。

个性。言词所反映出的性格："服务员，请您……"表明自然、随和；"您能否……"表明令人愉快、高兴；"我想要……"表明有清楚、明确的期望；"我说的是……"表明要求很高。

语调所反映出的性格：慢、低的语调表明自然、随和、不兴奋；欢欣的语调表明高兴；讽刺的语调表明不高兴、不耐烦。

仪容仪表反映出的性格：运动衫、牛仔裤着装的人可能比较随意、轻松；服装邋遢、头发凌乱、行李较多可能是农民工；衣着怪异、发型潮流的人可能是自以为是的人物。

身体语言所反映出的性格：挺直胸膛，表明坦率、直爽；弯腰驼背表明疲倦、压抑、不高兴；走路迅速表明热情、行动快；双臂交叉表明防御，不喜欢这个场面。

角色。客运服务人员可根据旅客个人的社会地位和职业特点，推断旅客的行为和心理特征。如，旅客谈吐文雅、学识渊博，据此可以推断他的角色属于教师和科研人员一类；如果旅客神情较为严肃、不苟言笑、言谈谨慎，则可以推断他的角色可能属于政府公务员一类。

2）知觉情境

我们在什么情境下认识和了解人、事、物也很重要，周围的环境因素都会影响着我们的知觉，这些情境因素包括时间、工作环境、社会环境等。比如，某人受到领导的奖励，走到户外，会感觉一切都生机勃勃，好似鸟儿在唱歌、花儿在朝他微笑；而某位列车员在非常疲惫的情况下进行服务，而乘客的态度不客气，列车员可能会认为乘客的某些要求过多。

总之，客运服务人员的感知觉受到多种因素的共同影响，是主客观因素和内外部因素相互作用、相互影响的结果。由于客观环境错综复杂、千变万化，客运服务人员的主观因素各不相同。因此，客运服务人员的知觉往往各异，即使对于同一事物，不同的人也会产生不同的知觉结果。

4. 轨道交通客运服务人员感知能力的培养

客运服务人员面对旅客，在为旅客提供服务的过程中，感觉和知觉是最基本的能力。当客运服务人员感受到了需要，并能正确认知这个需要，才能采取正确的行动。对感觉和知觉能力的培养和训练，可以从以下几个方面着手。

（1）多观察，增加感受经验

在日常工作中，有意识地观察旅客的行为表现，分析行为表现所代表的意义，反复认真地判断结果，进行规律的总结，有助于提高感觉和知觉能力。

（2）多学习，增进情景触动

对事物的感觉和知觉，常常与自身的知识相结合，知识面的宽度和深度在一定程度上影响感觉和知觉的内容、速度等。多学习知识，可以帮助增强感觉和知觉的范围。

（3）多练习，增强反应能力

一些事物就在眼前，而我们常常视而不见，其原因是我们意识中缺乏对这个事物的概念，如果经常性地训练自己对某一事物的认知，当它出现时，哪怕是"白驹过隙"也会捕捉到，这是训练的结果。

1.4　相关规范、规程与标准

人类的感觉器官

人类的感官系统从接收信息方式来看，可分成五大感官系统：视觉、听觉、触觉、嗅觉、味觉。

视觉是人类最丰富的感觉，大概将近有70%的周围世界信息是通过视觉系统来加以接受、理解的。视觉是通过视觉系统的外周感觉器官接受外界环境中一定波长范围内的电磁波刺激，经中枢有关部分进行编码加工和分析后获得的主观感觉。

听觉是对周围世界的振动的一种美妙的反应。听觉的主要器官是耳朵，听觉的输入信息就包括对声音的频率、音高和音色的分析。声音的物理属性包括频率和振幅，频率指的是单位时间内声波周期循环的次数；振幅是声波强度的物理特性，即声波从波峰到波谷的高度。正是因为有了人类的听觉，我们才对周围世界的振动有如此美妙的体验。古典乐、交响乐、摇滚乐、爵士乐、民族乐……这些美妙的音乐要借助听觉系统来欣赏。

人类另外两个有用的感觉就是我们的嗅觉和味觉，一个是靠着鼻子里的嗅球，一个是靠着舌头上的味蕾来对外在的世界产生感受、感应和理解。味觉和嗅觉其实是紧密相关的，有很多时候人的舌头其实不一定能感受到食物的各种各样的滋味，这时候需要嗅觉来帮助。而人们在感冒的时候尝不出食物的味道，是因为味觉和嗅觉被屏蔽，人们很难体会到各种食物的美味。现在我们已经知道，人类的味觉有苦、酸、咸、甜四大类。人们对苦味的感觉是最敏感的，其次是酸味，再次是咸味，对甜味的感觉敏感性最低。所以，人们在吃甜食时容易过量，主要是因为对甜食的敏感是最差的。

触觉是人们躯体的感觉，当被接触的时候，所产生的感受。躯体感觉包括皮肤感觉、运动感觉和平衡感觉。人类的触觉在生存进化中是非常有意义的，因为人和动物在六千万年的演化历史过程中间，需要互相支持、互相接触。触觉带来了舒适、安全、幸福、快乐的感受。

1.5　相关案例

听力保护规范

听力保护标准又称耳聋防止标准，是为了避免噪声性耳聋而规定的环境噪声最高限。
①听耳机声音不宜过大，时间不宜过长。每次不能超过30分钟，不能超过60分贝。
②不一边听音乐一边做事。
③听力受损应及早就医。
④噪声环境引起的听力损失应在三周内解决。市民应该在日常生活中采取适当措施保护听力，如避免长期待在喧嚣场所等。一旦发生因噪声引起的听力损失，应该立即到专科医院就诊，听神经受损伤水肿时间过长(超过三周)，就会出现神经变性、坏死，丧失听觉功能等

症状。

⑤远离噪声和爆炸现场。例如放爆竹,因为较大的噪声可引起噪声性耳聋,而爆炸声会造成爆震性耳聋。

⑥远离烟酒和耳毒性药物。如链霉素、庆大霉素、卡那霉素等,因为它们对听神经有毒害作用。

⑦避免打击头部。更不可掌击耳部,击打头部可并发听力损害,而掌击耳部可引起鼓膜破裂。在生活中,因外力打击而造成耳朵功能受损的情况屡见不鲜。

⑧擤鼻涕时要掌握正确的擤鼻方法。应左右鼻腔一个一个地擤,切勿将左右鼻孔同时捏闭擤鼻,因为鼻腔后部与中耳腔有一管腔(咽鼓管)相通,擤鼻不当可将鼻腔分泌物驱入中耳腔,引起中耳炎。

⑨是否适合坐飞机。有感冒、上呼吸道感染、咽鼓管功能障碍者,不宜乘飞机旅行,否则可能引起航空性中耳炎,出现耳痛、鼓膜充血、中耳积液,甚至听力下降。

⑩谨防其他疾病。全身系统性疾病引起耳聋者,临床上首推高血压与动脉硬化,肾病、糖尿病、甲状腺功能低下等也可引起,故对有这些病的患者应监护其听力。

1.6　相关案例

科学家发现个体感觉可以标准化

2014 年 7 月 14 日,科学日报报道,近日美国康奈尔大学的神经科学家亚当·安德森(Adam Anderson)进行的一项最新研究表明,虽然个体感觉是非常私人和主观的,但人类大脑会将这些个人感觉标准化,客观地体现不同感官、情景甚至人群的情绪。

"我们发现眶额皮层(orbito-frontal cortex,OFC)内部神经活动的精细样式,OFC 是与情绪处理有关的大脑区域,它作为神经编码会捕捉个体的主观感受。"康奈尔大学人类生态学学院人类发展副教授安德森这样说道。"它会对不同刺激物、形态和个体进行群体情感编码。"

他们的发现将提供有关大脑是如何体现我们最内在的感受——也就是安德森所谓的神经科学的最后边界的新见解,以及阐明长久存在的观点,即大脑里的情绪主要是由负责积极或消极感受的专门区域的激活所体现的。

"如果你和我从啜饮上等红酒或者欣赏日落中都获得了相似的愉悦感,那么我们的结果表明这背后的原因是我们眶额皮层的活动样式是相似的。"安德森说道。"感情状况似乎是人类大脑为从愉悦到不愉悦、从好到坏的感受的整个价谱产生特殊的编码,它可以被认为是'神经原子价仪表',其中神经元群体倾向一个方向等同于积极的感受,而另一个方向则相当于消极的感受。"安德森解释道。

在这项研究里,研究人员在被试者进行功能性神经成像过程中向他们展示一系列图片和味道,然后分析被试者的大脑激活样式以及后者对自己主观感受的评判。研究小组发现,这被体现为感官特定的样式或者与视觉、味觉以及眶额皮层里独立感官编码相关的大脑区域代码,这表明我们内在主观经历的表现并不只限于特殊的情绪中心,它可能是感觉经验的感知的中心。

科学家们还发现相似的主观感受——无论是由眼睛或舌头引起——都会导致 OFC 里相似的活动样式,这表明大脑包含愉悦(或者不愉悦)的独特体验里常见的情绪编码。此外积极和消极体验的 OFC 活动样式在不同人群中可能是相似的。"无论我们的感受有多么的私人，证据表明我们的大脑将标准规则应用于相同的情绪语言。"安德森总结说道。

项目训练

[训练目的]

这个感觉能量练习是扩大感觉能力的基本练习之一。它使我们在喧闹的场合、沸腾的环境中仍能控制自己的情绪，感应自身最内在的声音，扩大我们的认识能力，加强我们对自身的控制。

[训练内容]

①找一个安静的地方，躺下或坐下，用丹田呼吸法进行放松。

②在这种非常舒适、放松的状态中，想象腹部出现金色光亮的能量，慢慢这种金色能量从腹部放大，直至像空气一样充满你的全身，保持这种想象半分钟。

③随着呼气想象把金色能量从身体中射出，一开始，似乎感觉不到这种能量时，可以认为已感到了它，想象这种能量像蚕茧一样包围着自己的身体。

④想象这个能量场正在扩展，辐射到离身体一米远的地方。

⑤继续让这个能量场扩大，让它充满整个房间。

⑥想象开始将能量收回到自己的身体，收回时也要慢，感觉那种能量的流动，体验能量扩展和收回时不同的感觉。

⑦想象正在将生物能量收拢，直至从身体外收回丹田。

⑧放松，体验那种安静祥和的感觉，体验放松后你身体的快乐感觉。

复习思考题

1. 知觉的选择性与理解性特点是什么？它们对客运服务有哪些影响？

2. 影响客运服务人员知觉的主观因素包括哪些内容？

3. 什么是知觉偏差？请举例说明。

内容 2　轨道交通客运服务人员的情绪管理

2.1　相关知识

1. 怎样才算健康？

心理学家认为，人的心理健康包括以下七个方面：智力正常、情绪健康、意志健全、行为协调、人际关系适应、反应适度、心理行为符合年龄特点。这就说明，人的健康不仅指没有疾病或不虚弱，更是身体、精神和适应社会的完美状态。长期以来，许多人把健康单纯理解为"无病、无伤、无残"这一肌体的表面状态。其实，人体是一个结构复杂、精细又完美的有机体，一方面它承载着生理与心理的相互协调统一，另一方面它还承载着自然环境和社会环境间的相互协调统一，由此形成身体、心理和环境的三足鼎立之势，支撑着我们每个人的健康，其中，情绪健康是非常重要的一方面。

2. 有趣的情绪理论

最早对情绪进行心理学研究的心理学家是美国心理学的奠基人，威廉·詹姆斯，他和兰格提出了著名的"詹姆斯—兰格情绪理论"。这个理论认为，人类的情绪其实是对我们自己的外周植物性神经系统的一种反应。很多人往往以为，因为有了一种情绪，人们就会有一些生理反应。"詹姆斯—兰格情绪理论"认为，人们是因为有了生理的反应，然后才有对这种生理反应的一种知觉，这种知觉就是情绪。因为我们逃跑，所以意识到这种逃跑才变得害怕；因为我们身心激动，所以我们才觉得我们爱上了一个人。即情绪刺激引起身体的生理反应，而生理反应进一步导致情绪体验的产生。

情绪 ABC 理论是由美国心理学家埃利斯提出的，他认为激发事件 A(activating event)只是引发情绪和行为后果 C(consequence)的间接原因，而引起 C 的直接原因则是个体对激发事件 A 的认知和评价而产生的信念 B(belief)，即人的消极情绪和行为障碍结果(C)，不是由于某一激发事件(A)直接引发的，而是由于经受这一事件的个体对它不正确的认知和评价所产生的错误信念(B)所直接引起。

2.2　轨道交通客运服务人员的情绪与服务

1. 认识情绪

情绪情感是人们对客观事物所持态度的体验，是人脑对客观世界的一种特殊的反映形式，是人类行为最复杂、最重要的一面。人的情绪情感是任何动物或高智能的计算机都不能替代的。试想，若是一个人没有情绪情感生活，那么这个丰富多彩的世界对他将毫无意义，无所谓悲伤忧愁，无所谓幸福快乐，不需要友谊的慰藉，也体验不到爱情的温馨。就本质而言，情绪情感为客观事物的刺激所引起，是一种主观体验过程，它受态度支配，并受需要制约。

(1)情绪的概念和特征

1)情绪的概念

情绪是我们对内外在刺激的一种主观反应，是对个人知觉到的独特处境的反应，包括主观感受、客观评价、生理反应以及与之相关的行为倾向。人类的情绪活动由多种元素引起的，可以通过语言、外部表情、体态、手势等元素来体现，所以，人类的情绪是一个多元素的、多过程的、多方面的整体反应。

情感是与人在历史发展中所产生的与社会需要相联系的心理体验。它是后天的、高级的，并与心理需要相联系的心理体验，具有稳定性、深刻性和持久性。

情绪与情感都是与人的特定的主观愿望相联系的整体反应，有时候人们把它们叫作感情。情绪主要指感情的过程，是个体需要与情境相互作用的过程，也就是人的脑神经生理机制反应的过程，具有较大的情景性、机动性和暂时性；代表了感情种系发展的、原始的、直观的、生理的方面。情感是具有稳定的、深刻的社会意义的感情。

一位铁路客运员的故事

2020年3月31日，格尔木车务段客运车间客运值班员李吉楼像往常一样，穿上制服，随着缓缓升起的太阳，走向她工作了28年的格尔木站，安检、体温检测后，开始了一天的工作。

组织班组人员在候车大厅分散站立，检查当班人员着装及仪容仪表，传达当日工作重点，强调安全和疫情防控细节。李吉楼关切地叮嘱道："大家佩戴好自己的防护用具，保护好自己才能更好地服务旅客。"

28年的铁路工作生涯，李吉楼成了客运车间行走的"规章"，年轻的同事们都亲切地称她为李阿姨。自工作以来，她服务旅客近67万人次。2006年青藏铁路格拉段通车以后，进藏旅客增多，发生高原反应的人也很多。及时发现旅客不适，并第一时间联系救护车，成了她的工作重点，她总是不间断巡视候车室，用她的微笑给旅客温暖。

在2020年的三八国际劳动妇女节，李吉楼被评为集团公司先进女职工，这是她工作的收获。今年，李吉楼就要退休了，"在结束铁路生涯的时候，还能和大家并肩作战，一起抗击疫情，我很满足。"她欣慰地说道。

(资料来源：青海新闻网)

这种默默无闻的坚守就是源于对铁路的情感。

2) 情绪的特征

①情绪是一种主观体验。情绪的主观体验是大脑的一种感受状态，是心理活动中一种独特的知觉或意识。所谓"情绪感觉"是指情绪的主观体验。由于喜、怒、哀、乐、惧等主观感受的不同，不同的人对不同的事物或者不同的时间、地点和条件下的同样事物，感受可能是不同的。即使同一种事物，每一个人感受到的也可能不同，甚至每一次感受的可能也不同，任何一种情绪都有情绪体验。

②任何一种情绪都伴随着一定程度的生理唤醒。当我们产生某种情绪体验时，身体内部也会发生相应的变化。例如，当我们害怕时，会发生许多身体上的变化：心跳和呼吸加快、四肢发抖、肌肉紧张等。

③情绪总是或隐或现地表现为外在行为。情绪总是伴随着相应的面部表情和身体姿势。例如，当自己获得成功时，不由自主地喜笑颜开；当遇到困难和挫折时，会愁容满面。体态表情也同样反映着一个人的情绪状态。声态表情则是指人们在与人交流时的声音的声调、音色和声音节奏的快慢等方面的变化。如，一个人悲伤时会语调低沉、言语缓慢、语言断断续续；而当人兴奋时，则会语调高昂、语速加快、声音抑扬顿挫、清晰有力。

（2）情绪的分类

情绪是作为对事物的一种反映形式存在的，由于世界上的事物绚丽多彩，构成了人与客观事物之间关系的丰富多样性，使情绪产生了极为丰富和复杂的内容。根据情绪的性质、状态及包含的社会内容，可以做出以下不同的分类。

根据情绪体验，可以分为快乐、愤怒、悲哀、恐惧四种。

①快乐。快乐是指人们盼望的目的达到后，或者某种需要得到满足时产生的情绪体验。如高考时取得好成绩、买了一件自己喜爱的衣服，都会产生快乐的体验。快乐可以有满意、愉快、欢乐、狂喜等不同的程度之别，快乐的程度取决于愿望满足的意外程度。目的突然出乎意料地实现会引起极大的快乐。

②愤怒。愤怒是人们在实现某种目的的过程中受到了挫折，或者愿望不能够得到满足时产生的情绪体验。愤怒的程度可以有不满、生气、暴怒几种。一般来说，当人们遇到挫折时，都会产生一定的不满情绪，但不一定会发怒。如果人们意识到这种挫折是由他人的恶意中伤造成的，怒气会油然而生。特别是当人的自尊受到伤害、人格受到侮辱时，会产生激烈的愤怒情绪，甚至勃然大怒。愤怒是一种不良情绪，它会破坏人的心理、生理平衡，从而诱发各种疾病。因此容易发怒的人，一般体质都欠佳。

③悲哀。悲哀是与所热爱事物丧失和希望破灭有关的情绪体验。如亲人去世、升学考试失意都属于这种情况。悲哀也有遗憾、失望、难过、悲伤、哀痛等程度的不同，悲哀的强度决定于个人所失去物的价值。由悲哀引起的紧张的释放就是哭泣，通过哭泣，人们的悲哀得到缓解。哭不仅是表达感情的一种方式，也是一种心理保护措施。当人遭遇到极大的委屈或亲友亡故时都会情不自禁地哭起来。

④恐惧。恐惧是人们面临危险的情景，或预感到某种潜在的威胁时产生的情绪体验。它往往是人们无力摆脱困境时的表现。如大难临头、又无路可走时，人们的恐惧心理就会油然而生。一个人夜间单独行走，本无危险，但当他想象到某种可能的危险时便会产生恐惧。恐惧可分为程度不同的怕、惧怕、惊恐和恐怖几种。人在恐惧时，脸色苍白、反应迟钝，有时还会浑身发抖。"心惊肉跳"就是形容人在恐惧时的精神状态。可见恐惧也是一种消极情绪，恐惧有常态和变态之分。对陌生的东西产生恐惧及常态恐惧，如原始人害怕雷电。变态恐惧则是五花八门、千奇百怪的。人的恐惧心理多是后天习得的。

在上述四种基本情绪形式的基础上，又能派生出许多情绪，组成各种复合的形式。与对他人评价有关的如爱慕、厌恶、怨恨；与对自我评价有关的如谦虚、自卑、悔恨等都包含着快乐、愤怒、悲哀、恐惧等因素。

凯里火车站配好职工情绪"中暑"的"凉方"

"这几天持续高温，大家要及时补充水分和维生素，注意家庭和个人卫生……"2020年8月6日，凯里火车站交接班室内，副站长刘辉为准备接班的职工普及健康常识。

为确保职工轻松度夏，该站在为职工发放白糖、茶叶、饮料等防暑降温物品的同时，从"心"入手，随时掌握职工思想动态，观察职工状态，及时发现倾向性问题，并且利用职工业务学习会、座谈会、一对一谈心、畅通诉求渠道等方式开展沟通交流，关注家庭遇到困难、子女入学压力大以及发生"两违"问题的职工，及时疏导他们的烦躁情绪，消除思想上的疑虑,保持良好的心理状态投入战高温保安全工作中。

与此同时,该站还充分发挥职工家属第二道防线作用,在全站范围广泛开展"家属到职工岗位体验""家属寄语嘱安全"等活动,为奋战在一线的职工送上亲情抚慰,提醒他们牢记安全生产;组织党员成立暑期志愿服务队,及时帮助生活、工作有困难的职工解决难题,让他们安心工作。

(资料来源:铁路网)

2. 轨道交通客运服务人员的情绪与服务

作为客运服务人员,每天要接触不同的旅客,面对不同旅客在不同情境下出现的各种情绪,客运服务人员的情绪与服务质量有紧密的关系。

(1)健康情绪对轨道交通客运服务人员的积极作用

当客运服务人员的情绪处于良好状态时,他是轻松、愉悦的,身体内部各器官的功能十分协调,有利于身体健康。良好情绪能使人正确认识、对待各种现实问题,从容面对和化解人际交往中的各种矛盾,创造出良好的人际关系。

①可以拉近与旅客的心理距离。一般来说,当旅客与轨道交通公司建立服务关系时,因为陌生,相互不了解对方,会感到一定的紧张与不安,进而产生戒备心理。但是客运服务人员的良好的情绪,如轻松愉悦、乐观振奋,不但使自己处于一种良好的工作状态,而且还会感染旅客,使旅客感到信赖与安全,拉近彼此之间的心理距离,建立起和谐的服务关系。

售票员牛佳美: 希望旅客走进吉林站能开心, 想到我会微笑

在沈阳铁路局吉林站东售票大厅的4号窗口,经常坐着一个长相甜美的小姑娘,她叫牛佳美,现在是吉林站的一名售票员,而她所在的售票窗口,叫作微笑明星佳美窗口。

善意、温暖的微笑和循循善诱的语言是牛佳美在工作岗位上的两大法宝。一位旅客曾经质问小牛:为什么要帮前面的那个老头查那么复杂的票,从而耽误其他旅客买票?佳美听后马上向旅客道歉说:"对不起,让您久等了,老人行动不方便,又是一个人出门,都排到他了,没有办法让老人去问询窗口查询后再返回来购票,请您理解,希望我的服务同样能让您满意。"温馨的话语和始终面带微笑的脸庞,终于使旅客消了气,并表示理解。

因为她的微笑服务,旅客们对吉林站、对整个铁路系统留下美好的印象。牛佳美说:"希望他们走进吉林站的时候觉得开心,想起我的时候能够微笑。"

(资料来源:中国青年网)

②可以缓解旅客的旅途疲劳。客运服务人员的良好情绪状态可以通过表情特别是轻松愉悦的笑容传达给旅客,给旅客以安全感和温馨感,有利于消除旅客长途旅行的疲劳、孤独等消极情绪。

微笑服务：把最美笑容绽放在铁路

笑容是人类最美丽的语言，也是社交中最好的润滑剂。在 K7804 列车上，乘务员们把最美的笑容带进车厢，把爱心、热心、恒心融进工作的点点滴滴，在他们看来，"微笑"就是最好的"秘密武器"。

K7804 列车是运行在山西省铁路上客流较大的线路，每逢节假日人流就特别多。2020 年因为疫情，出行旅客明显减少，但是我们可爱的乘务员，她们的服务却没有因为客流的减少而打"折扣"。她们总是无条件地给旅客提供帮助，遇到行动不便的老人，也会热心地下车去扶他们。她们的一举一动乘客都看在眼里。"那些熟悉的老年人都和我成了好朋友，今年过年我还收到了她们的'祝福短信'。"新员工吴丹微笑着说。

（资料来源：铁路网）

③可以化解旅客的不良情绪。客运服务人员的良好情绪状态，一是可以让带着消极情绪的旅客得到提醒，使旅客意识到要对自己情绪进行调整了。二是在服务过程中，需要规劝旅客的错误，拒绝旅客不合理的要求。处理与旅客的纠纷时，服务人员的良好情绪所释放出来的热情、温婉和真诚可以有效化解旅客由此产生的不愉快情绪，从而赢得旅客的配合与理解。

细心客运员帮旅客解矛盾

在鹰潭火车站候车室的座椅上，一位年轻的女孩低着头一声不吭，眼眶微红，旁边放着好几个行李袋。一边的男孩神情异常，不时侧脸注意女孩的举动。"不会是小偷吧？"观察了许久，客运员王帆想。正要上前提醒女孩，却发现这个时候男孩正将离女孩较远的一个包的拉链拉开。王帆立马上前，一把抓住男孩的手："你干吗呢？"并转头对女孩说道："他偷你的东西。"

女孩有些吃惊，连连摆手："不是不是，你误会了，这是我男朋友。"王帆听后一头雾水，有些莫名其妙，情侣之间怎么会一句话不说并且气氛别扭。看到王帆疑惑不解的表情，女孩解释了起来。原来两人今晚要乘坐 K68 次列车到青岛，但是男孩没有买到卧铺票，女孩埋怨男孩没有提早做好计划，这么长的距离只能坐硬座，两个人因此就吵了起来。

听到这里，王帆笑了笑说："我还以为什么大不了的事呢，现在距离开车还有一段时间，说不定会有人退票的，再等等。"她立即联系票房，将这一情况反映。后来果然有人退票，女孩补到了两张卧铺，也与男孩和好如初了。

（资料来源：鹰潭在线）

④可以营造良好的服务心理氛围。积极饱满的情绪是营造良好客运服务氛围的重要因素。客运服务人员要懂得以积极乐观的情绪，创造良好的客运服务心理氛围，激发自己的工作热忱和兴趣，进行贴心、周到的服务，提高客运服务的效率和质量，使旅客和自己都获得精神上的满足。

客运员成盲人旅客的眼睛

"你是我的眼,带我领略四季的变换;你是我的眼,带我穿越拥挤的人潮;因为你是我的眼,让我看见这世界就在我眼前……"

2013年4月,一盲人男子因手拄拐杖折断在白山火车站内不知所措,只好靠在墙上不动。客运员李燕萍发现后,不仅热情地安排该男子吃了午饭,还亲自将其送上火车,叮嘱列车长按照重点旅客特殊照顾,一定要把他安全送到站。

那天,通化车务段白山火车站客运员李燕萍正在候车室巡视,发现一名男旅客正低头倚靠在超市外墙处,李燕萍觉得他似乎有什么问题。她来到男旅客面前时发现他双目失明。

李燕萍问道:"请问您为啥要靠在墙上,不坐在旅客座椅上?"这名旅客说:"我要坐4246次列车去通化,我的手杖折断了,所以不敢随便走动。因为看不到东西,靠在墙上,这样有安全感。"李燕萍听到这里,顿时感到心里一阵酸楚。

她对这名男子说:"放心,我们来帮你,我就是你的眼睛,会送你进站上车。"

(资料来源:《城市晚报》)

(2)不良情绪对轨道交通客运服务人员的消极影响

不良情绪又称情绪困扰,是指那些陷于不良情绪体验中不能自拔或体验强度和持续时间都超过一般人,严重妨碍学习和生活的情绪反应。客运服务人员的不良情绪对工作有消极的影响。

小贴士:情绪对身心的影响

关于消极情绪状态对身心的影响,自古就有不少谚语和论述,足以引起人们的重视,如"心宽体胖,多愁多病""笑一笑,十年少;愁一愁,白了头"。

①不良情绪损害服务人员的身心健康。经常、持久地出现消极情绪引起的长期神经系统紧张,往往会导致身心疾病,如神经系统紊乱、内分泌功能失调、免疫力下降,最终,可能转变为精神障碍或其他器官的系统疾病。

②不良情绪影响客运服务人员的人际交往。不同的情绪和情感影响着人们相互喜欢的程度。愤怒、厌恶、自卑、嫉妒等这些负面情绪,会影响一个人的言谈举止。一个人当他不能有效地驾驭这些情绪时,会妨碍与他人之间的沟通。如当一个人被自卑情绪困扰时,与人交往时往往会导致行为上的失控,出现过激行为,并由此导致严重的人际冲突与纠纷。

客运服务人员如果不能很好地管理自己的不良情绪,就可能会影响到工作人员之间及工作人员与旅客之间的良好人际关系的建立。

③不良情绪影响服务人员的服务质量。带着消极情绪工作的客运服务人员,以及因长期消极情绪而导致出现心理问题的服务人员,是不可能为旅客提供良好的心理服务的。不良情绪还会影响同事之间的沟通,而沟通不顺会直接影响到彼此之间的工作协调,从而降低了工作效率。

不良情绪破坏服务关系的和谐。被不良情绪困扰的服务人员，也很难与旅客建立起良好的服务关系，而这些良好关系的建立和维持，是保障客运服务质量的重要因素，甚至是首要因素。设想当旅客面对着怒气冲冲的客运服务人员时，旅客会是什么感受？他们会感到不被欢迎、不被尊重，从而心情也不可能愉快。这种不良情绪还会相互感染，形成恶性循环。不良的心理气氛不但会影响服务人员与旅客的情绪和心情，甚至还会导致矛盾的产生和加剧。

所以，不良情绪如果得不到有效管理，将会直接影响到客运服务的质量。

3. 轨道交通客运服务人员的情绪管理

情绪对人的发展影响极大，甚至在一定程度上决定着一个人的人生能否成功，因此轨道交通客运服务人员必须加强自身情绪的管理。

(1) 轨道交通客运服务人员常见的几种情绪困扰

随着轨道交通业的快速发展，装备现代化速度加快、生产力布局的变化，轨道交通客运服务人员面临的管理制度、岗位职责、工作环境、工作负荷也发生了相应的变化，这些会对轨道交通客运服务人员的心理产生压力，使其出现情绪困扰。

轨道交通客运服务人员常见的情绪困扰有以下几种。

1) 焦虑

焦虑，是个体对当前或预感到的挫折产生的一种紧张、忧虑、不安而兼有恐惧的消极情绪状态。它包括自尊心和自信心的丧失、失败感和内疚感的增加等。

焦虑是轨道交通客运服务人员常见的情绪困扰，产生的原因多源于工作、生活与人际交往方面所遭受到的挫折。如轨道交通客运服务人员在工作中面临的角色冲突。客运服务人员经常要扮演两种或两种以上的角色，不同的角色对客运服务人员的心理和行为的要求是冲突的，最后导致客运服务人员无所适从或者不能有效应对。另外，客运服务人员承接的期望和要求过多、过高而导致工作压力太大，工作目标过高、工作量太大、工作事务过于烦琐，工作任务不够具体量化等，也会对情绪上、行为上和身体上产生消极影响或焦虑情绪。尤其是在发生纠纷事件时，作为与旅客直接接触、提供面对面服务的客运服务人员，就处在风口浪尖上，心理压力特别大，极易引发焦虑情绪。

走近北京新式站务员地铁"指路人"

乘客问票价能脱口而出，车站周边环境图随身带，一天站 6 个小时，至少说 2000 句话。2014 年 12 月 28 日起，北京公共交通系统实施新票制，北京地铁告别"2 元时代"。从纸质车票到一卡通，再从单一票制到分段计价，每一次变化，地铁站务员的工作也会跟着改变。

新票制实施后，他们就是地铁中的"指路人"，需要听清楚每一位乘客的目的地，算出需要花多少钱，不能出错，还要给出一些换乘的建议。

刘伊娜就是其中的一员，《法制晚报》记者跟随她体验新式站务员的工作时发现，她是个"全能选手"，不仅问询时张口就来，而且还会变身售票员。不光这些，她说就是修理闸机等简单故障也能来两下。

(资料来源：搜狐网)

过度的、持久的焦虑会损伤轨道交通客运服务人员的正常心理活动，导致心理疾病的发生，从而严重影响客运服务人员的正常工作和生活。

2）抑郁

抑郁，是一种持续的心境低落、悲伤、消沉、沮丧、不愉快等综合而成的情绪状态。表现为兴趣淡漠、被动消极、悲观绝望，很难全身心投入到现实的生活与工作之中。

每个人都会有抑郁的情绪，轨道交通客运服务人员也不例外。处于抑郁情绪状态的人，在生理方面，往往无缘无故地述说身体不适，如头痛、胃痛、疲劳等，做事经常感到疲倦，伴有睡眠障碍；在心理方面，则心境低落，闷闷不乐，深感沮丧、悲观，甚至绝望，情感淡漠，对事物兴趣减退，失去幽默感，自我满足感降低，内心冲突强烈，自责心重，愧疚感和失落感增强；在行为方面，抑郁情绪往往会引起工作效率下降，工作精力不集中，记忆力下降，思维能力不如以前，容易造成工作失误。

轨道交通客运服务人员的抑郁情绪源于工作责任重、风险大、枯燥重复工作内容多，家庭发生变故，以及与同事或好友发生纠纷，升职压力，受到批评或处分、旅客的不理解与不配合等。如，列车员长期在拥挤的车厢内面对不讲规则的乘客，安检、保卫人员处于维护正义与反对邪恶的风口浪尖，经常接触社会的阴暗面，不可避免地被负面情绪所影响。

警惕职场抑郁症

现代上班族工时长、工作压力大，不但身体太操劳，连心灵也可能发生过劳现象。

中国台湾上班族大约有两成可能罹患职场抑郁症，很多员工都有睡眠困扰、缺乏运动、工作压力太大等特征，这类型员工是高危人群，病患往往心灵劳累、丧失目标感、对工作缺乏热忱，最后抑郁情绪将严重影响到工作表现，甚至还可能侵蚀企业生产力、竞争力。

如果员工能够感受到职场主管或同事帮助的话，通常可望呈现高组织支持度，像这种情况比较能与组织目标相融合，同时也会激发出较高的投入意愿、正向工作满意度，降低职场抑郁症的发生机会，如此一来就不容易出现因负面情绪而影响到工作表现。

职场变动性或变化性较大的高压力工作者，通常出现抑郁情绪相对比工作内容无变化的工作者要高，建议雇主采取适性配工作、考量员工特质予以派工，同时根据不同单位特性安排在职教育课程，以提高员工职场技能，提高适应力。

(资料来源：中国新闻网)

3）冷漠

冷漠，是个体在遭受挫折后，对付焦虑的一种防御手段，也是一种消极的情绪状态。它包括缺乏积极的认知动机、活动意向减退、情感淡漠、情绪低落、意志衰退、思维停滞。冷漠是一种个体对挫折环境的自我逃避式的退缩心理反应，带有一定的自我保护意识或自我防御性质。当在生活和工作中遭受挫折并感到无能为力时，往往表现出不思进取、情绪低落、情感淡漠、沮丧失落、意志麻木等心态。

由于轨道交通运营安全要求的特殊性、运输的快捷性与不可控制的矛盾等，轨道客运服务人员不仅要做好细致的旅客服务工作，还要处理危急情况下的各种突发事件。如有的列车员在列车晚点时要面对旅客的询问与责怪；有的安检员因制止旅客擅闯安检通道而被打；有的客运员因实名制验证盖错章而被旅客羞辱。轨道交通客运服务人员长期处于一种压抑、委屈甚至被伤害的心理状态，未能得到及时而有效的疏导和调试，于是，冷漠成为他们的保护色。他们与旅客的心理距离越来越远，对自己的评价也会降低。但是，表面上的冷漠掩盖着的却是他们深层次的痛苦、孤寂、无助和强烈的压抑感。

冷漠情绪者初期主要认为生活没有意义，心情冷淡，出现抑郁状态，随后发展到强烈的空虚感，内心体验日益贫乏，不愿意进行抉择和竞争，缺乏责任感和成就感，最终严重影响到生活与工作。

4）愤怒

愤怒，是由于客观事物与人的主观愿望相违背，或愿望无法实现时产生的一种激烈的情绪反应。愤怒发生时，可能导致人体心跳加快、心律失常、高血压等躯体性反应，同时使人的自制力减弱甚至丧失，思维受阻、行为冲动。

轨道交通客运服务人员长期处于高强度的心理压力状态下，很容易与旅客发生争执、斗殴等愤怒的情绪。在这种情绪状态下，可能会干出让人后悔不已的事情或造成不可挽回的损失。

逃票男咬伤地铁员工　员工持对讲机击打还击

2015年5月15日上午9时46分，一男子逃票进入武汉地铁1号线，被劝阻时用矿泉水瓶砸向工作人员头部。劝阻过程中，站台岗工作人员程某为防止男子跌落铁轨将其拦腰抱住，被男子咬伤腹部后用对讲机打伤了该男子，双方平复后男子自行离站。

9时52分，男子手持砖头返回，打砸车站设施，用砖头攻击值班站长致其手部受伤后逃离。

9时55分，男子再度折返，车站安保人员将其制服，在此过程中又有一名工作人员被咬伤。

（资料来源：人民网）

5）恐惧

恐惧情绪是人类遇到周围不可预料、不可确定的因素时，无所适从的生理或心理的一种强烈反应。轨道交通客运服务人员往往会因为旅客的群体性事件或旅客将愤怒情绪往服务人员身上发泄时，会产生恐惧情绪。

此外，轨道交通客运服务人员产生的消极情绪还有悲伤、沮丧、自卑等。

（2）轨道交通客运服务人员情绪调控的策略

有心理学家认为人类在情绪管理、情绪感受、情绪利用、情绪理解方面有非常大的个体差异，他们提出情绪智力这一个有趣的概念。

人类的情绪智力主要在四个方面表现出个体的差异：一是感受情绪的能力差异，能够察觉某种情绪的出现，观察和审视自己的内心体验。二是监控管理情绪的差异，当一定的情绪体验出现的时候，有没有办法控制、改善与替代。三是利用情绪的差异，会不会用情绪来帮助思维、生活和工作，比如在学习的时候可以利用情绪来帮助记忆，让学习更有效率。四是对情绪意义理解的差异，当轨道交通客运服务人员面对旅客在流泪的时候，你如何去应对？你是直接鼓励她不要流泪还是陪她一起流泪？还是拥抱、安抚她？等等。

　　具体来说，轨道交通客运服务人员需要掌握一定的情绪管理技巧，通过对自己的情绪管理与调控，提高服务质量。

　　1）觉察自己的情绪状态

　　轨道交通客运服务人员要管理好自己的情绪，才能营造良好的服务氛围。首先要觉察自己的情绪状态，然后分析引发情绪的原因，最后才能有效管理自己的情绪。觉察情绪状态的方法有测试法、记录法和交谈法。在测试法中，可以采用 PANAS 问卷和国际标准情商测验来进行。轨道交通客运服务人员情绪健康的基本特征包括：情绪表现适度稳定、情感体验丰富深刻、主导心境积极快乐。

　　2）不良情绪的调节

　　作为一名客运服务人员，要面对成千上万的旅客，需要处理的情况也层出不穷。有时因为种种原因和旅客之间产生矛盾或误会也在所难免。在轨道交通工具上，客运员不只是一个职位，它更是礼仪之邦服务行业的典范。在矛盾产生时，如果不加以自控，冲突会愈演愈烈。因此，必须控制好情绪，帮助旅客解决问题。

　　①寻求心理咨询和心理治疗。

　　虽然人们有一定的潜能可应对生活压力和情绪失常，达到自我修复，但是这种能力毕竟有限。人们往往不清楚造成他们情绪障碍的真正根源，只意识到情绪障碍的存在。这就需要一个有深厚心理学素养和功底的人为其指点迷津，让其知道情绪障碍产生的原因、寻找解决途径。当客运服务人员的情绪处于消极状态时，要积极求助于心理咨询和心理治疗机构，及时解决情绪上的困扰与障碍。

　　②学会运用情绪疏导方法。

　　一是宣泄疏导法。宣泄疏导法是一种效果十分显著的解除不良情绪的方法，它具有简捷、易操作、见效快的特点。对情绪变化明显、心理反应敏感的客运服务人员来说，宣泄疏导法是一种容易接受，短、平、快的方法。

　　对不良情绪的宣泄有很多方法，如语言倾诉、与人交谈、写作、看电影、画画、旅游等。但还有一些方法，如愤怒时砸东西、攻击别人，烦闷时酗酒解愁等，这些方法虽然能够将不良情绪发泄出来，但都是暂时的，反而会为以后带来更大的烦恼，甚至陷入逆境。因此，在运用宣泄疏导法时，要根据实际情况，通过正常的途径和渠道，采用适当的宣泄形式，控制宣泄的程度，这样才能取得良好的宣泄效果。

　　日本松下电器公司所属的各个企业，均设有"出气室"和对职工开导的"恳谈室"，他们称之为"心灵进入岗位"，进而创造出一流的产品。对于那些过度压抑、内向却不愿意宣泄的人，可以运用替代式宣泄法，即通过观察他人宣泄行为来泄放自己的压抑情感。

　　二是矛盾意向法。矛盾意向法前提是：在许多情况下，焦虑情绪和失调行为的产生是由于人们过分害怕某些令人恐怖的事物。也就是说，一个人总是担心某些可能使他感到焦虑的逆境情况发生，因而会变得万分恐惧，以至于不由自主地被引入这一境地。

　　矛盾意向法的使用，就是努力去面对他害怕发生逆境的那些事情，或期盼逆境的发生。当然，这是与其真正的愿望相反。这样，焦虑感或恐惧感就会被相反的愿望所取代。这一方法以先发制人的方式，克服对逆境的预期焦虑，使人松弛，以便从容镇静地应对各种复杂的逆境情境。

　　三是合理认知法。合理认知法也叫"情绪 ABC 理论"，是由美国心理学家艾里斯创立的。A 代表具体的事件，B 代表对这件事的看法，C 代表情绪反应。艾里斯认为，人们对逆境的情绪反应不在于逆境本身，而在于对逆境的不合理认识，即由于不正确的认知或者说非理性信念所造成的。因此，通过认知纠正，以理性治疗非理性，以合理的思维方式代替不合理的思维方式，就可以最大限度地减少不合理的信念给人们的情绪所带来的不良影响和逆境心理。

在日常生活中，人们常表现出下列非理性观念：人应该得到生活中所有对自己是重要的人的喜爱和赞许；有价值的人应在各方面都比别人强；任何事都应按自己的意愿发展，否则会很糟糕；一个人应该担心随时可能发生的灾难；已经定下的事是无法改变的；一个人碰到的种种问题，都应该有一个正确的、完整的答案；如果一个人无法找到它，便是不能容忍的事；对不好的人应该给予严厉的惩罚和制裁；逃避困难、挑战与责任比正视它们容易得多；情绪由外界控制，自己无能为力；要有一个比自己强的人做后盾；等等。正是由于上述不合理信念，才会使人出现压抑、敌对、焦虑、忧郁等不良情绪。因此，对上述不合理信念的端正，就是合理认知法的关键所在。

四是幽默调节法。幽默的特点是温和、含蓄和机智。哲学家把幽默视为"浪漫的滑稽"；医学家认为幽默是人的一种健康机制，是美容心理的良方；社会学家和心理学家把幽默看成是有助于一个人适应社会的工具。幽默是生活的调味品，它可以使人在欢声笑语中忘却烦恼，化忧愁为欢乐；能让痛苦变为愉快，将尴尬化为从容自如；化干戈为玉帛；使沉痛的心情变得开朗、豁达和轻松，具有维持心理平衡的功能。

五是反向心理调节法。反向心埋调节法，也叫反向思维法。它是同一问题的不同角度的反射光。其关键在于思维方向的"趋利性"。就是遇到困难或逆境时要从积极的方面去想，发挥自己丰富的想象力和多角度的思索力，极力从不利中挖掘、寻找到令人信服的积极因素，调动对自己的积极情绪来战胜消极情绪。

对于生活中的不幸，你想着痛苦就会痛苦，你想着快乐就能快乐，所谓"一切情绪都是观念的产物"。痛苦和欢乐，往往是一个事物的两个方面，只是看你把思想的方向盘往哪边打。当你感到痛苦时，你不妨把思维的方向盘转往快乐的一边，这是你自己可以驾驭的。

六是适度紧张法。逆境后产生过度紧张的情绪固然不好，对身体也有害。相反，逆境后灰心丧气、意志衰退、消沉，心理和行为都懈怠了，对身体更有害。只有适度的紧张才会有利于健康。

2.3　知识拓展

何谓"七情六欲"

七情六欲是指人们与生俱来的一些心理反应。不同的学术、门派、宗教对七情六欲的定义稍有不同。但是所有的说法都承认七情六欲是不可避免的。

佛学的七情：喜、怒、哀、乐、爱、恶、欲。

六欲：眼、耳、鼻、舌、身、意。

佛说六识：眼、耳、鼻、舌、身、意。

产生六尘：色、声、香、味、触、法。

何谓七情？

《佛学大词典》中的七情，指一般人所具有的七种感情，即喜、怒、哀、乐、爱、恶、欲。

《礼记·礼运》说："喜、怒、哀、乐、爱、恶、欲七者弗学而能。"可见，情是喜怒哀乐的情感表现或心理活动，而欲是七情之一。

佛教的"七情"竟与儒家的"七情"大同小异，指的是"喜、怒、忧、惧、爱、憎、欲"七种情愫，把欲也放在七情之末。

中医理论稍有变化，七情指"喜、怒、忧、思、悲、恐、惊"七种情志，这七种情志激动过度，就可能导致阴阳失调、气血不周而引发各种疾病。令人深思的是，中医学不把"欲"列入七情之中。中医认为，这七种情态应该掌握适当。如果掌握不当，例如大喜大悲、过分惊恐等，就会使阴阳失调、气血不周，从而这种精神上的错乱会演变到身体上，形成各种疾病。

何谓六欲？

《吕氏春秋·贵生》首先提出六欲的概念："所谓全生者，六欲皆得其宜者。"那么六欲到底是什么东西呢？

东汉哲人高诱对此做了注释："六欲，生、死、耳、目、口、鼻也。"可见六欲是泛指人的生理需求或欲望。人要生存，生怕死亡，要活得有滋有味、有声有色，于是嘴要吃，舌要尝，眼要观，耳要听，鼻要闻，这些欲望与生俱来，不用人教就会。

但佛家的《大智度论》的说法与此相去甚远，认为六欲是指色欲、形貌欲、威仪姿态欲、言语音欲、细滑欲、人想欲，基本上把"六欲"定位于俗人对异性天生的六种欲望，也就是现代人常说的"情欲"。今天用"七情六欲"一语，即套用佛典中之"六欲"，泛指人之情欲、欲望等。

后人又将六欲总结为：见欲(视觉)、听欲(听觉)、香欲(嗅觉)、味欲(味觉)、触觉(嗅觉)、意欲。

2.4　相关规范、规程与标准

情绪健康的标准

①开朗、豁达，遇事不斤斤计较，不为一些鸡毛蒜皮的小事动肝火或郁结于心。

②情绪正常、稳定，很少大起大落或喜怒无常，能随遇而安。

③能给予人家或接受他人的爱，待人热情、乐于助人、有同情心。

④谈吐风趣、幽默、文雅。

⑤自信、乐观、有主见，能独立地解决问题，创造性地开展工作。

⑥明智、少偏见，能正确认识自己和他人的长短处。

⑦对前途充满信心，富有朝气，勇于上进，坚忍不拔。

⑧能面对现实、承认现实和接受现实，并能按社会要求行动。

⑨对平凡的事物保持兴趣，能不断从生活环境中得到美的享受、快乐的享受，会学习也会消遣。

⑩尊重他人，能与人与善和睦相处，建立良好的人际关系。

2.5　相关案例

"微服务"折射铁路之变

随着年度春运"大片"开演，南昌铁路局官方微信"春运服务"近日正式上线，爱心预约服务、遗失物品查找、余票查询、查看火车票代售点、电子地图导航到火车站、寻找车站周边美食、超市、银行、酒店……只要关注南铁官方微信，春运出行将不再是"囧途"。

铁路被戏称为"铁老大"，外界诟病于它的高高在上，行于其间的旅人更是以既爱又怨的复杂心态，冷眼旁观它的发展变革。但是，铁路之变，也在人们的爱怨之间，日新月异。

运力之变，让"焦虑春运"逐渐变身"淡定春运"。春运 40 天，2.89 亿人的铁路迁徙，如此天量能不让人焦虑吗？世人瞩目的高铁线路、快速增长的运输能力、快进快出的车站疏解、方便快捷的购票网络，让这种焦虑逐渐缓解。铁路运力的快速提升，改变着老百姓的出行方式，缩减了春运回家的"时间成本"，也增加了春节团聚的"幸福指数"。

服务之变，让"铁老大"华丽转身为"店小二"。市场化进程，让铁路看到了服务的巨大魅力。这些年，铁路彻底放下了"铁老大"的架子，当起跑腿的"店小二"。最大的亮点在于，铁路服务不仅仅局限于传统的笑脸相迎、扶老携幼、端茶送水，而且还契合发展的潮流，延伸服务的链条。利用移动互联网技术开发的"微服务"，就是铁路人铺就的春运畅通之路。

项目训练

[训练目的]

了解情绪和行为问题的根源，将此种领悟运用于实际学习生活中去，更好地接纳自己及他人。学习达成行为改变和基本的认知改变，包括学习如何处理不愉快的情绪。

[训练内容]

情绪控制训练

1.训练方法

运用挑战、提问、议论、鼓励，甚至命令等方法来促使学生面对和改变自己不合理的信念。

2.活动过程

我们的感觉无疑受到了外在事件影响，受到身体变化的影响，受到了过去的冲突和创伤的影响。不过，这些理论是以这样一个观念为基础的，即我们的情感超越了我们的控制范围。

当你说"我就是对自己的感觉方式无能为力"的时候，你不仅使自己成为痛苦的牺牲品，而且是在自我愚弄，因为你能够改变自己的感觉方式。假如你想获得更良好的感觉，那么你必须认识到，正是你的思想和态度——而不是外在事件——产生了你的感觉。你现在就可以学习改变你的思想、感觉和行动的方式。

（1）为了证明思想和情绪之间的重要关系，只要考察一下你对一句赞扬的话可能以许多方式做出的反应就行了。

（2）假定我告诉你："我真喜欢你，你真是一个可爱的人。"请你说出你会有什么样的感受呢?

(3)令你感觉不好的绝大多数消极思想实际上都是天真和不符合现实的。

(4)下面是导致消极情绪的十种天真的思想方式。请仔细阅读。把引起你消极情绪的、不合理的思想信念与之对比一下,看看属于哪一类。

①非此即彼:你以非此即彼的方式看待事物。例如某种情况未臻完美,你就把它看作是一个彻底的失败。

②以偏概全:你把某个单独的消极事件,诸如考试不及格,或同学不理你,看作是一种无止境的失败,一提到这件事情,你就用上了"总是"或"从不"这样的字眼。

③心理过滤:你挑出某个消极事件的细节,并把它不着边际地夸大,于是在你眼里整个现实变成了黑暗,就像一滴墨水弄脏了一池清水一样。

④贬抑积极事物:通常坚持以为它们是"不算数的",你拒绝了积极的经验。如果你干了一件出色的工作,你仍以为它还不够好,或别人也同样能做好。贬抑积极事物,抹杀了生活的快乐及自己的长处,使你感到无能为力及得不偿失。

⑤仓促下结论:在你的结论没有事实依据的情况下,你对事态做出了消极的解释。"瞎猜疑":在没有证实的情况下,你武断得出某人对你冷淡的结论。"瞎预言":你预言事情将变得糟糕。在考试之前自言自语道:"我肯定是考不好的,要是我不及格的话,我该怎么办呢?"

⑥夸大其词:你过分夸大了你的问题和缺点的严重性,或者你过分轻视了你的可贵品质的重要性。

⑦你断定自己的消极情绪,必然反映了事物的真实情况。如"我感到在全班同学面前讲话是很恐惧的";或者"我感到内疚,我首先是一个堕落的人";或者"我感到愤怒,这证明我受到了不公平的对待";或者"我感到自卑,这意味着我是一个无能的人";或者"我感到失望,我肯定是没有希望的"。

⑧虚拟陈述:你以为事态的发展迎合你的希望或期望。一位学习优异的同学在做了100道数学练习题后,她自言自语道:"我不该错这么多题。"这使她感到沮丧,以致她一连几天也不再去做习题了。"必须""务必""不得不"都是相似的罪魁祸首。针对自身的"虚拟陈述"导致内疚和挫折,针对他人和世人的"虚拟陈述"则导致愤怒和灰心丧气。如"他不该那么固执己见和争强好胜"。许多人试图用"应该怎样"和"不应该如此"的话语来激自己,就好像他们是一些懒惰者,在希望他们好好学习及遵守课堂纪律之前,必须对他们做一些惩罚。"我不应该上课讲话",虚假陈述使你往往难以克制,并且你会有去做某件恰好相反的事情的冲动,因此虚拟陈述往往是起不了作用的。

⑨贴标签:贴标签是非此即彼思想的一种极端形式。你不说"我犯了一个错误",而是给自己贴上一个消极的标签。如"我是一个没用的人",你还可能给自己贴上"一个傻瓜""一个失败者""一个笨蛋"等标签。贴标签是完全非理性的,因为这个标签同你的所作所为是不相符合的。人类是存在的,但是"傻瓜""没用的人""笨蛋"是不存在的。这些标签是毫无用处的抽象的事物,它们只会导致愤怒、焦虑、沮丧和缺乏自尊。你也会给别人贴标签。当某个同学冒犯了你的时候,你会自忖道:"他是一个混蛋!",于是你觉得问题出在那个人"性格"或"本质"上,而不在于他的思想或行为。你把他贬得一无是处。这使你对改善事态怀有敌意和不抱希望,没有留有余地。

⑩人格化和责怪：当你对并非由你完全控制得了的某件事情负责的时候，就产生了人格化。当一位班里的中队长得知此次中队在全校体育比赛成绩不佳时，她并没有仔细地寻找失败的原因，而是自责道："这证明我是一个不称职的中队长。"当一个同学遭到爸爸毒打时，他自忖道："要是我平时听他的话，不惹他生气，他就不会打我了。"人格化导致内疚、羞耻和不胜任感。而有些人的行为正好相反。他们因自身的问题而责怪别人或责怪当时的条件。他们忽视了有助于解决那些问题的各种途径。"我之所以没被评上三好学生，是因为老师看不上我"。责怪往往起不到很好的作用，因为别人将拒绝做替罪羊，而且他会以牙还牙地对你进行大肆攻击。

复习思考题

1. 情绪有哪些类型？

2. 健康的情绪标准有哪些？

3. 如何调节不良情绪？

内容 3　轨道交通客运服务人员的态度要求

3.1　相关知识

态度不是天生的,而是后天的生活环境中,经过学习而形成的。因此态度也会通过训练和教育而有所改变。在学习过程中,一般有以下因素影响态度的发展及最后的模式。

(1)需要的影响

个人对能满足自己需要的对象或能帮助自己达到目标的对象,必然产生喜好的态度;对阻碍其目标或引起挫折的对象,则产生一种厌恶的态度。因此,需要的满足与否对态度有重要的影响。

(2)知识的影响

态度形成的基础是认知。知识影响态度的形成,也改变态度,在态度的组成成分中包含认知成分,个人对某些对象态度的形成,与个人对该对象的认识程度有关。例如一项新的措施的实行,当职工对其没有较深的了解时,就可能持反对的态度。因此,加强对新措施的宣传是必要的。

(3)团体的影响

个人的许多态度是从其所属的团体得来的,属于同一团体的职工常有类似的态度。人们对于他所喜爱的团体所规定的行为规范及其共同的态度,具有支持和遵守的倾向,总是使自己的态度与团体的期望或要求相符合。

(4)个人性格的影响

同一团体的成员虽然具有类似的态度,但个人之间仍有较大差异,这就是由于个人性格不同所造成的。如同一团体中,多数赞同个别人反对的事经常有的,反之亦然。

(5)其他

如个人受伤害或戏剧性的经验。态度多半是由经验积累而慢慢形成的,但也有一些态度可能仅有经过一次经验就可能形成,如“一朝被蛇咬,十年怕井绳”的情况。

3.2　轨道交通客运服务人员的态度形成与培养

1.态度的构成与特征

在硬件技术发展迅速的轨道交通,竞争已经不再是单一的价格与技术的竞争,服务的竞争逐渐成为竞争的主要内容。只有拥有最完美服务的企业才是客人值得永远用行动和货币支持的企业。态度对于轨道交通客运行业是至关重要的,服务态度决定服务质量,服务质量的好坏又直接影响到轨道交通的利润。只有让轨道交通旅客满意,轨道交通才能获得良好的发展。

(1)态度的含义

态度是指一个人对某一特定对象做出反应时所持的评价性,是较稳定的内部心理倾向。它是一个人关于事物对自己有多大利害关系的一种价值判断或情绪体验。态度具有一定的稳定性和持续性,一旦形成就不会轻易改变。态度对人们的心理和行为有着多方面的深刻的影响。例如,态度决定一个人对外界影响的判断和选择,影响着人的忍耐力、学习效果、工作效率等(图 2-3-1)。

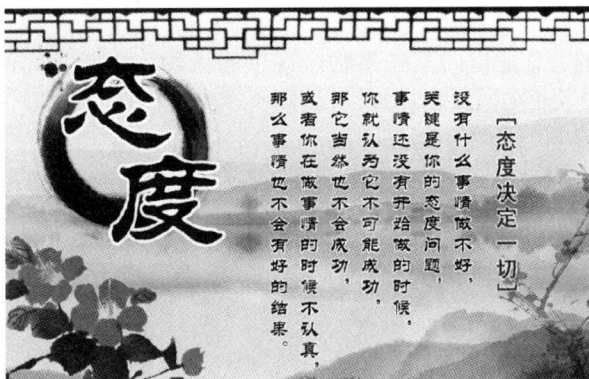

图 2-3-1　态度图

(2)态度的构成

态度的构成要素包括三个部分,分别是认知要素、情感要素和行为倾向。

1)认知要素

认知要素即态度的持有者对对象的了解与评价,包括个人对某个特定对象的认识与理解、赞成与反对。一个人对客观事物的认识,不仅仅是某个体的感知和理解,还要受到已经形成的社会观点的种种影响。因而一个人对某个事物的看法和想法总带有某种评价意义。态度持有者的认识要素,对其行为有着直接的影响。

2)情感要素

情感要素是指主体对象的情绪反应,即对某一类事物喜欢或是厌恶的体验程度。情感要素随着认知因素的产生而产生,随着认知因素的变化发展而变化发展,认知越深情感越深。

3)行为倾向

行为倾向要素也叫意向,是由认知因素和情感因素所决定的,对态度对象的反应倾向,是行动前的思想倾向,是行动的直接准备状态,指导态度主体对对象做出反应。

态度的三个要素相互作用和影响,往往先有认知,而后产生情感,情感决定行为的意向。情感往往是态度最真实的表现。三要素呈现互相依赖、互相影响、互相区别的对立统一关系。

认知要素起主导作用,是其他两个要素的基础;情感要素起调节作用;行为倾向是认知要素和情感要素的必然结果。

(3)态度的特征

态度共有五个特征,分别是社会性、稳定性、对象性、价值性、内在性。

1)社会性

态度是个体在社会化过程中,在学习、工作、生活中逐渐形成的一种意识倾向。它受环境影响,同时又影响环境,并在这个过程中得到丰富和改进。所以每个人的态度都具有社会性,都具有政治的和道德的评价意义。

2)稳定性

态度是在长时间的社会生活实践中形成的,并与人的理想、信念、世界观、人生观等有着紧密联系，所以态度一旦形成，就比较稳定持久，并在行为反应上表现出一定的稳定性。

3）对象性

态度总是有对象的，总是指向某一事物。这里的事物可以是具体的人、组织、团体、物体，也可以是一种现象、状态、思想和观念。总之，没有对象的态度是不存在的。

4）价值性

态度的形成要受多种因素影响，其中最具有影响力的是人的价值观。所谓价值观，指人们对事物的主观评价。人们对事物持怎样的态度往往取决于该事物具有的价值大小，包括道德价值、社会价值等。价值观不同的人，对同一事物的态度也不尽相同。

5）内在性

态度是一种心理结构，是人的心理活动。虽然有一定的行为倾向，但不是外在行为，别人无法直接观察，只能通过言、行、表情等进行间接的观察、分析和判断。例如，某员工热爱工作，我们不可能直接观察其心理活动，只有从他对工作一贯兢兢业业、踏踏实实的态度观察推测出来。

（4）态度的重要性

态度和能力是影响工作进行的两个重要因素，其中态度尤其扮演着带动的角色。据一项有关成功因素的调查结果显示：技能占了13%，知识等其他占了7%，而态度占了80%。态度是世界上神奇的力量，它栖息于思想深处，左右着我们的思维和判断，控制着我们的情感与行动。一个人的生活状态、人生方向完全受控于其生存态度的牵引。用什么样的态度对待生活，就有什么样的生活现实。积极的态度可以使我们到达人生的顶峰，尽享成功的快乐和美好，消极的态度使我们一生陷于困难与不幸之中。态度影响我们的事业、生活、人际关系等，决定我们的人生成败。任何单位喜欢的人才是能给企业带来财富的人，那就是他们能力强，态度也好。

故事：两个农夫

两个农夫的土地只隔了一条水渠，每天两个人日出而作，日落而息。农夫甲总是垂头丧气，感叹命运的不公；农夫乙则总是精神饱满，唱着曲来，哼着歌去。

一日正午，太阳火辣辣地烤着大地，二人放下锄头各自来到水渠边的大树下席地而坐。

农夫乙看着那片绿油油的庄稼，兴奋地说："看来今年的收成不会差！"

农夫甲看着农夫乙兴高采烈的样子，十分不理解，他说："有什么可高兴的？每天过着土里刨食的日子，还要看老天爷的脸色！受苦受累换得粗茶淡饭，还能高兴得起来？"

农夫乙说："我们每天沐浴在大自然之中，耕作于属于自己的土地上，看着地里的庄稼一天天茁壮成长，丰收的希望就在我们眼前。累了，可以在大树下乘凉；渴了，喝一点山泉水；饿了，老婆、孩子会送饭来！不愁吃，不愁喝，自由自在！负担一天比一天轻，收成一年比一年好！有什么不开心的呢？"

农夫甲看了看农夫乙，没有再说话，拿过旁边的饭盒低头吃起了饭，越吃越没有胃口。看着农夫甲不说话了，农夫乙也端起老婆送来的饭菜，津津有味地吃了起来。

就这样，两个农夫依然每天隔渠而望，各自干着自己的农活儿。甲依旧垂头丧气，乙依旧精神饱满。

转眼到了秋天，农夫乙的庄稼又是好收成，农夫甲的收成则只有农夫乙的六成。

启示：心态若改变，态度跟着改变；态度若改变，习惯跟着改变；习惯若改变，性格跟着改变；性格若改变，人生就跟着改变。当你乐观时，觉得一切会很顺利，你就会传达出一种积极的态度，这种积极的态度是有创造性的、欢乐的、有希望的。

(5)转变态度的方法技巧

在态度的转变过程中，我们可以做一些事情，来促进态度发生转变。具体方法主要有劝说宣传、角色扮演、团体影响及活动参与等方法。

1)劝说宣传法

劝说宣传法是一种借助报纸、杂志、广播、电视、电影、广告等各种传播媒介来促使他人发生态度转变的做法。比如，轨道交通客运服务人员向市民进行轨道交通客运宣传，让市民了解轨道交通客运的优势和其所关注的乘车、购票及列车服务等知识，从而让市民更乐意选择轨道交通出行。

2)角色扮演法

角色扮演法是通过行为手段改变态度，即让人们处在不同的地位上，设身处地地理解对方在这一角色上的心情和困难，从而改变自己原有的态度和认识。比如，轨道交通客运服务人员以旅客角色去体验并查找车站服务工作的不足，以换位思考的方式真切感受服务质量。

太原怀仁东站：角色互换践行"旅客至上"理念(节选)

"这次的'角色互换'让我体验到服务意识与服务细节的重要性。作为一名客运人员，我们要真正用心为旅客服务，细心观察旅客的各种需求表达，在微笑服务的同时让旅客感受到我们的真诚。"怀仁东站客运值班员张多慧说。

7月26日，中国铁路太原局集团有限公司客运系统怀仁东站客运班组以"提高服务质量，提高作业标准"双提高劳动竞赛活动为契机，开展了为期1天的"假如我是一名旅客"体验活动。

活动中，怀仁东站客运班组组织4名一线班组骨干，分两批以旅客身份购买列车车票，亲身体验并查找车站服务工作的不足，以换位思考的方式真切感受其服务质量。当天一大早，4名休班的客运人员随机挑选了D2583次、D2796次两趟列车，从购票开始，开启了一段特殊的旅程。客运员刘亚丽说："这样的体验对我来说还是头一回，我切实感受到了旅客的难处和最希望得到的服务。通过活动，更能体会到'急旅客之所急、想旅客之所想'这句话的意义所在。"

(资料来源：新华网)

3)团体影响法

团体影响法是通过团体即多数人的力量来对个人产生影响，使个体态度发生转变的方法。比如,当周边的人都在劝说我们去做某件事或劝说我们去改变某些想法的时候,我们往往会更加容易去接受别人的劝告。

4)活动参与法

活动参与法是指通过引导人们参与态度有关的活动来改变人们的态度。比如,通过系统的学习和具体的实践,我们会对轨道交通客运服务人员的工作性质及工作意义形成新的认识,进而对轨道交通客运服务人员的工作态度发生转变。

2. 轨道交通客运服务人员的态度要求

轨道交通客运服务人员态度是指轨道交通客运服务人员对服务环境中的旅客及服务工作的认知、情感和行为倾向,它是轨道交通客运服务人员服务质量的一项重要内容。在轨道交通客运服务过程中,要求轨道交通客运服务人员必须充分尊重旅客,要用自己真心的微笑和热忱的态度去帮助每个旅客实现每一项需求。

(1)影响旅客态度的因素

1)旅客的需要

随着社会经济的发展和人民文化生活水平的提高,人们乘车旅行的需要不断增长,需要能否得到满足,影响着旅客的态度。例如提供了安全、顺畅、快捷、方便、经济、舒适的客运服务,旅客的心情自然顺畅,态度友好。

2)旅客所拥有的知识、信息和经验

在轨道交通客运服务过程中,轨道交通客运服务人员要给旅客提供充分的、正面的信息和知识。此外,旅客在轨道交通客运服务过程中的经历对他们的态度有很大的影响。

3)旅客的人格

旅客气质、性格、能力等的不同,很可能会对同一社会事物形成不同的态度。例如列车遭遇突发状况,出现晚点,性格急躁的旅客就容易脾气暴躁,而性格沉稳的旅客则可以表示理解,且积极配合客服人员的工作。

4)旅客所属的团体

团体对团体成员的态度的形成有着重要的引导作用,团体规范往往就对团体成员的态度进行了规定。例如旅游团体,他们盼望的是车上、车下平安,旅途愉快,玩得高兴。他们愿意多听、多看,比如旅游地的人文地理、风光特色、风味小吃、返程车次时间、中转换车站等。他们对乘务员的要求比较高,既要了解服务知识,还要了解列车经过的旅游城市的概况、旅游景点、风土人情知识等。

任何一个轨道交通行业在为旅客提供服务时,其目的都在于使其提供的服务能得到旅客的认可,并乐于接受。这要求我们在轨道交通客运服务过程中,努力改变旅客的负面态度。首先是改变轨道交通客运服务态度,主要方法有四点:一是提升轨道交通客运服务人员的服务态度;二是可以聘请专业的调查机构,调研旅客对轨道交通客运服务的负面态度,并分析其形成的原因;三是加强轨道交通客运服务的服务信息系统,简化程序;四是改善轨道交通客运服务过程中的有形及无形服务。其次是改变旅客的知觉。再次是改变提供给旅客的知识和信息。最后是改变旅客负面态度的轨道交通客运服务人员的工作技巧。只有改善和消除了旅客的负面态度,我们才能为旅客提供真正满意的服务,实现旅客和单位的"双赢"。

有一天某个农夫的一头驴子，不小心掉进一口枯井里，农夫绞尽脑汁想办法救驴子，但几个小时过去了，驴子还在井里痛苦地哀号着。最后，这位农夫决定放弃，他想这头驴子年纪大了，不值得大费周章地去把它救出来，不过无论如何，这口井还是得填起来。于是农夫便请来左邻右舍帮忙一起将井中的驴子埋了，以免除它的痛苦。农夫的邻居们人手一把铲子，开始将泥土铲进枯井中。当这头驴子了解到自己的处境时，刚开始"哭"得很凄惨。但出人意料的是，一会儿之后这头驴子就安静下来了。农夫好奇地探头往井底一看，出现在眼前的景象令他大吃一惊：当铲进井里的泥土落在驴子的背部时，驴子的反应令人称奇——它将泥土抖落在一旁，然后站到铲进的泥土堆上面！就这样，驴子将大家铲倒在它身上的泥土全数抖落在井底，然后再站上去。很快地，这只驴子便得意地上升到井口，然后在众人惊讶的表情中快步地跑开了！就如驴子的情况，在生命的旅程中，有时候我们难免也会陷入"枯井"里，会被各式各样的"泥沙"倾倒在我们身上，而想要从这些"枯井"脱困的秘诀就是：将"泥沙"抖落掉，然后站到上面去！

小启示：事实上，我们在生活中所遭遇的种种困难挫折就是加在我们身上的"泥沙"；然而，换个角度看，它们也是一块块的垫脚石，只要我们锲而不舍地将它们抖落掉，然后站上去，那么即使是掉落到最深的井，我们也能安然地脱困。本来看似要活埋驴子的举动，由于驴子处理厄境的态度不同，实际上却帮助了它，这也是改变命运的要素之一。如果我们以肯定、沉着、稳重的态度面对困境，助力往往就潜藏在困境中。一切都决定于我们自己，学会放下一切得失，勇往直前地迈向理想。我们应该不断地建立信心、希望和无条件的爱，这些都是帮助我们从生命中的枯井脱困并找到自己的工具。

(2)影响客服人员态度的因素

轨道交通客运服务人员是轨道交通客运服务的提供者，他们的态度直接关系到轨道交通客运服务的整体水平和旅客的满意度。影响客服人员态度的因素有很多，如工作环境、工作机制、工作团队、家庭环境、所受教育、个性特点等，具体介绍以下两种。

1)客服人员的工作动机

在生活和工作中，动机代表着一个人的内在心理面貌，它在很大程度上决定着一个人的行动和性质。将客服人员的心理成熟度和工作动机结合起来进行分析，可以大致地归纳出他们的四种类型。

①事业型。这类客服人员有高尚的工作动机，热爱本职工作，不斤斤计较报酬和荣誉，不怕艰苦和劳累，一心只想做好本职工作，力求在事业上有较高的成就，工作的积极性和主动性强。

②自尊型。这类客服人员的工作动机处于一般水平，谈不上献身客运事业，但也绝不甘于他人之后。这类客服人员自尊心较强，比较看重荣誉和面子。他们力求自己的工作符合规章的要求，不使人说出不是来。他们的积极性常常呈现波浪式变化，当受表扬时，劲头十足；当遇到挫折时，则容易情绪低落，甚至垂头丧气。

③服从型。这类客服人员工作动机的层次不高，让我做什么，我就做什么，因此，从心理上安于现状，不思进取，满足于"过得去"。

④逆反型。具有逆反型工作动机心理的客服人员，在工作中不服从指挥，不积极工作，反而影响其他客服人员的工作态度。

2)客服人员的抱负水平

抱负水平是指客服人员决定其行为达到什么质量标准的内心目标尺度。因此,抱负水平的高低与一个人为自己所制定的目标高低相联系。

①抱负远大。如果客服人员有远大的抱负,就能够为自己树立远大的人生目标,在工作中精益求精,千方百计提高工作质量,努力在事业上做出贡献,就会有注重提升服务意识和良好的服务行为。

②目光短浅。如果客服人员目光短浅,抱负水平低,就会在工作中表现出马马虎虎,得过且过,存在"当一天和尚撞一天钟"的心理,在平时的客服工作中表现为简单了事、不耐烦等。

在我们日常生活中,轰轰烈烈的事情很少,更多的是平平凡凡的事情,在本职工作岗位上勤恳工作的敬业精神,是一种人生的目标,也是一种远大抱负。作为一名客服人员,我们要端正工作动机,树立远大抱负,从而端正自己的工作态度,提升自己的服务态度。

> 【故事】有个老木匠向老板递了辞呈,准备离开他熟悉的建筑业,回家与妻子儿女享受天伦之乐。他是全国最著名的几位木匠之一,手艺高超。老板舍不得这样的好员工离开,问他能否帮忙建造最后一座房子,老木匠欣然允诺。但是,显而易见,他的心已不在工作上,他用的是废料,出的是粗活。等到房子竣工的时候,老板亲手把大门的钥匙递给他并对他说:"这是你的房子,也是我送给你的礼物。"他震惊得目瞪口呆,羞愧得无地自容。如果他早知道是在给自己建房子,他怎么会这样漫不经心、敷衍了事呢?现在他只好住在这幢粗制滥造的房子里!
>
> 【感悟】对于一个人来说,工作就是在创造自己的事业及生活。但真正能这样认识到并做到的没有几个人。很多人就像那个老木匠,整天漫不经心地"建造"自己的生活,不是积极行动,而是消极应付。等其惊觉自己的处境时,早已深困在自己建造的"房子"里了。

(3)良好服务态度的形成

一个合格的轨道交通客运服务人员应该具备良好的综合素质,即要有正确的服务意识、过硬的服务能力和良好的服务态度。在具体的服务工作中不仅强调轨道交通客运服务人员要做到"眼疾手快、脑勤嘴快、脚勤服务快",更应该做到"心到、情到、神到"。用温暖和真情使旅客得到"以人为本、活动自由、休息充分、人格化、特殊化服务",强调对旅客的服务更多的"真心""真诚""真情"的流露,这就是轨道交通客运服务人员的态度要求。

1)树立正确的服务意识

服务意识是服务技能和服务技巧的基础,只有"服务意识+服务技巧+服务技能"的轨道交通客运服务,才能实现真正意义上的旅客满意。

①正确理解服务意识。轨道交通客运服务意识是指轨道交通客运服务人员在与一切与轨道交通客运利益相关的人或企业交往的过程中所体现的为其提供热情周到、主动服务的欲望和意识。即主动做好服务工作的一种观念和愿望。

服务意识的内涵主要包括三点:服务意识发自服务人员的内心;服务意识是服务人员的一宗本能和习惯;服务意识可以通过培养、教育和训练来形成。

②树立正确的服务意识。积极、主动、用心地为轨道交通客运服务,为自己的未来服务,

这是轨道交通客运服务人员必须倡导的服务意识准则。这一准则要求：只要旅客的要求和行为不违反法律、不违背社会道德、不涉及轨道交通客运安全，都必须服从。服务人员应该具有强烈的换位意识，站在旅客的位置上，想旅客之所想，急旅客之所急，牢记"客人永远是对的"，自觉淡化自我和自尊，强化服务的服从意识，时时处处为旅客提供尽善尽美的服务。

2）保持良好的服务态度

①主动。主动是一个人自身的主观能动作用，轨道交通客运服务人员应该以主人翁的态度，主动做好本职工作，全心全意为轨道交通客运旅客服务。立足于主动，才能心中有数，应对自如，达到旅客满意的预期效果。为此，要求轨道交通客运服务人员做到以下几点。

第一，上班前做好各项准备工作，将当天的工作计划好，按轻重缓急妥善安排。

第二，头脑冷静，处事沉着，行动敏捷，做到"眼勤、口勤、手勤、脚勤"，满足旅客的各种正当需要。

第三，开动脑筋，善于发现和及时解决问题，发现旅客的困难或要求，不管分内分外，尽可能主动给予帮助解决。

第四，虚心征求旅客的意见，不断总结经验，研究改进服务工作的方法，提高工作效率，提高服务质量。

②热情。热情是对待服务工作和旅客的真挚感情，客运服务人员要像对待家人一样对待旅客，以诚恳和蔼的态度，亲切体贴的言语做好服务工作，态度冷漠、言语生硬、工作马虎、举止粗鲁，必然会引起旅客的反感和不满。这不仅是个人未尽职尽责的问题，更会影响企业甚至国家的形象。为此，要求轨道交通客运服务人员做到以下几点。

第一，保持仪容整洁、端庄大方，态度诚恳、和蔼，给旅客留下良好的第一印象。

第二，礼貌待人，在与旅客接触时精神饱满、仪态自然、话语诚恳、言辞简洁而清晰。

第三，全面照顾、一视同仁、热情待客。对生客和熟客、自己的亲人，应一律同样对待，不要厚此薄彼、以貌取人。对老弱病残旅客，应尽可能给予特别的关怀照顾，对傲慢的旅客给予谅解，仍然热情接待。

③耐心。耐心是不急不躁，不厌烦，能忍耐。轨道交通客运服务人员要有较高的品德修养，善于控制自己的情绪，约束自己的言行，不意气用事，不粗暴无礼。为此，要求轨道交通客运服务人员做到以下几点。

第一，在工作实践中不断培养锻炼，提高自身的品德修养，经常注意保持平和的心态，特别注意在工作繁忙时更要沉着，防止急躁情绪的出现。

第二，要杜绝不耐烦和傲慢的表现，对待挑剔的旅客也不能板着脸，一副冷漠的神情。

第三，发生误会和争执时，要心平气和、冷静理智地说服解释，妥善合理解决矛盾。遇到旅客态度粗暴、语言生硬或违反制度等情况时，仍应以礼相待、以理相劝、制止，切不可用粗暴言行相待。（图2-3-2）

④周到。周到就是把工作做得细致入微，面面俱到，也就是把整个服务工作做得周全、彻底。为此，要求轨道交通客运服务人员做到以下几点。

第一，态度诚恳，处处替旅客着想，了解旅客的需要，揣摩旅客的心理，工作认真、办事周详，使旅客处处感到方便。

第二，对旅客提出的问题，要尽可能详细解答，如果自己不懂，应立即转问他人，不能随意应付。

图 2-3-2　莫生气图

第三,熟悉轨道交通客运服务和公司内部的各种规章制度和有关业务知识,以便更好地为旅客服务。

总之,在工作中只有不断提高服务质量,不断挖掘旅客多方面的需求,不断创新自己的服务,以增强服务特色,确立"一切为了满意旅客需求"的服务意识,来吸引旅客,以"真诚、优质、创新"的服务质量,来感动旅客,我们的企业才能发展、才能立于不败之地。

有三个石匠,做着同一个工作,都在雕塑石像。问他们同样的问题:你在这里做什么?

第一个石匠说:"你看到了吗?我正在凿石头,凿完这个我就可以回家了。"这种人永远视工作为惩罚,在他的嘴里最常吐出的一个字就是"累"。

第二个石匠说:"你看到了吗,我正在雕像。这是一份很辛苦的工作,但是酬劳很高。毕竟我有太太和四个孩子,他们需要温饱。"这种人永远视工作为负担,在他嘴里经常吐出的一句话就是"养家糊口"。

第三个石匠会放下锤子,骄傲地指着石雕说:"你看到了嘛,我正在做一件艺术品。"这种人永远以工作为荣,工作为乐,在他的嘴里最常吐出的一句话是"这个工作很有意义"。

可以说,第三个石匠是快乐的。他赋予了工作一定的积极意义。

3.3　知识拓展

态度改变的理论

国外有关态度改变的理论很多,这里只介绍几种有代表性的理论。

1. 认知失调理论

这个理论是由心理学家弗斯廷格在 1957 年提出来的。弗斯廷格把人的认知元素分成若干个基本单位,如思维、想象、需要、态度、兴趣、理想、信念等因素。其中任何两种元素的不一致,就产生失调。失调主要来源于两个方面:一是个人的决策行为,一是与自己的态度相矛盾的行动。这种失调对于态度的意义,在于能够产生某种力量,使人们逐渐改变自己的态度。弗斯廷格把上述任何两种元素单位之间的关系分为协调、不协调、不相关三种情况。

例如：认知元素 A——我在大雨中不带伞走路；认知元素 B1——我的衣服湿了；认知元素 B2——我的衣服没有湿。显然认知元素 A 与 B1 呈协调状态，而认知元素 A 与 B2 呈不协调的状态。当个体发觉自己所持有的两种或两种以上的认知元素相矛盾时，便会出现认知上的不协调，内心就会有不愉快或紧张的感觉，因而产生一种驱使个体解除这种不协调状态的动机。解除或减少失调状态的办法有以下三种：

（1）改变某种认知元素

改变某种认知元素，使其他元素间的不协调关系趋于协调。例如，认知元素 A"我喜欢抽烟"与认知元素 B"抽烟可能导致癌症"是不协调的。为此，一个人要么改变认知元素 A 为"我不再喜欢抽烟"或改变认知元素 B 为"抽烟导致癌症的说法是没有根据的"，从而达到认知的协调。

（2）增加新的认知元素，以加强认知系统的协调

例如，认知元素 A"我喜欢抽烟"，若无法改变，则可以增加新的认知元素 C——"世界上抽烟而长寿者很多"，或认知元素 D——"抽烟可以减轻精神紧张，有利于心理健康"等，使不协调的强度自然降低。

（3）强调某一认知因素的重要性

上例中，如果个体强调元素 A，他会说："我喜欢抽烟，抽烟可以使我生活得很快乐，不要为了将来可能导致疾病而牺牲我目前的乐趣。"或强调元素 B，个体会这样说服自己："肺癌是一种可怕的疾病，为了自己的健康和家庭的幸福，我虽然喜欢抽烟，也应该尽量地克制。"由此可以看到，认知失调的理论，确实可以说明态度的构成与改变。

2. 平衡理论

1958 年，心理学家海德提出了改变态度的"平衡理论"。海德认为在人们的认知系统中存在着使某些情感或评价趋向于一致的压力。他认为人们的认知对象包括世界上各种人物、事件及概念，这些对象有的各自分离，有的则互相联结起来，组合为一个整体而被我们所认识。海德把这种构成一体的两个对象的关系，称为单元关系，其关系可以由类似、接近、相属而形成。人们对每种认知对象都有喜恶、赞成或反对的情感与评价倾向，海德称此为思想感情。

海德还认为个体对单元中两个对象的态度一般是属于同一方向的。例如一个人喜欢 A，则对 A 的穿着亦感到欣赏；一个人讨厌 B，则觉得 B 的朋友也不好。因此当单元形成与个体对单元内两个对象的感情相调和时，其认知体系便呈现平衡的状态。反之，当个体对单元的知觉和对单元内两个对象所持的态度趋于相反方向时，其认知体系便出现不平衡的状态。这种不平衡状态将会引起个体心理的紧张而产生不满情绪。例如，一个人喜欢 A，但是却对 A 所穿的衣服款式无法赞同，于是就会由不平衡状态而引起内心的紧张和不愉快，而导致要么喜欢 A 的衣服款式，要么不再喜欢 A。由此可见，解除心理紧张的过程，就是态度改变的过程。

海德的平衡理论，原则上与费斯廷格的认知失调理论是相同的，但海德强调一个人对某一认知对象的态度，常常受他人对该对象态度的影响，即海德十分重视人际关系对态度的影响力。

例如：P 为学生，X 为爵士音乐，O 为 P 所尊敬的师长。如果 P 喜欢爵士音乐，听到 O

赞美爵士音乐，P—D—X 模式中三者的关系皆为正号，P 的认知体系呈现平衡状态。如果 P 喜欢爵士音乐，又听到 O 批判爵士音乐，P—O—X 模式中，三者的关系二正一负，这时 P 的认知体系呈现不平衡状态，不平衡状态会导致认知体系发生变化。

平衡理论的用处在于使人们可以用"最小努力原则"来预计不平衡所产生的效应，使个体尽可能少改变情感关系以恢复平衡结构。在一定的情境中，它能以简练的语言来描述认知的平衡概念，使它成为解释态度改变的重要理论。

3. 参与改变理论

德国心理学家勒温认为，个体态度的改变依赖于他参与群体活动的方式。个体在群体中的活动方式，既能决定他的态度，也会改变他的态度。

勒温在他的群体动力研究中，发现个体在群体中的活动可以分为两种类型：一种是主动型的人，这种人主动参与群体活动，自觉地遵守群体的规范；另一种是被动型的人，他们只是被动地参与群体活动，服从权威和已制定的政策，遵守群体的规范等。为了研究个体在群体中的活动对改变态度的影响，他做了如下实验：

第二次世界大战期间，美国由于食品短缺，政府号召家庭主妇用动物的内脏做菜。而当时的美国人一般不喜欢以动物的内脏做菜。勒温以此为题，用不同的活动方式对美国的家庭主妇进行态度改变实验，其方法是把被试者分成两组，一组为控制组，一组为实验组。对控制组采取演讲的方式，亲自讲解猪、牛等内脏的营养价值、烹调方法、口味等，要求大家改变对杂碎的态度，把杂碎作为日常食品，并且赠送每人一份烹调内脏的食谱。对实验组勒温则要求她们开展讨论，共同议论杂碎做菜的营养价值、烹调方法和口味等，并且分析使用杂碎做菜可能遇到的困难，如丈夫不喜欢吃的问题、清洁的问题等，最后由营养学家指导每个人亲自试验烹调。结果控制组有 3% 的人采用杂碎做菜；实验组有 32% 的人采用杂碎做菜。

由此可见，由于实验组的被试者是主动参与群体活动的，他们在讨论中自己提出某些难题，又亲自解决这些难题，因而态度的改变非常明显，速度也比较快。而控制组的被试者由于是被动地参与群体活动，很少把演讲的内容与自己相联系，因而其态度也就难以改变。基于这一实验，勒温提出了他的"参与改变理论"，认为个体态度的改变依赖于在群体中参与活动的方式。后来，这个理论在管理中得到广泛的应用，也取得了一定的成效。

4. 沟通改变态度理论

在现代社会中，除了人与人之间的沟通外，新闻媒介沟通，如报纸、杂志、电台和电视等都直接或间接地影响人们的态度，这是人所共知的事实。

许多心理学家认为，沟通对态度改变的影响取决于三个因素。第一是沟通者。沟通者是信息的来源。早期哲学家亚里士多德认为有效的沟通者必具备优良的情感意志、品德和知识；另外还要具有沟通的能力、艺术、社交风度、可信任性及个人的吸引力。第二沟通过程。要能根据沟通的对象和内容及客观环境设计出工作程序，一切按计划行事并注意安排好时间、地点。第三是沟通对象。接受者是否了解信息，其个性是否适合于接受这些信息。

5. 预言实现改变态度理论

这一理论认为，别人的预言及由此而采取的对待方式会影响个体的心理，从而导致其态度的转变。例如某人被人们认为是大有作为的，因此往往给予他鼓励、支持和帮助，该个体感受后，会根据这种预示去发展。这一理论在企业管理中，还可以用下面的公式来描述：

$$员工的行为 = f(管理者的期望，管理者对待的方式)$$

这说明，个体被别人给以一种预定的看法及因此而感受到的外界对自己所采取的某种特殊的对待方式，对其态度的转变具有极大的影响力。称赞和鼓励，会诱发一种推动上进的动机；经常被人指责，遭到歧视，会导致消极和自暴自弃。

3.4　相关规范、规程与标准

优质客运服务态度标准

（1）有求必应、有应必答：就是急旅客之所需，想旅客之所求，认认真真地给旅客一个圆满的结果或答复，即使旅客提出的服务要求不属于自己岗位的服务范围内，也应主动与有关部门联系，切实解决旅客急需，把它当作工作中最重要的事，按旅客要求认真办好。

（2）积极主动：就是要主动掌握工作的规律，自觉把服务工作做在旅客提出要求之前，要有主动"自找麻烦"的习惯、做到力求旅客完全满意的思想，处处主动、未雨绸缪、助人为乐、事事为旅客提供方便。

（3）热情耐心：就是要待旅客如亲人，初见如故，面带笑容，态度和蔼，语言亲切、热情诚恳。在川流不息的旅客面前，不管客运服务工作多繁忙，压力多大，都保持不急躁，不心烦，镇静自如地待旅客。旅客有意见，要虚心听取，旅客有情绪要尽量解释，决不与旅客争吵，发生矛盾要严于律己，恭敬谦让。

（4）细致周到：就是要善于观察和分析旅客的心理特点，懂得从旅客的神情、举止发现旅客的需要，正确把握服务的时机，服务旅客于未开口之前，效果超过旅客的期望之上，服务工作完正妥善，体贴入微，面面俱到。

（5）文明礼貌：就是要有较高的文化修养，语言健康，谈吐文雅，衣冠整洁，举止端庄，待人接物不卑不亢，尊重不同国家、不同民族的风俗习惯、宗教信仰和忌讳，时时处处注意表现良好的精神风貌。

（6）在服务工作中杜绝推托、应付、敷衍、搪塞、厌烦、冷漠、轻蔑、傲慢、无所谓的态度。在优质服务的同时，还应具备丰富的服务专业知识，具备了丰富的服务知识，客运服务人员才能在工作中应酬自如，得心应手。如果不具备相应的服务知识，客运服务人员就不可能很好地回答旅客的各种问题，提供优质的服务。

3.5　相关案例

让优质服务始终唱响铁路发展"主旋律"

来源：人民网

"优质服务是品牌""让公众出行有更大的幸福感和获得感"等，一提起铁路发展和服务，这些语句就会成为"代名词"和"高频词"。服务是铁路发展的"生命线"，春运刚刚落下帷幕，清明小长假的出行小高峰，对于铁路服务而言又将是一次"小考"。无论是什么样的考验，也不管是什么样的发展，服务这条主线始终在铁路发展中保持着"奠基石"的地位。让服务更贴近公众需求、更符合发展要求，一直是铁路行业始终不变的初心。

运输方案的调整，是为了让公众出行更加便利。距离小长假还有不到十天，成都局集团专门就小长假期间的运输出台了相关方案，更好地服务公众出行。打好提前量、做好新部署才是"王道"。积极提升动车组运能,让动车组成为出行的中坚力量,同时对重点方向、热点区段的动车组以加开、重联的方式,更好地为出行保驾护航。全面提高普速运能,加开普速旅客列车,通过运力结构优化和运能布局调整,最大限度为乘客提供便利。

服务方式的创新,是为了让公众出行更感温暖。"互联网+"新模式的运用,让公众足不出户就能够完成订票。同时,依托更加完善的铁路服务网,引导公众通过各式各样的方式享受铁路带来的优质服务。铁路订餐、提前订票、及时调整等,在以往看来难以实现和达到的目标,现在都成为一种常态化,这就是铁路服务的魅力所在,更是铁路服务与时俱进、助推发展的有效载体。

让优质服务始终唱响铁路发展"主旋律",不仅仅只是一句承诺,而是需要全体铁路人的积极参与和共同付出。今年以春运为题材的微电影"三分钟",着实让铁路人"火"了一把。实际上,这反应的就是所有铁路人日常工作的状态。"世界那么大,我想去看看",对于铁路人而言是一种奢望,但是他们却用自己的行为让更多的公众在出行路上感受到了不一样的"幸福指数",为节日期间出行注入了新的元素,为树立好服务新形象、打造服务新亮点始终努力着、前行着!

在不完美的世界,修炼完美的生活态度

一次,去一位朋友家玩。她住的居民区都是清一色的独门小院,院墙低矮。我们惊奇地发现:朋友的左右邻居墙头都密密地插着一圈玻璃瓶渣,在阳光下泛着凛凛的寒光,唯独朋友的院墙上很诗意地种着一排纤细的绿草,在风中微微颤动着。

"我花了好大的工夫才种成的,"朋友不无得意地说,"先是在墙头堵土,然后是精选草籽,洒上草籽后又天天浇水,才把'高处不胜寒'改为'高处不胜碧'的。"

"玻璃瓶渣充满了敌意,又难看得很,固然没有你的绿草高明。可是,你的墙头草在梁上君子眼里未免柔有余而力不足,太好欺负了。"有人说。

"那你说我该怎么办?"

"种玫瑰。"我笑道。

大家一起笑起来。墙头种玫瑰显然不太可能,因为根扎不了那么深。不过,这可不可以成为一种美好的比喻,让我们应用到处世的态度中去呢?

玫瑰花意味着一种芬芳的情谊,玫瑰刺意味着一种坚定的保护。和平的时候,我们是花;战斗的时候,我们是刺。我们可以既善良又顽强;既大方又有原则;既勇敢又有风度;既欣赏鲜花的香艳,又暗筑起一道防范的篱笆。接纳友爱的胸襟,不一定非要毫无城府;拿起武器的方式,也不一定非得激烈和尖锐。也许,某些时候,二者恰恰可以颠倒过来。

这是一个不完美的世界,但是我们却可以尽力修炼出一种完美的生活态度。没有什么是绝对矛盾的,只要我们用心智去和谐地运作它们。

项目训练

[训练目的]

认识旅客态度,掌握轨道交通客运服务人员态度的基本要求,学会良好的服务态度意识和服务行为。

[训练内容]

分十个小组进行各类旅客的态度情景剧，要突出旅客的态度类型和轨道交通客运服务人员有针对性的服务态度意识和服务行为。

[考核标准]

教师评分，评分为百分制(10分为一个等级，如100、90、80……)，填于表2-3-1中。

表 2-3-1 评分

序号	项目	权重/%	得分
1	旅客扮演是否特点突出	40	
2	轨道交通客运服务人员是否有针对性服务行为	40	
3	反响是否热烈	20	
	合计		

复习思考题

1. 轨道交通客运服务人员的态度要求有哪些？

2. 以你家乡所在的客运站为例，说说那里的客服人员需要在服务态度上做哪些改进。

内容4　轨道交通客运服务人员的人格及培养

4.1　相关知识

1. 特质理论

一种很自然的看法是把人格当作许多个别特点的组合。对一个人的描述如能确实代表此人在某种情境下的行为特点，那么它也预示在另外的场合下他将会怎样表现。这种行为的一致性和倾向性可概括为某人的人格结构，即特质，它是人格最基本的测量单元，也是行为不同于他人又相似于他人的原因。特质在刺激反应的功能变化上甚为重要，许多刺激可因某些特质的存在而在功能上等值起来，而且反应也有了一致性，即个体对不同种类的刺激以相同方式进行回答。

人格特质理论(theory of personali tytrait)起源于20世纪40年代的美国。主要代表人物是美国医学心理学家奥尔波特(G. W. Allport, 1897—1967)(图2-4-1)和卡特尔(R. B. Cattell, 1905—1998)(图2-4-2)。特质理论认为，特质(trait)是决定个体行为的基本特性，是人格的有效组成元素，也是测评人格常用的基本单位。1949年卡特尔用因素分析法提出了16种相互独立的根源特质，从而编制了"卡特尔16种人格因素调查表"(Sixteen Personality Factors Questionaire, 16PF)。

图2-4-1　奥尔波特

图2-4-2　卡特尔

卡特尔用因素分析方法将众多的人格特质分为表面特质和根源特质。表面特质是人的外显特质，它可解释外表行为，代表行为的属性和功能。根源特质共有16种人格因素，是构成人格的基本要素，是深层的、代表行为属性和功能的决定因素。16种人格因素是各自独立的，普遍地存在于各年龄和所处社会环境不同的人身上，每个人的不同行为都由这16种因素在各人身上的不同组合所决定。

中国心理学家林传鼎在 1939 年曾对中国古代从唐宋至清朝的 34 位历史人物进行了心理特质的分析。他采用的历史评估和心理测量法与当时奥尔波特的研究方法极为相似，并改制了奥尔波特心志图，如改进了特质太少、形式不完善的地方。林传鼎分析了 10 种类别下的 50 个特质，包括好奇、斗争、体格、情绪、独断、男女性、暗示性、适应性、志气大小等，结论是历史人物生活兴趣广大，各种主要活动都能顾全。

特质理论直接从人的行为特点出发探讨人格问题，从而有可能将研究对象的各种变量置于实验、测验的分析之中，摆脱了心理学中长期以来对人格研究只作描述和讲解的困境。但是在特定的研究领域里，常常由于分析材料的方式和所采用的因素分析的具体技术的差别，而使发现的人格因素有所不同，至今分歧已经十分明显。特质理论只对人格的结构进行描述，而未能对人格的动态做出具体的说明，这也是不足之处。

2. 精神分析人格理论

该理论创始人弗洛伊德把人的心理分为意识和无意识两部分。意识只占心理生活的小部分，是浅层的经验部分；无意识是深层的、更重要的部分，对人的思想和行为起主导和决定的作用。弗洛伊德认为人格是一动力组织，其能量的来源是"力比多"（即性力）。心理性欲的发展阶段也就是人格的发展阶段。任何阶段的发展阻止或停滞都会对个体的人格产生持续的后效。

人格结构有三个组成部分："本我"与生俱来，以"快乐原则"行事，属于无意识状态，但在幻想、梦、失误、精神病症状等情况中可以知其运动的真相。本我是人格的原始系统，人格其他部分由它分化而来。"自我"是人格的指挥部分，它决定本我的各种要求是否允许其满足。因此，自我是本我与外界之间的中介者，是本我与超我的调停者，它按照"现实原则"行事。"超我"是进行纠察的人格部分，代表良心或道德规范。儿童在与父母接触中，通过摄取机制将父母的人格及祖先的社会道德变成自己的东西。

弗洛伊德通过对神经症和心理动机的研究创立了人格的动力学说，对后来的人格研究有较大影响。他提出的内心冲突的作用及儿时经验对人的影响受到后人的重视，并对促进现在许多心理治疗技术的发展有一定的作用。他过分强调人格的本能和生物方面，这就首先受到他的学生和其他新精神分析论者的批评和修正。后者强调社会及文化因素的决定性影响，被称为精神分析"社会文化历史学派"。但他们指的是人的文化教养和家庭环境对人的影响，而不是人的生产关系。精神分析片面夸大无意识作用，说它支配着人的全部活动和整个社会，认为人格形成是按宿命论的心理性发展阶段进行的，把人格结构看成由原始欲望派生而来。这些都未能得到充分证实。

3. 人格学习理论

该理论认为学习是人格形成的决定因素。目前社会学习的作用在人格形成上尤其受到重视。个人和环境彼此影响，每个人的人格特点是个人和情境变量持续相互作用的结果。在生长过程中遇到的学习经验的差异就是个别差异的原因。

班杜拉等在人格的社会学习理论中还提出"示范"和"观察学习"具有重要的意义。这类学习包括观察"示范者"的行为和"示范者"所受到的强化。由于看到他人的行为被强化（奖励或惩罚）从而影响自己的行为。学习者通过意象和语言编码获得和储存了内部反应，从而形成人格。

人格学习理论没能解释各种习得行为是怎样整合的，对形成连续一致的人格没有给出一个清楚的概念。人格学习理论过分强调情境因素对行为的重要性，忽略了个人差异，也否定了人格的相对稳定性。

4.积极心理学的人格理论

积极心理学是心理学领域的一场革命，也是人类社会发展史中的一个新里程碑，是一门从积极角度研究传统心理学研究的东西的新兴科学。积极心理学作为一个研究领域的形成，以 Seligman 和 Csikzentmihalyi 的 2000 年 1 月发表的论文《积极心理学导论》为标志。它采用科学的原则和方法来研究幸福，倡导心理学的积极取向，以研究人类的积极心理品质、关注人类的健康幸福与和谐发展。积极人格特质是积极心理学得以建立的基础，因为积极心理学是以人类的自我管理、自我导向和有适应性的整体为前提理论假设的。积极心理学家认为，积极人格特质主要是通过对个体各种现实能力和潜在能力加以激发和强化，当激发和强化使某种现实能力或潜在能力变成一种习惯性的工作方式时，积极人格特质也就形成了。积极人格有助于个体采取更有效的应对策略，这方面具体研究了 24 种积极人格特质，包括自我决定性(self-determination)、乐观、成熟的防御机制、智慧等，其中引起关注较多的是自我决定性和乐观。积极心理学家认为培养这些特质的最佳方法之一就是增强个体的积极情绪体验。随着积极心理学的发展，人格特质的研究范围也会越来越广。自我决定性是指个体自己对自己的发展能做出某种合适的选择并加以坚持。

积极心理学从三个方面研究了自我决定性人格特质的形成：先天学习、创造和好奇的本性是其形成的基础；这些先天的本性还必须与一定的社会价值和外在的生活经历相结合转化为自己的内在动机和价值；心理需要得到充分满足是其形成的前提，这里包括三种基本的心理需要，即自主性、胜任和交往。

4.2　轨道交通客运服务人员的人格特点与优化

1.认识人格

人格是指一个人与社会环境相互作用表现出的一种独特的行为模式、思维模式和情绪反应的特征，也是一个人区别于他人的特征之一。在心理学中，还经常运用"个性"一词表达人格的概念。我国的《大百科全书·心理学卷》中就有人格即个性的提法。在心理学中，人格是探讨个体与个体差异的领域。

人格是各种心理特性的总和，也是各种心理特性的一个相对稳定的组织结构。人格影响着一个人的思想、情感和行为，使个体具有区别于他人的、独特的心理品质。

人格，是一个结构系统。人格结构系统主要包括气质、性格与能力等成分。能力、气质、性格等相对稳定，影响行为，通过心理过程表现。不同的成分从不同侧面反映着人格的差异。其中，气质，是体现在高级神经活动类型上的差异；性格，是体现在社会道德评价方面的差异；能力，则体现人的综合素质与自我发展的差异。

(1)气质

气质，是人的人格心理特征之一。它是指人的认识、情感、语言、行为中，心理活动发生时力量的强弱、变化的快慢和均衡程度等稳定的动力特征，即气质是心理活动表现在强度、速度、稳定性和灵活性等方面动力性质的心理特征。它主要表现在情绪体验的快慢、强弱，以及表现的隐显性及动作的灵敏或迟钝方面，因而它为人的全部心理活动表现染上了一层浓厚的色彩。气质相当于人们日常生活中所说的脾气、秉性或性情。它与日常生活中人们所说的"脾气""性格""性情"等含义相近。

1)气质的类型

①气质的体液说。古代最著名的气质学说是由古希腊著名医生和学者希波克拉底(约公元前460—377)提出的体液说。希波克拉底在古希腊医生恩培多克勒(约公元前495—435年)"四根说"的基础上,提出了气质的体液说。他认为:人体含有四种不同的液体,即血液、黏液、黄胆汁和黑胆汁。它们分别产生于心脏(血液)、脑(黏液)、肝脏(黄胆汁)和胃(黑胆汁)。希波克拉底认为,四种体液形成了人体的性质,机体的状况取决于四种液体的正确配合。在体液的混合比例中,血液占优势的人属于多血质,黏液占优势的属于黏液质,黄胆汁占优势的人属于胆汁质,黑胆汁占优势的人属于抑郁质。希波克拉底认为,每一种体液也都是由寒、热、湿、干四种性能中的两种性能混合而成。血液具有热—湿的性能,因此多血质的人温而润,好似春天一般;黏液具有寒—湿的性能,黏液质的人冷酷无情,好似冬天一般;黄胆汁具有热—干的性能,黄胆汁的人热而燥,如夏季一般;黑胆汁的人具有寒—干的性能,因此抑郁质的人如秋天一般。四种体液配合恰当时,身体便健康,否则就会出现疾病。希波克拉底的理论后来被罗马的医生盖伦所发展。

②气质的高级神经活动类型说。巴甫洛夫认为人的气质是由人的高级神经活动类型决定的。大脑皮层的基本神经过程有强度、均衡性和灵活性三种基本特性。根据这三种特性可以将个体的神经活动分为不同的神经活动类型。神经过程的强度是指神经系统兴奋与抑制的能力,兴奋与抑制能力强,其神经活动就是强型,兴奋与抑制能力弱,其神经活动就是弱型。均衡性是指兴奋与抑制能力的相对强弱。根据神经活动的均衡性,可以将强型又分为两类:如果兴奋与抑制的能力基本接近,就是平衡型;兴奋能力明显高于抑制能力,就是不平衡型。灵活性是指兴奋与抑制之间相互转换的速度。

2)气质的特性

①天赋性。天赋性是指气质在很大程度上是由遗传素质决定的。俗语说:"江山易改,禀性难移。"这个禀性指的就是气质。气质是人脑的机能,与高级神经活动的类型关系特别密切。刚出生的婴儿,有的大声啼哭,四肢动作很多;有的则安静,哭声较小。这就是气质最早、最真实的流露。实践证明,年龄越小,气质的表现越明显,气质的各种特征也越清楚。儿童的遗传素质越接近,气质的表现也越接近。

②相对稳定性。相对稳定性是指有着某种独特气质类型的人,常在不同的场合、不同的活动中,表现出同样性质的动力特点。例如,一个容易激动的学生,听课时会沉不住气,会迫不及待地抢答问题;争论时易情绪激动;等人时会坐立不安。而一个沉着稳定的学生,在不同的场合下,都会表现出不紧不慢、安详沉静的特点。

③可变性。可变性是指在相对稳定性的基础上,人的气质还是可以改变的。实践证明,遗传对气质的影响有随人的年龄增长而减弱的趋势,而环境对气质的影响有随着年龄增长而增强的趋势。因此,气质是具有可塑性的。气质的生理基础是人的高级神经活动类型,而大脑两半球具有接受训练的巨大可能性,这就是可以改变的意思,尽管这种改变是缓慢的。气质是人格的比较稳定的方面,但在一定程度上受社会生活的制约。个体会在早期教育、学校教育和社会实践中对气质进行自我调节和改变,只是这种改变较为缓慢、困难。

3)四种气质类型人的特征

①多血质。

神经特点：感受性低；耐受性高；不随意反应性强；具有可塑性；情绪兴奋性高；反应速度快而灵活。

心理特点：活泼好动，善于交际；思维敏捷；容易接受新鲜事物；情绪和情感容易产生也容易变化和消失，同时容易外露；体验不深刻。

典型表现：多血质又称活泼型，敏捷好动，善于交际，在新的环境里不会感到拘束。在工作、学习上富有精力而且效率高，表现出机敏的工作能力，善于适应环境变化。在集体中精神愉快，朝气蓬勃，愿意从事合乎实际的事业，会对事业心向神往，能迅速地把握新事物，在有充分自制能力和纪律性的情况下，会表现出巨大的积极性。兴趣广泛，但情感易变，如果事业上不顺利，热情可能消失，其速度与投身事业一样迅速。从事多样化的工作往往成绩卓越。

适合职业：导游、推销员、节目主持人、演讲者、外事接待人员、演员、市场调查员、监督员等。

②胆汁质。

神经特点：感受性低；耐受性高；不随意反应性强；外倾性明显；情绪兴奋性高；控制力弱；反应速度快但不灵活。

心理特点：坦率热情；精力旺盛，容易冲动；脾气暴躁；思维敏捷，但准确性差；情感外露，但持续时间不长。

典型表现：胆汁质又称不可遏止型或战斗型。具有强烈的兴奋过程和比较弱的抑郁过程，情绪易激动，反应迅速，行动敏捷，暴躁而有力；在语言上、表情上、姿态上都有一种强烈而迅速的情感表现；在克服困难上有不可遏止和坚忍不拔的劲头，但不善于考虑；性急，情感易爆发而不能自制。这种人的工作特点带有明显的周期性，埋头于事业，也准备去克服通向目标的重重困难和障碍。但是当精力耗尽时，易失去信心。

适合职业：管理工作、外交工作、驾驶员、服装纺织业、餐饮服务业、医生、律师、运动员、冒险家、新闻记者、演员、军人、公安干警等。

③黏液质。

神经特点：感受性低；耐受性高；不随意反应性低；外部表现少；情绪具有稳定性；反应速度快但不灵活。

心理特点：稳重，考虑问题全面；安静，沉默，善于克制自己；善于忍耐；情绪不易外露；注意力稳定而不容易转移，外部动作少而缓慢。

典型表现：这种人又称为安静型，在生活中是一个坚定而稳健的辛勤工作者。由于这种人具有与兴奋过程相均衡的强的抑制，所以行动缓慢而沉着，严格恪守既定的生活秩序和工作制度，不会为无谓的诱因而分心。黏液质的人态度持重，交际适度，不做空泛的清谈，情感上不易激动，不易发脾气，也不易流露情感，能自制，也不常常显露自己的才能。这种人能长时间坚持不懈、有条不紊地从事自己的工作。其不足之处在于不够灵活，不善于转移自己的注意力。惰性使他因循守旧，固定性有余，而灵活性不足。具有从容不迫和严肃认真的品德，性格上表现出一贯性和确定性。

适合职业：外科医生、法官、管理人员、出纳员、会计、播音员、话务员、调解员、教师、人力人事管理主管等。

④抑郁质。

神经特点：感受性高；耐受性低；随意反应性低；情绪兴奋性高；反应速度慢，刻板固执。

心理特点：沉静、对问题感受和体验深刻、持久；情绪不容易表露；反应迟缓但深刻；准确性高。

典型表现：有较强的感受能力，易动感情；情绪体验的方式较少，但是体验时持久且有力，能观察到别人不易察觉的细节；对外部环境变化敏感，内心体验深刻，外表行为非常迟缓、忸怩、怯弱、怀疑、孤僻、优柔寡断，容易恐惧。

适合职业：校对、打字、排版、检察员、雕刻工作、刺绣工作、保管员、机要秘书、艺术工作者、哲学家、科学家。

在实际生活中，典型的某种气质类型的人并不多，多数人都是混合型气质，且以两种气质混合的居多，三中气质混合的人并不多。多血质和胆汁质的气质类型易形成外向性格；黏液质和抑郁质的气质类型的人一般较文静和内向。

> 　　苏联心理学家达威多娃做过一项实验，有四个人去戏院看戏，都迟到了 15 分钟，工作人员分别拦住他们："先生，对不起，您已经迟到 15 分钟，为了不影响他人，您不能进入。"
>
> 　　第一个人："为什么不让我进？你知道我为什么迟到吗？刚才有个老大娘摔倒了，我为了扶她才来晚，我是做好事，怎么能不让我进？"——"好好好，进去吧。"这种胆汁质的人精力充沛、情绪发生快而强、言语动作急速而难于自制、热情、显得直爽而大胆、易怒、急躁。
>
> 　　第二个人："听你的口音，你是南阳人吧？我老婆也是，咱半个老乡。"——"快进去吧。"多血质的人活泼好动、敏感、情绪发生快而多变、注意力和兴趣容易转移，思维动作言语敏捷、亲切、善于交往，但也往往表现出轻率、不真挚。
>
> 　　第三个人：不让进就站在旁边等，不走。第一个人进去了，他为什么能进？——他做了好事。第二个人，又是什么原因？——算了，算了，你也进去吧。这种人属于黏液质，安静、沉稳、情绪发生慢而弱、言语动作和思维比较迟缓，显得庄重、坚韧，但也往往表现出执拗、淡漠。
>
> 　　第四个人：呀！我确实迟到了，不好意思，离开。这是典型的抑郁质，柔弱易倦、刻板认真、情绪发生慢而强、体验深沉，言行迟缓无力、胆小忸怩、善于觉察别人不易觉察的细小事物，容易变得孤僻。
>
> 　　个性当中，哪种气质类型好呢？许多人选择了多血质。其实，四种气质都有优点，各有各的特点。所有的气质都是天生的，是人的天分之一。要尊重天分，合理运用，这才是关键。
>
> 　　多血质的人适合搞外交、推销、公关。他卖东西，人际关系广泛，比谁业绩都好；胆汁质的人适合当军人，从事侵略性的工作。被称为"战争之神"的巴顿将军就属于典型的胆汁质。他的口号就是"攻击、攻击、不停地攻击"，别人都办不到，他却战无不胜；黏液质的人适合做仓管、门卫、办公室秘书、会计等，他们不浮躁，善于保守秘密、有耐

心，精通细致的工作；抑郁质的人往往能做发明家、科学家、艺术家，他们比较敏感，别人还没感觉到的时候，他们会先有感觉。他们对现实要求高，改变现实的欲望强，善于寻找事物的规律性。每一个人都有其自身的气质，要悦纳自我，赏识他人，寻找优势。

(2)性格

性格是个人对现实的稳定的态度和习惯化了的行为方式。性格贯穿在一个人的全部活动中，是构成人格的核心部分。

1)性格的特征

①性格的态度特征。性格的态度特征是指个体在对现实生活各个方面的态度中表现出来的一般特征。

②性格的理智特征。性格的理智特征是指个体在认知活动中表现出来的心理特征。在感知方面，能按照一定的目的任务主动地观察，属于主动观察型，有的则明显地受环境刺激的影响，属于被动观察型；有的倾向于观察对象的细节，属于分析型，有的倾向于观察对象的整体和轮廓，属于综合型；有的倾向于快速感知，属于快速感知型，有的倾向于精确地感知，属于精确感知型。想象方面，有主动想象和被动想象之分，有广泛想象与狭隘想象之分。在记忆方面，有主动与被动之分，有善于形象记忆与善于抽象记忆之分等。在思维方面，也有主动与被动之分，有独立思考与依赖他人之分，有深刻与浮浅之分等。

③性格情绪特征。性格的情绪特征是指个体在情绪表现方面的心理特征。在情绪的强度方面，有的情绪强烈，不易于控制；有的则情绪微弱，易于控制。在情绪的稳定性方面，有人情绪波动性大，情绪变化大；有人则情绪稳定，心平气和。在情绪的持久性方面，有的人情绪持续时间长，对工作学习的影响大；有的人则情绪持续时间短，对工作学习的影响小。在主导心境方面，有的人经常情绪饱满，处于愉快的情绪状态；有的人则经常郁郁寡欢。

④性格的意志特征。性格的意志特征是指个体在调节自己的心理活动时表现出的心理特征。自觉性、坚定性、果断性、自制力等是主要的意志特征。自觉性是指在行动之前有明确的目的，事先确定了行动的步骤、方法，并且在行动的过程中能克服困难，始终如一地执行。与之相反的是盲从或独断专行。坚定性是指能采取一定的方法克服困难，以实现自己的目标。与坚定性相反的是执拗性和动摇性，前者不会采取有效的方法，一味我行我素；后者则会轻易改变或放弃自己的计划。果断性是指善于在复杂的情境中辨别是非，迅速做出正确的决定。与果断性相反的是优柔寡断或武断、冒失。自制力是指善于控制自己的行为和情绪。与自制力相反的是任性。

2)性格的分类

①根据知、情、意分类。根据知、情、意三者在性格中所占的优势，把人们的性格划分为理智型、情绪型和意志型。理智型的人，通常以理智来评价、支配和控制自己的行动；情绪型的人，往往不善于思考，其言行举止易受情绪左右；意志型的人一般表现为行动目标明确，主动积极。

②根据人的心理活动倾向分类。根据人的心理活动倾向于外部还是内部，把人们的性格分为外向型和内向型。

③根据个体独立性程度分类。根据个体独立性程度，把人们的性格划分为独立型和顺从型。独立型的人善于独立思考，不易受外来因素的干扰，能够独立地发现问题和解决问题；

顺从型的人,易受外来因素的干扰,常不加分析地接受他人意见,应变能力较差。

④根据人的社会生活方式以及由此而形成的价值观分类。根据人的社会生活方式以及由此而形成的价值观,把人们的性格类型分为理论型、经济型、审美型、社会型、权力型和宗教型。

⑤根据人际关系分类。根据人际关系,把人们的性格划分为 A、B、C、D、E 五种。

A 型性格情绪稳定,社会适应性及向性均衡,但智力表现一般,主观能动性一般,交际能力较弱。

B 型性格具有外向性的特点,情绪不稳定,社会适应性较差,遇事急躁,人际关系不融洽。

C 型性格具有内向性特点,情绪稳定,社会适应性良好,但在一般情况下表现被动。

D 型性格具有外向性特点,社会适应性良好或一般,人际关系较好,有组织能力。

E 型性格具有内向性特点,情绪不稳定,社会适应性较差或一般,不善交际,但往往善于独立思考,有钻研性。此外,也有按人们的体型、血型对性格进行分类。

很久以前有三兄弟想要预知自己的命运,他们便一同前去拜访智者,智者听后道:"在遥远的天兰大国寺中,放着颗价值连城的夜明珠,若让你们去取,你们会如何做呢?"

大哥首先说:"我生性淡泊,夜明珠在我眼里只不过是一颗普通的珠子,所以我不会前往。"

二弟挺着胸脯说:"不管有多大的艰难险阻,我一定把夜明珠取回来。"

三弟则愁眉苦脸地说:"去天兰国路途遥远,诸多风险,恐怕还没取到夜明珠,人就没命了。"

听完他们的回答,智者微笑着说:"你们的命运很明晓了。大哥生性淡泊,不求名利,将来自难以荣华富贵。但也正由于自己的淡泊,他会在无形中得到许多人的帮助和照顾。二弟性格坚定果断,意志刚强,不惧困难,预卜你的命运前途无量,也许会成大器。三弟性格懦弱胆怯,遇事犹豫不决,恐怕你命中注定难成大事。"

启示:的确,人的性格在很大程度上影响着人的成长。印度古谚云:"播种行为,收获习惯;播种习惯,收获性格;播种性格,收获命运。"我国古人也曾说过:"积行成习,积习成性,积性成命。"这些都说明了性格的重要。不同的性格决定了不同的命运。

（3）能力

能力是直接影响人的活动效率,使活动任务顺利完成的个性心理特征。能力,就是指顺利完成某一活动所必需的主观条件。能力是直接影响活动效率,并使活动顺利完成的个性心理特征。能力总是和人完成一定的活动相联系在一起的。离开了具体活动既不能表现人的能力,也不能发展人的能力。但是,我们不能认为凡是与活动有关的,并在活动中表现出来的所有心理特征都是能力。只有那些完成活动所必需的直接影响活动效率的,并能使活动能顺利进行的心理特征,才是能力。例如,人的体力、知识,以及人是否暴躁、活泼等,虽然对活动有一定影响,但不是顺利完成某种活动最直接最基本的心理特征,因此,不能称之为能力。

1）能力的分类

①一般能力和特殊能力。一般能力是指观察、记忆、思维、想象等能力,通常也叫智力。

它是人们完成任何活动都不可缺少的，是能力中最主要有最一般的部分。特殊能力是指人们从事特殊职业或专业需要的能力。例如音乐中所需要的听觉表象能力，人们从事任何一项专业性活动既需要一般能力，也需要特殊能力。二者的发展也是相互促进的。

②流体能力和晶体能力。流体能力是指在信息加工过程和问题解决过程中所体现出来的能力。它较少受学习和环境的影响，主要取决于个人的先天禀赋。晶体智能则是指获得数学、语文等知识的能力，取决于后天的学习。

③模仿能力和创造能力。模仿能力指通过观察别人的行为、活动来学习各种知识，然后以相同的方式做出反应的能力。而创造能力则是指产生新思想和新产品的能力。

能力与大脑的机能有关，它主要侧重于实践活动中的表现，即顺利地完成一定活动所具备的稳定的个性心理特征；能力是运用智力、知识、技能的过程中，经过反复训练而获得的。能力是人依靠自我的智力和知识、技能等去认识和改造世界所表现出来的心身能量。各种能力的有机结合，起质的变化的能力称为才能。才能的高度发展，创造性地完成任务的能力称为天才。

2)因素制约

①素质。素质是有机体与生俱来的某些解剖生理特点，素质是人的能力发展的自然前提，没有这个前提，就不能发展相应的能力。

②环境和教育。包括早期经验和学校教育的作用。环境和教育在一定条件下决定一个人能力的发展。

③实践活动。人的各种能力是在社会实践活动中最终形成起来的。

④个体的主观能动性。在具备了基本素质和良好的外部条件后，要成才还需要个人的主观努力。

这些能力很重要，你具备吗？

这些能力很重要，却是多数人不具备的。

第一个是用语言准确表达想法的能力。有人说这不就是张嘴说话吗？只要不是哑巴都有这个能力。然而要想准确、顺畅地与人进行语言沟通并非易事，它要求说话者不仅要有缜密的逻辑思维能力，还要有较强的口头语言组织能力，能说、会说、敢说。准确表达自己想法的能力会给人留下深刻的印象，助你建立人际关系，但多数人都缺乏这项技能。

第二个是独处的能力。人生许多时候都是孤独的，独处时，你选择一些有趣的游戏以打发时间，还是读一本好书涵养心灵？是习惯懊悔昨日之非，还是喜欢畅想明日之美？无论怎样，只要你在一个人的时候也能活得充实而快乐，那么你就已经获得了这一能力。

第三个是挣脱羊群效应的能力。一群羊面前放着一个栅栏，领头羊跳过去后，后面的羊也跟着一只只跳过去，但当栅栏突然被移开，后面的羊还是继续跳过去，好像栅栏还在一样，这就是"羊群效应"。生活中，无论是对知识的汲取还是别的方面，许多人都习惯了盲目接受，人云亦云，不会质疑，更不敢推翻所谓的权威。人类的智慧比羊不知高出多少倍，但可悲的是，"羊群效应"在很多人身上根深蒂固。

第四个是快速恢复的能力。从一败涂地的创业中站起来，把失败的教训化成下一次崛起的动力；从失恋的阴影中走出来，向昔日的恋人道一声祝福，然后开始一段新的情感旅程。生活中，不如意事常八九，如果你学会了自我疗伤，快速恢复，那么，即使你没有得到常人眼里的成功，但也已经是一个真正的强者了。

第五个是学会放手的能力。也许，你对世界充满了爱，可是有些东西并不属于你，你再怎么努力也得不到。这时，你要懂得转换自己的目标，改变计划，"山重水复疑无路，柳暗花明又一村"。学会放手是对自己的善待，也是一个人走向成熟的标志。

第六个是讲故事的能力。你是否意识到，在过去的数十年间，你曾遇到过无数人，而他们之中的大多数你已经完全忘了，但你一定会记得那些会讲故事的人。因此，你也不妨学会讲一个好故事，与身边人分享，那样，即使时隔多年以后，人们还会记得你。

第七个是"与众不同"的能力。"三百六十行，行行出状元。"你需要找到某一个感兴趣的领域，在那里，你做得比别人都要好，成为状元，即使那个领域并不是热门。因为这是在茫茫人海中，让别人很快看到你、记住你、找到你最好的招牌，也是你收获快乐、实现人生价值最好的途径。

第八个是自律的能力。自律指的是让你的想法决定你的行为，而不是以你的情绪。即使最初的热情退去，你仍然继续完成一个想法或者项目；即使你非常想躺在舒适的床上再睡一会儿，但还是立即起身去开始一天的工作；即使面对诱惑，你依然能够坚定地说"不"。那么，你就已经拥有了自律的能力，而它是实现任何梦想的前提。

2. 人格的特点与客运服务工作

人格只影响一个人智力活动的方式，并不能决定人们智力发展的水平，也不能决定一个人活动的社会价值和成就的高低，因为，在同一领域做出杰出成就的人，有各种人格的代表。人格不同的人都可以成为高尚的人，都可以成为某一领域人才的杰出代表。轨道交通客运服务人员的不同人格深刻地影响着工作的方方面面。不同气质类型的人对待同一事情的态度和处理方式是不相同的。

（1）依据人格特点，合理安排工作

气质本身没有好坏之分，不影响一个人的成败，但是气质影响人的工作方式和工作效率。例如，四种气质类型中的胆汁型和多血汁型的人，他们的反应速度较快、稳定性较差，因此，更适合于要求迅速、灵活反应的工作；而黏液质和抑郁质的人气质上具有更大的忍耐性和敏感性，因而更适合于要求细致而持久的工作。所以在人员招聘、人事安排上，可以根据工作的特点，在职位说明书中加入关于该工作人员气质的要求，选择在气质上与工作更加协调、匹配的员工，使二者相互适应。这样，员工对职业的满意度会大大加强，同时工作效率也会大大提高。

（2）培养适合工作要求的人格

人格并非一成不变的，人格既是稳定的又是可塑的，既有先天成分，也有后天成分。人格是可以通过后天的培养而有所改变的。因此，在适应轨道交通客运服务方面，比如，站务人员、乘务员等，可以引导他们改变原有的某些人格，培养更加适合工作的人格特点。同时，还可以结合工作特点，分析适合工作要求的人格，让员工在工作中改变与工作不适应的人格，更好地适应工作要求。

（3）人员配置要考虑人格的相辅性和互补性

在现代社会中，越来越多的工作需要采用团队操作，人格的相辅性和互补性有利于提高团队的工作效率。这首先是因为在一个团队中存在不同的分工，群体中每个成员的工作职能不同，对于人格也存在不同的要求。其次，有的工作往往需要几种不同类型的人协同完成才能取得高效率，这就需要在配备人员的时候适当考虑人格类型的相辅性和互补性。在一个团队中，应按照个人的人格特征相互适应的原则进行人事编排，使不同人格的成员相互合作，以求彼此人格达成互补，这将有利于工作任务的完成和工作效率的提高。人员配置注意人格的相辅性和互补性，还有利于协调群体的人际关系、和谐群体的社会心理气氛。例如，多血汁和胆汁质的人，热情主动，善于与人交往，因而易于与人建立友好的人际关系；而黏液质和抑郁质的人，内向、拘谨，在人际关系中处于被动地位。因此，在团队成员进行组合时，应该考虑气质特征对人际关系的影响，以使团队内的人际关系更加协调。

（4）根据人格的差异，灵活运用管理方法

每个人的人格都有其积极的一面，也有消极的一面。轨道交通客运服务管理者在看到某种人格积极面的同时，必须正视其消极的一面；同样地，在看到其消极面的时候，也不能抹杀了其积极的一面。正确的方法，是利用每个员工人格中积极的因素，控制其消极的影响，做到扬长避短。

同一个人在不同的条件下，不可能时时事事都保持着同样的成绩。一个人的工作成绩和主观心理环境有着密切的关系。一般在感兴趣、心境好的时候，可能会取得最大的成就，而在相反的主观心理环境下就可能一事无成。所以，先进的不可能事事总是先进。这就要求轨道交通客运服务管理人员，对服务人员特别是平时表现突出的服务人员在工作中出现的失误，不能过多责备，要注意服务人员的主观心理状况，唯物辩证地看待一个人。

根据员工气质的差异，采用不同的方法措施，做员工的思想工作，才能收到好的效果。例如，胆汁质的人容易冲动、好挑衅，做思想工作时要讲求方法，不能直来直去，要注重说理，批评要严肃；多血质的人表现为粗心大意、注意力不集中，对于这类人批评要尖锐一些，因为这类人比较开朗、可塑性强，易于接受批评；黏液质的人比较固执、不易改变，做这类人的思想工作要耐心细致、反复说服，使其逐步改变；抑郁质的人感情脆弱多疑，对于这类人要多鼓励、少批评，多侧面引导，少正面指正。

3. 轨道交通客运服务人员的人格培养

（1）良好人格的总要求

1）气质要求

①感受性、灵敏性不宜过高。感受性，是指个体对外界刺激达到一定强度时引起的反应。灵敏性，是指个体心理反应的速度和动作的敏捷程度。客运服务的过程中有各种各样不同层次、不同背景的旅客，在服务过程中随时会发生各种各样的情况，如果轨道交通客运服务人员的感受性过高，势必会造成精力分散，注意力不集中，影响正常工作；但是如果轨道交通客运服务人员的感受性太低，也会怠慢旅客，引起旅客的不满。因此，为了能够在热情饱满的最佳状态下进行服务工作，轨道交通客运服务人员必须随时调节感受性和灵敏性，做好各种不同旅客的服务工作。

②忍耐性和情绪兴奋性不能太低，可塑性强。忍耐性，是指个体遇到各种刺激和压力时的心理承受力。情绪兴奋性，是指个体遇到高兴和扫兴时，是否能够控制自己的情绪。在乘

务工作中，轨道交通客运服务人员面对不同的旅客，会遇到各种各样的特殊事件。如列车延误时要面对旅客尖刻的语言；在服务中，会遇到百般挑剔的旅客，甚至无理取闹的旅客。如何承受这些压力、处理好这些矛盾，做好服务工作，这对轨道交通客运服务人员来说是一个极其重要的考验，也是体现轨道交通客运服务人员素质高低的关键。

2）性格要求

轨道交通客运服务人员由于服务工作的需要，随时要与不同性格、不同层次的旅客打交道，所以必须具备宽容、自信、诚实、谦虚、热情、耐心等良好的性格特征，同时还要具备乐观外向、勇于负责、勇敢冒险和创新、自立、当机立断等性格品质。具体来说有以下几点：

①自信。自信，就是自己相信自己、深信自己有能力去完成自己所负担的各种任务。轨道交通客运服务人员的自信，主要表现在对工作的积极性和主动性上。一个自信的轨道交通客运服务人员不仅会具有较高的工作热情，而且也会产生战胜困难的巨大勇气。缺乏自信是一个人性格软弱的表现，不仅会遇事缩手缩脚、犹豫不决，而且会影响工作的开展和效率，还会因此产生严重的自卑而丧失进取的勇气。

当然，自信是有分寸的，它与自负是有区别的。自信，反映的是人们在自己所从事的各项活动中有着充分的智慧，有着旺盛的精力，是一种进取的人生态度。自负，是一种骄傲自大，是对自己的不恰当的过高估计。自负的人常常表现为盛气凌人、不屑一顾。自信和自负是两种截然相反的性格。轨道交通客运服务人员在工作中应该做到自信心不可缺，自负心不应有。

②诚实。轨道交通客运服务人员诚实的人格应该体现在两个方面：一是对人讲真话，忠诚老实，不弄虚作假，不阳奉阴违；二是要诚实地对待自己，如实地反映自己的优缺点，恰当地评价自己。

③谦虚。谦虚，是众所公认的一种美德，是一种良好的人格品质。轨道交通客运服务人员是否具有谦虚的品质，对工作的开展有着重要的影响。陈毅同志在谈到谦虚的问题时，曾在一首诗中写道："九牛一毫莫自夸，骄傲自满必翻车，历览古今多少事，成由谦逊败由奢。"轨道交通客运服务人员只有谦虚，才能做到尊重他人。

④宽容。所谓宽容，就是能够容忍，有气量，不过分计较和追究，能够谅解他人。轨道交通客运服务人员的宽容应该做到：一是能够以大局为重，不计较个人得失，在非原则问题上能够忍让；二是团结和自己意见不同甚至相反的人一道共事，保持良好的人际关系；三是不嫉贤妒能，在工作中对待那些比自己有才干的人应该取人之长，补己之短，绝不能心胸狭窄。

此外，宽容还应该体现在对旅客的态度方面。一个优秀的轨道交通客运服务人员一定是一个可以包容旅客"过失"的人。这是因为轨道交通客运服务人员和旅客的关系是一种特殊的人际关系。从"旅客"这个特殊的身份来看，他们的言行只需向法律、法规负责，而轨道交通客运服务人员除必须对法律、法规负责外，还要向公司条规、职业道德、社会公德，甚至旅客的感受负责任。因此，这种人际关系没有"公平"可言。旅客作为相对的"自由人"，可以在法律、规章允许的范围内，在自己的道德认知水平上提出自己的需求，宣泄个人的情绪。这些需求和情绪完全可能超出普通人的心理承受范围，给别人带来伤害，而作为轨道交通客运服务人员却必须能够包容这些一般人难以理解的言行，要具有超过普通人对伤害的接受度。

宽容心是作为轨道交通客运服务人员的职业需要，同时，也是轨道交通客运服务人员自我保护的需要。宽容不是简单的忍受，而是理解、同情、练达、包涵，是因大而容，又因容而大。从事轨道交通客运服务工作，遭受旅客带来的"不公"是避免不了的事。轨道交通客运服务人员必须包容这些"不公"，并将其化为顺理成章的理由，才能被自己所真正接受，才不会给自己的身心造成伤害，才可以始终如一地坚持对这份工作的理解和热爱。宽容心不仅可以化解轨道交通客运服务人员与旅客之间的不快，还能化解轨道交通客运服务人员在工作和生活中的负面情绪，使之保持阳光心态，在任何时候都能快乐而积极地为旅客服务。

⑤幽默。幽默，是一个人智慧、学识风趣的综合表现，是一种积极乐观的人生态度。它反映了一个人在待人接物中内在的精神的自由。幽默是一种善意的微笑。这种微笑是一种高雅的会意过程，可以使人达到一种高层次的审美境界。轨道交通客运服务人员应该培养这种个性品质。这不仅是因为幽默体现着一个人的处世哲学和机智、聪敏，而且因为幽默具有强大的感染力，能够创造出轻松愉快的环境氛围，能够成为人际交往的润滑剂。

⑥自制力。自制力是一个人自觉地调节和控制自己的行为的品质。自制力强的人，能够理智地对待周围发生的事件，有意识地控制自己的思想感情，约束自己的行为，成为驾驭现实的主人。

一个人在事业上的成功需要有坚强的自制力品质。一个人在集中精力完成某项特殊任务时，在自制力的作用下，能排除干扰，抑制那些不必要的活动。自制力强的轨道交通客运服务人员，能理智地控制自己的欲望。分别以轻重缓急去满足那些社会要求和个人身心发展所需的欲望，对不正当的欲望坚决予以摈弃。自制力强的轨道交通客运服务人员，处在危险和紧张状态时，不轻易为激情和冲动所支配，不意气用事，能够保持镇定，克制内心的恐惧和紧张，做到临危不惧，忙而不乱。

⑦责任心。在轨道交通客运服务中，轨道交通客运服务人员的行为总是对旅客产生直接或间接的影响，因而轨道交通客运服务人员的行为必须对旅客负责，必须充满爱心和责任感。如果轨道交通客运服务人员不负责任，轨道交通客运服务质量可想而知。责任心使轨道交通客运服务人员能自觉、主动、积极地尽职尽责。当轨道交通客运服务人员完满地尽到自己的责任时，会产生满意、愉快的情感，反之，会深感不安和内疚，可以说，有了责任心，轨道交通客运服务人员的价值才会得到充分、合理的体现。

3）能力要求

作为一名轨道交通客运服务人员，能力的高低决定了服务水平的高低、服务质量的好坏，所以要为旅客提供高质量的服务，就必须注意自己能力的培养。

①较强的观察力和准确的判断力。因为旅客的职业、身份不同，服务需求不同，轨道交通客运服务人员应该运用敏锐的观察力，在与旅客短暂的交往中，通过旅客的着装、表情、言谈举止，判断旅客的不同需求，从而在服务工作中能够有针对性地做好服务工作，使旅客满意。

②出色的表现能力和表达能力。轨道交通客运服务人员与旅客的交往是短暂的，不可能指望"日久见人心"。因此，轨道交通客运服务人员想在初次与人接触中给旅客留下良好的印象，就必须具有出色的表现能力，把自己对旅客的关心、体贴通过自己的语言、行动和表情表现出来。而在表现中，完整、准确、恰当的表达是至关重要的。轨道交通客运服务人员的表达能力强会产生吸引旅客、打动旅客、说服旅客的特殊作用。

③较强的感染力。轨道交通客运服务人员要想在服务的初始阶段就能在旅客心中留下一

个良好的印象,就必须在情绪上、精神上时刻保持乐观的状态,给每一位旅客创造一个轻松、愉快的氛围,用这种乐观的情绪感染每位旅客,使旅客对此留下深刻的印象。

④较强的组织能力和分析、解决问题的能力。组织能力,是指轨道交通客运服务人员有计划、有步骤地安排服务工作,使之达到旅客满意的一种实际工作能力。在服务中,掌握工作程序和应对旅客可能出现的一些问题,这本身就是组织能力的具体体现。而分析、解决问题的能力,是指轨道交通客运服务人员在对旅客的服务中,在碰到各种意想不到的问题时,分析和解决这些问题的一种综合能力。

(2)良好人格的培养方法

服务,在本质上是一种人际交往关系。这种关系由服务者、被服务者和服务环境三个元素组成。其中,服务者是影响服务质量的最主动、最积极的因素,其能力和素质的高低对服务水平具有决定作用。具有良好人格的服务者可以在服务过程中营造出令人愉快的氛围,使服务三元素间的关系达到和谐统一。这种和谐统一的美,就是优质服务。优质服务需要具有优秀个人素质和能力的服务人员,而素质是一个人人格、文化素养等相关因素的综合反映。其中,人格是决定个人素质的关键因素。轨道交通客运服务人员良好人格的培养,是企业文化建设中不可忽视的一部分,如何培养轨道交通客运服务人员良好的人格呢?

1)加强文化修养

多看书、多思考,读书是最基本的,读书可不断丰富自己,提高文化素养。

2)加强心理素质培养

①培养积极的人生态度。积极的人生态度是人进取的原动力。它可以使轨道交通客运服务人员增强战胜困难、挫折的信心和勇气,使轨道交通客运服务人员能够面对微笑地去工作、去生活,从而更深刻地体验生活之美、人生之美,塑造出乐观、开朗的人格品质。

②培养乐观的心境。心境,是一种比较微弱而持久的、影响人的整个精神活动的情绪状态,是一种非定向的弥散性的情绪体验。人生不如意之事十有八九,如意之事仅有一二,在工作、生活中,轨道交通客运服务人员要善于从如意的一二中寻找生活的乐趣,一分为二地思维、辩证地看待得失、祸福,经常保持一颗平常心。

　　　积极心理学的发起人马丁·塞利格曼教授认为乐观是一种解释风格,不是先天的人格特质,而是后天习得的。

　　　每个人在面临挫折或失败时,都会寻找原因,有的人习惯性地正向思考问题,有的人则悲观负向,有的人将问题归结于外部力量,有的归咎于自己。"乐观解释风格"的人,会把失败解释成暂时性的,如"我这次没做好,并不是每次都做得不好""我只是这件事没做好,但在其他方面还是挺优秀的"。乐观解释风格的人会认为失败和挫折只限于此时此地。

　　　"悲观解释风格"的人呢?在遇到不愉快的事情时,会认为:"这是我的错""我就是一个很糟糕的人""我很笨,我做什么都不行"。

　　　乐观的解释问题是不是一种无知的盲目乐观呢?当然不是,具备乐观解释风格的人,更乐意把自己的一些过错看成是自己努力不够。他们会努力改变现状,争取做得更好,而不会在负性情绪和事情中陷得太深、陷得太久。

　　　　而悲观解释风格的人会把失败和挫折归咎于长期的或内部的因素,归咎于自己,会把这种不好的感受内化甚至泛化,于是就给自己贴上了一个消极的标签。所以悲观解释风格的人更容易压抑,常常会深陷消极情绪中难以自拔。

　　　　积极心理学的研究发现,解释风格是后天形成的,"悲观解释风格"也可以向"乐观解释风格"转变,乐观是一种能力,这种能力是可以通过学习获得的。

　　③培养良好的心态。

　　培养积极的心态要求在生活中学会积极思考。积极思考是一种主观的选择。它使我们在面临恶劣情形时仍然能够寻求最好的、最有利的结果。

　　3)加强职业道德修养

　　①培养轨道交通客运服务人员的责任心。责任心,是指一个人能够自觉地把分内的事情做好。轨道交通客运服务工作灵活性较强的特点,决定了优秀的轨道交通客运服务有赖于服务人员强烈的责任心。可以说,责任心是一名优秀轨道交通客运服务人员应该具备的最基本的条件。

　　②培养轨道交通客运服务人员的爱心。轨道交通客运服务人员的爱心,其一,体现在对服务工作本身的热爱。对服务工作本身的热爱,是轨道交通客运服务人员搞好优质服务的原动力。其二,体现在对旅客的友善。一个优秀的轨道交通客运服务人员,应该是一个与人为善、充满爱心的人,以爱心为基础的服务才是真诚的服务。其三,体现在对同事的体贴。服务工作需要轨道交通客运服务人员相互配合,没有良好的合作就不可能有完美的服务。

　　③培养轨道交通客运服务人员的耐心。耐心,是轨道交通客运服务人员在工作中化解矛盾的一种重要素质,也是使轨道交通客运服务人员把"职业要求"转化成为"职业素质"的一种力量。只有耐得住辛苦、委屈、压抑、枯燥和诱惑的人,才能最终坚持到成功。

　　4)在实践中锻炼

　　①给自己树立榜样、自觉学习,并积极参加社会实践,在工作中检验自己。在我们的周围有许多具有良好个性修养的人,应该善于吸取他们的长处。轨道交通客运服务人员还可以广泛阅读名人传记、看电影、小说,利用这种潜移默化的方式来不断加强人格品质的修养。

　　②善于解剖自己、认清优缺点,正视自己的人格缺陷。轨道交通客运服务人员必须了解自己的人格,了解自己的气质、性格类型,认识自己人格的优缺点。这样才能做到心中有数,有针对性地培养优良的人格品质,克服不良人格的影响。同时,对于自己人格中那些不适应工作需要的缺点应该加以改正,不能够听之任之,更不能有意放任自己的不良人格。

　　5)培养良好习惯

　　改变行为模式,培养好习惯是轨道交通客运服务人员良好的人格最为直接的路线。习惯是一种长期形成的思维方式、处事态度,习惯是由一再重复的思想行为形成的。培养良好的习惯需要有解剖自己的勇气、有社会适应的观念、有坚持不懈的精神。轨道交通客运服务人员良好的人格培养是一个较长期的过程,养成好习惯,苦练基本功,加强业务知识的学习,坚持不懈,必有喜人的收获(图2-4-3)。

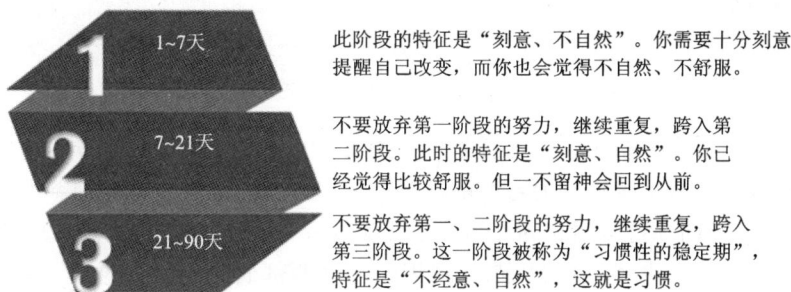

此阶段的特征是"刻意、不自然"。 你需要十分刻意提醒自己改变，而你也会觉得不自然、不舒服。

不要放弃第一阶段的努力，继续重复，跨入第二阶段。此时的特征是"刻意、自然"。你已经觉得比较舒服。但一不留神会回到从前。

不要放弃第一、二阶段的努力，继续重复，跨入第三阶段。这一阶段被称为"习惯性的稳定期"，特征是"不经意、自然"，这就是习惯。

图 2-4-3 培养良好习惯

人格是最高的学位（节选）

白岩松

很多很多年前，有一位学大提琴的年轻人去向 20 世纪伟大的大提琴家卡萨尔斯讨教：我怎样才能成为一名优秀的大提琴家？卡萨尔斯面对雄心勃勃的年轻人，意味深长地回答："先成为优秀而大写的人，然后成为一名优秀和大写的音乐人，再然后就会成为一名优秀的大提琴家。"听到这个故事的时候，我还年少，老人回答时所透露出的含义我还理解不多，然而随着采访中接触的人越来越多，这个回答就在我脑海中越印越深。在采访北大教授季羡林的时候，我听到一个关于他的真实故事。有一个秋天，北大新学期开始了，一个外地来的学子背着大包小包走进了校园，实在太累了，就把包放在路边，这时正好一位老人走来，年轻学子就拜托老人替自己看一下包。而自己则轻装去办理手续，老人爽快地答应了，近一个小时过去，学子归来，老人还在尽职尽责地看守，谢过老人，两人分别几日后是北大的开学典礼，这位年轻的学子惊讶地发现，主席台上就坐的北大副校长季羡林正是那一天替自己看行李的老人……不知道这位学子当时是一种怎样的心情，但在我听过这个故事之后却强烈地感觉到：人格才是最高的学位。

前几天我在北大听到一个新故事，清新而感人，一批刚刚走进校园的年轻人，相约去看季羡林先生，走到了门口，却开始犹豫，他们怕冒失地打扰了先生，最后决定，每人用竹子在季老家门口的土地上留下问候的话语，然后才满意地离去，这该是怎样美丽的一幅画面！在季老家不远，是北大的博雅塔在未名湖中留下的投影，而在季老家门口的问候语中，是不是也有先生的人格魅力在学子心中留下的投影呢？只是在生活中，这样的人格投影在我们的心中还是太少。听多了这样的故事，便常常觉得自己是只气球，仿佛飞得很高，仔细一看却是被浮云托着；外表看上去也还饱满，但肚子里却是空空，这样想着就有些担心啦，怎么能走更长的路呢？于是，"渴望年老"四个字对于我就不再是幻想中的白发苍苍或身份证上改成 60 岁，而是如何在自己还年轻的时候，便能汲取优秀老人身上所具有的种种优秀品质。于是，我也更加理解了卡萨尔斯回答中所具有的深义，怎样才能成为一个优秀的主持人呢？心中有个声音在回答：先成为一个优秀的人，然后成为一个优秀的新闻人，再然后是自然地成为一名优秀的节目主持人。我知道，这条路很长，但我将执着地前行。

4.3 知识拓展

九型人格

九型人格学(enneagram/ninehouse)是一个有 2000 多年历史的古老学问，它按照人们习惯性的思维模式、情绪反应和行为习惯等性格特质，将人的性格分为九种。

"enneagram"一词源自希腊文 ennea(九)以及 gram(形态)，可以译为九宫格(ninehouse)、九型人格或九种性格。九型人格是 2000 多年前印度西部研究出的人性学，后来由苏非学派所传承。

其后，九型人格学说辗转流传到欧美等地，美国心理学家海伦·帕玛(Helen Palmer)早年将它用作研究人类行为及心理的专业课题，更被包括斯坦福大学在内的多所美国大学列作教材，成为心理研究课程。美国中央情报局(CIA)亦曾使用它协助探员了解各国元首的行为特质。世界 500 强中的美国通用汽车公司、可口可乐、惠普等企业也早已把九型人格学运用于企业管理。

为方便我们的理解，我们把九型人格直观列出如下(图 2-4-4)。

第一型完美型(the reformer)：完美型、改进型、捍卫原则型、秩序大使

第二型助人型(the helper)：成就他人者、助人型、博爱型、爱心大使

第三型成就型(the achiever)：成就型、实践型、实干型

第四型自我型(the individualist)：浪漫型、艺术型、自我型

第五型观察型(the investigator)：观察型、思考型、理智型

第六型忠诚型(the loyalist)：寻求安全者、谨慎型、忠诚型

第七型享乐型(the enthusiast)：创造可能型、活跃型、享乐型

第八型领袖型(the challenger)：挑战者、权威型、领袖型

第九型和平型(the peacemaker)：维持和谐者、和平型、平淡型

九型人格除了性格的九种形态外，还有人格的健康状况，其分为 9 级。健康的阶梯有第 1、2、3 级，一般的有第 4、5、6 级，不健康的有第 7、8、9 级。最健康的是第 1 级，最差的是第 9 级。

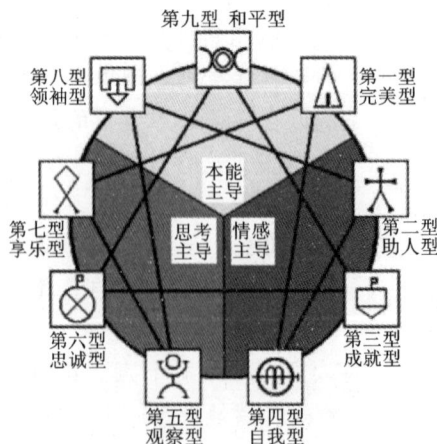

图 2-4-4 九型人格图

人格最健康的时候，随时有人格整合的可能，例如第九型出现了第三型的特征，由原本的内向保守，变得充满活力，基本欲望得到满足，基本恐惧隐藏。健康的人格令人活出真我，心理平衡、充分发挥自己的潜能和能对社会做出贡献。

一般的时候基本欲望和基本恐惧浮现，由自我取代了真我，自我过分膨胀，自我防卫机制出现，心理变得不平衡，容易与人发生冲突，为了满足基本欲望，可以不惜一切伤害人，也很容易屈服在社会的阴影下，人格的优点未能充分发挥。不健康的人格，可说是一种病态，自我防卫机制失灵，可以导致人格陷落，如第五型的人出现了第七型的缺点如失控、信口开河和生活奢侈等；严重的会导致精神病，甚至自毁。当人格于极健康和不健康的时候，是有整合和陷落的现象，这会导致错误地判断人的基本人格，尤其是极健康的时候。

两个独立的人格升华、恶化方向链条：

第一条：1→7→5→8→2→4→1；

第二条：3→6→9→3。

顺向为人格升华方向，逆向为人格恶化方向。例如，若一个 2 级心理健康时，便会同时出现 4 级的心理健康特征；若一个 2 级心理不健康时，便会出现 8 级的心理不健康特征，如此类推。第二条也如此类推。

人格升华的整合方向及素质获得的提升表现：

1→7：放下拘谨，宽容乐观，敢于尝试，获得"开朗"；

7→5：减少冲动，处事冷静，深入思考，获得"理智"；

5→8：坚强勇敢，果断自信，言出必行，获得"威信"；

8→2：热情友善，乐于助人，心胸开放，获得"纯真"；

2→4：坚持心愿，自我享受，爱人爱己，获得"谦卑"；

4→1：安分守己，是非分明，客观冷静，获得"平衡"；

3→6：尽责细心，三思后行，忠心耿耿，获得"忠诚"；

6→9：随遇而安，放下焦虑，信服别人，获得"信任"；

9→3：目标明确，勤快积极，自我挑战，获得"果断"。

大五人格

近年来，研究者们在人格描述模式上形成了比较一致的共识，提出了人格的大五模式，Goldberg(1992)称之为人格心理学中的一场革命，研究者通过词汇学的方法，发现大约有五种特质可以涵盖人格描述的所有方面。大五人格(OCEAN)，也称为人格的海洋，可以通过NEO-PI-R 评定。

从奥尔波特的开拓性工作，到卡特尔提出 16 种根源特质，再到大五人格的发现，一个基本的假设一直贯穿始终，即词汇学假设(lexical hypothesis)：人类生活中重要的方面会被赋予描述的词汇，不仅如此，如果某个事物真的重要而且普遍存在，在所有的语言中它都会被赋予更多的词汇来描述。于是从词汇中去发现人格特质成为人格研究的重要途径。他们认为影响人格的五大因素是：

开放性(openness)：具有想象、审美、情感丰富、求异、创造、智能等特质。

责任心(conscientiousness)：显示胜任、公正、条理、尽职、成就、自律、谨慎、克制等特点。

外倾性(extraversion)：表现出热情、社交、果断、活跃、冒险、乐观等特质。

宜人性(agreeableness)：具有信任、利他、直率、依从、谦虚、移情等特质。

神经质性(neuroticism)：难以平衡焦虑、敌对、压抑、自我意识、冲动、脆弱等情绪的特质，即不具有保持情绪稳定的能力。

中国古代人格心理学思想

中国古代亦有着丰富的人格心理学思想。综合古代的人格心理学思想，主要有三大方面，即人格形成思想、人格分类思想、人格鉴定思想。

1. 人格形成思想

中国古代关于人格形成的思想主要有三种观点，即染积说、差异说、阶段说。

2. 人格分类思想

古代思想家为了增进对人的认识，各自从不同的角度对人格进行了分类。如孔子、荀子、刘劭等人以及《黄帝内经》等著作，都在这方面有深入的研究。

3. 人格鉴定思想

在古人看来，知人是最难的一件事。如庄子就说："凡人心，险于山川，难于知天。天犹有春秋冬夏旦暮之期，人者厚貌深情。"诸葛亮也说："夫知人之性最难察焉。美恶既殊，情貌不一，有温良而为诈者，有外恭而内欺者，有外勇而内怯者，有尽力而不尽忠者。"所以，古代思想家在如何鉴定人格的问题上多有探讨。如孔子、庄子、鬼谷子、荀子、韩非子、吕不韦、王充、刘劭、诸葛亮、魏徵、李翱等分别提出各自的人格鉴定方法，又称知人法。

4.4　相关规范、规程与标准

健康的人格标准

①人格各因素发展协调统一，内心和谐，言行一致；

②充分理解自己的现实情境，既不生活在过去也不生活在未来，而是坚定地立足于现在，并注意到未来的目标和任务，对自己的生活负责；

③对经验具有开放性，乐于接受未经历过的新观念、新的生活体验、新的行为方式，并作恰当的取舍；

④守时惜时，有很强的时间观念，做事讲效率；

⑤路广阔，头脑开放，富有创造性；

⑥尊重他人，善于倾听不同意见，尊重他人的价值观和生活方式；

⑦乐于交往，有较深刻的人际关系；

⑧有独处的需要，能够享受独处的乐趣；

⑨富有哲理性的和友善的幽默感，具有广阔的胸襟和宽容心、同情心；

⑩具有坚强的意志，能为自己的目标合理地调节、控制自己的行为。

4.5　相关案例

服务永无止境，出行才能如沐春风

微笑，站立，上千次弯腰、鞠躬、下蹲，一遍遍学习服务礼仪和化妆礼仪，美丽温婉的背后，是日复一日刻苦的训练。也许你并不知道，一名合格的乘务员走上列车前，除了要了解列车设备设施、作业流程、客运规则、应急处置以及电子客票业务等数门专业课程外，还要经过十分严格的礼仪培训。这种优雅的气质和美好的体态，让每一位出行的旅客如沐春风。

走在时代前沿的中国铁路，科技创新占顶端，服务周到走前沿。说到服务，虽没有站如松、坐如钟、行如风的气概，但承包了形象美、气质好、服务暖的职业品行。

"诚信感"服务，童叟无欺！铁路是大型企业、世界百强，在服务行业做到如此地位是有高手妙招？其实不然，"诚信服务"足矣。旅客购票、退票、改签，以旅客意见为准、按旅客要求执行，若是铁路责任，在规定期限内旅客在任意车站都可退票，如有失误，旅客也可拨打 12306 官方网站电话求助、解决，铁路部门会第一时间处理，给旅客一个满意的答复。铁路实行身份证实名验证，人手一证，一证一票，既避免了误坐、乱坐现象，又保障了旅客票证人的一致。在诚信服务这一方面，铁路部门拿捏得十分稳妥。"诚信"是铁路的招牌，是拉近与老百姓距离的标尺，也是真诚服务的前提。

"视觉感"服务，如沐春风！如果说以前"女神"的代号是形容空乘人员，那么现今"女神"的代号毋庸置疑也属于高铁乘务人员。微笑，站立，上千次弯腰、鞠躬、下蹲是岗前必练的作业，一遍遍地学习服务礼仪和化妆礼仪是岗前必交的作业。"高铁女神"并不是靠形象好、气质好撑起来的，每一位合格的乘务员岗前都要参加业务培训，小到礼仪，大到业务知识，训练不合格不予上岗，我们所看到的乘务员们美丽温婉的背后，实则是日复一日刻苦的训练。高铁已经走出国门、走上世界，服务也不能落后，外在美、内在美都要兼具，都要与时俱进。

满意只有起点，没有最好；服务永无止境，只有付出。中国铁路在交通行业只做最好，在服务行业也会更好！（资料来源：中华铁道网　梁姣洁）

项目训练

[训练目的]
掌握什么是人格，从而分析自己的人格特点。

[训练内容]
自我认知 20 问是帮助你认识自己的一种方法。用"我是……"造句。
①请你把头脑里浮现出来的答案一一写出来。
②这是自我分析材料，可以不给别人看，所以想到什么写什么，不要有顾虑。
③回答每个提问的时间为 20 秒，如果写不出来，可以略去，继续往下写。

[考核标准]
最先写的是自己目前最在意的。分析自己的人格特点和目前的心理状态。

复习思考题

什么是人格？请分析自己的人格特点，并联系自身实际，谈谈如何培养自身的优秀人格。

内容5　客运服务人员的心理保健与压力调节

5.1　相关知识

1.超静思维

超静思维,顾名思义,就是首先让自己进入一种冥想状态,闭目,双手叠放到腹部,然后调整自己的呼吸方式,由胸部呼吸改成腹式呼吸。再配上优美的轻音乐,切记不要配交响乐和摇滚乐。伴随着优美舒缓的音乐,让你的思维自由驰骋,在臆想中去看风景如画的草原或风光无限的海滨,让自己的思想不受现实的限制,达到完全放下的境界。

2.亚历山大法

亚历山大法是一种在欧洲流行的心理健身方法,它将传统的脊椎学和超静思维或冥想法结合在一起,从身体的调节入手,加上意念的调控,从而达到身心的统一。它对长期处于压力状态的人群有比较明显的减压效果。具体方法是:

找一个门框,将自己的双脚的脚后跟抵在一侧门框边,站直,挺胸直腰,将后脑勺靠在门框上,两臂背于身后,保持住,然后进行超静思维,同时进行腹式呼吸。一天进行一次,一次20分钟即可。

科学证明,超静思维或冥想时,大脑会在进行冥想时呈现出规律的α脑波,此时,人的想象力、创造力与灵感便会源源不断地涌出,对于事物的判断力、理解力也会大幅提升,同时身心会呈现安定、愉快、心旷神怡的感觉。所以,这是对身心极为有益的又简单可行的练习方法。

3.心态与压力管理

寓言一则:十八只狐狸吃葡萄(节选)

这是一个古老的故事。在一位农夫的果园里,紫红色的葡萄挂满了枝头,令人垂涎欲滴,当然,这种美味也逃不过安营扎寨在附近的狐狸们的眼睛,它们早就想享受一下了。

第一只狐狸来到了葡萄架下,它发现葡萄架要远远高出它的身高。它站在下面想了想,不愿就此放弃,机会难得啊!想了一会儿,它发现了葡萄架旁边的梯子,回想农夫曾经用过它。因此,它也学着农夫的样子爬上去,顺利地摘到了葡萄。

(这只狐狸采用的就是问题解决方式,它直接面对问题,没有逃避,最后解决了问题。)

第二只狐狸来到了葡萄架下,它也发现以它的个头这辈子是无法吃到葡萄了。因此,它心里想,这个葡萄肯定是酸的,吃到了也很难受,还不如不吃。于是,它心情愉快地离开了。

(这只狐狸运用的是心理学中经常提到的"酸葡萄效应",也可以称为文饰作用或合理化解释,即以能够满足个人需要的理由来解释不能实现自我目标的现象。)

第三只狐狸来到了葡萄架下,它一看自己的身高在葡萄架下显得如此的渺小,便伤心地哭起来了。它伤心为什么自己如此矮小,如果像大象那样,不是想吃什么就吃什么吗?

它伤心为什么葡萄架如此高，自己辛辛苦苦等了一年，本以为能吃到，没想到是这种结果。

（这只狐狸的表现我们在心理学上称为"倒退"，即个体在遇到挫折时，从人格发展的较高阶段倒退到人格发展的较低阶段。）

第四只狐狸来到了葡萄架下，这是一只漂亮的狐狸小姐。它想：我一个"弱女子"无论如何也够不到葡萄了，我何不利用别人的力量呢？因此，它找了一个男朋友，这只狐狸先生借助梯子给了狐狸小姐最好的礼物。

（这在心理学上称为"补偿原则"，即利用自己另一方面的优势或是别人的优势来弥补自己某一方面的不足，这种方式在一些情境下也不失为一种好方法。）

第五只狐狸来到了葡萄架下，它发现想吃葡萄的愿望不能实现后，不久便产生了胃痛、消化不良的情况。这只狐狸一直不明白一向很注意饮食的它，怎么会在消化系统出现问题。

（这只狐狸发生的情况我们在心理学上称为"转化"，即个体将心理上的痛苦转换成躯体上的疾病。）

……

第十八只狐狸来到了葡萄架下，它心想，我自己吃不到葡萄，别的狐狸来了也吃不到葡萄，为什么我们不学习猴子捞月的合作精神呢？前有猴子捞月，现有狐狸摘葡萄，说不定也会传为千古佳话呢！于是它动员所有想吃葡萄的狐狸合作，搭成狐狸梯，这样大家都吃到了甜甜的葡萄。

（这只狐狸采取的是问题取向的应对方式，它懂得合作的道理，最终的结果是既利于自己，又利于大家。）

这是一个寓言故事，但是现实生活也同样存在：面临一样的困境，不一样的心态，不一样的思维方式，会有不一样的结果，你选择做哪一只狐狸呢？

4. 压弹

按照美国心理学会的定义，压弹（resilience）指个人面对生活逆境、创伤、悲剧、威胁及其他生活重大压力的良好适应，也是个人面对生活压力和挫折的"反弹能力"。因此，压弹是应激（stress）与应对（coping）的和谐统一，是良性应激的突出表现，可以起到激发潜能、振奋情绪甚至增进健康的作用。主观幸福感、乐观人格、认知调整、幽默化解、主动求助等五大技巧，可以开发你的压弹技能。

5.2　客运服务人员的心理保健与压力调节

1. 轨道交通客运服务人员心理健康

2015 年乌鲁木齐铁路局对客运段列车乘务员 200 人和乌鲁木齐南站站台客运人员 200 人进行了问卷调查，以了解乘务员的综合健康现状。调查结果显示：列车乘务员和站台客运人员的家庭功能以中等为主，社会支持以中等偏低为主；列车乘务员自测健康水平与焦虑、抑郁情绪呈负相关。列车乘务员的健康影响因素：三餐规律饮食的仅有 10.8%；睡眠时间和质量是影响健康的不可忽视的因素。

2016 年北京铁路局客运系统 4303 名职工体检结果显示：客运系统职工的健康状况不容

乐观，慢性病检出率较高，患慢性病的风险较高，主要原因是男性承担的工作压力和社会压力较大，加上吸烟、饮酒、运动量小等不良生活方式的影响。

（1）健康与心理健康

世界卫生组织对健康的定义为"健康不仅仅是没有疾病，而且是身体上、心理上和社会适应的完好状态"，即人的健康包括身体健康、精神健康和社会适应能力等三个方面。

1946年，第三届国际心理卫生大会为"心理健康"所下定义为："所谓心理健康是指在身体、智能及情感上与他人心理健康不相矛盾的范围内，将个人心境发展成最佳的状态。"

（2）健康的标准

世界卫生组织提出了人的身心健康的新标准，即"五快三良好"：

①食得快：快食并不是狼吞虎咽、不辨滋味，而是吃饭时不挑食，不偏食，进食时有很好的胃口，没有过饱或不饱的不满足感，这证明内脏功能正常。

②便得快：一旦有便意时，能很快排泄大小便，且感觉轻松自如，在精神上有一种良好的感觉，说明胃肠功能良好。

③睡得快：快眠就是睡得舒畅，一觉睡到天亮。醒后头脑清醒，精神饱满。睡得快重要的是质量，如睡的时间过多，且睡后仍感乏力不爽，则是心理、生理的病态表现。快眠说明神经系统的兴奋、抑制功能协调，且内脏无病理信息干扰。

④说得快：语言表达正确，说话流利。表示头脑清楚，思维敏捷，中气充足，心、肺功能正常。

⑤走得快：行动自如、协调，转体敏捷，反应迅速，动作流畅。证明躯体和四肢状况良好，精力充沛旺盛。

⑥良好的个性：性格温和，意志坚强，没有经常性的压抑感和冲动感。感情丰富，具有坦荡胸怀与达观心境。

⑦良好的处事能力：看问题客观现实，具有自我控制能力，能适应复杂的社会环境，对事物的变迁能始终保持良好的情绪，能保持对社会外环境与机体内环境的平衡。

⑧良好的人际关系：尊重他人人格，待人接物能大度和善，不过分计较，善待自己，自爱、自信，又能助人为乐，与人为善。

（3）健康生活方式

1992年，世界卫生组织总结当时世界预防医学的相关成果，提出"维多利亚宣言"，其中有"健康四大基石"观念：合理膳食、适量运动、戒烟限酒、心理平衡。

①合理膳食。指能提供全面、均衡营养的膳食。一日三餐要合理安排，定时定量。早饭要天天吃，并且应营养充足，午饭要吃好，晚饭要适量。不暴饮暴食，不经常在外就餐，零食作为一日三餐之外的营养补充，可以合理选用。要少吃油脂高、过甜、过咸的食物。

水是一切生命必需的物质。饮水不足或过多都会对人体健康带来危害。成年人每日最少要喝1200 mL水(约6杯)。饮水应少量多次，不能等到口渴时才喝水。饮水最好选择白开水。

②适量运动。建议成年人每天进行累计相当于步行6000步以上的身体活动，如果身体条件允许，最好进行30分钟中等强度的运动。锻炼的方式因人而异，可以选择方便、适宜的锻炼方式如步行、慢跑、健身操、游泳等。体育锻炼应遵循以下几个原则：

第一，长期坚持。

第二，循序渐进。

第三，能量均衡。成年人健康体重取决于体内的能量平衡，即能量摄入与消耗的平衡。

③戒烟限酒。众所周知吸烟对健康有百害而无一利，吸烟者患肺癌的危险性是不吸烟的10.8倍。

酒是一把"双刃剑"，对健康有伤害的作用，也有保护的作用，适量饮酒可以降低许多疾病的危险性和降低死亡率，《中国居民膳食指南》建议成年男性一天饮用酒的酒精量不超过25 g，成年女性一天饮用酒的酒精量不超过15 g。

④心理平衡。乐观、开朗、豁达的生活态度，将目标定在自己能力所及的范围内，建立良好的人际关系，积极参加社会活动等都有助于个体保持自身的心理平衡状态。

2.轨道交通客运服务人员的压力管理

现代社会生产、物流、服务、运输、电信、网络等职业24小时无休止高强度运转，企业员工不允许有"打盹"或疏忽的现象出现，因此员工的压力综合征和工作倦怠征就不可避免，其集中表现就是员工的"过劳死"和"自杀"极端案例的产生。

(1)压力的相关知识

根据美国国家职业安全健康机构目前的一项研究表明，美国超过半数的劳动者将职业压力看成是他们生活中面临的主要问题。2014年，罗伯特·伍德·约翰逊基金会与哈佛大学公共卫生学院做的调查中，85%的美国人认为压力对健康、家庭生活和工作有消极影响。据英国有关专家研究显示，每年由于压力造成的健康问题通过直接的医疗费用和间接的工作缺勤等形式造成的损失竟达整个该国GDP的10%。

1)压力的定义及机制(图2-5-1)

从心理学角度看，压力是心理压力源和心理压力反应共同构成的一种认知和行为体验过程。压力是人对加诸其身上的需求的唤醒。压力包括三种类型：中性压力(无所谓有利或有害)、不良压力(唤醒过高或过低，会严重威胁健康，影响工作效率、满意度及人际关系)和积极压力(适度的、偶尔的焦虑上升，有利于人们避开危险，突破极限实现个体自我成长)。

2)压力源

轨道交通客运服务人员的压力源主要来自以下几方面：

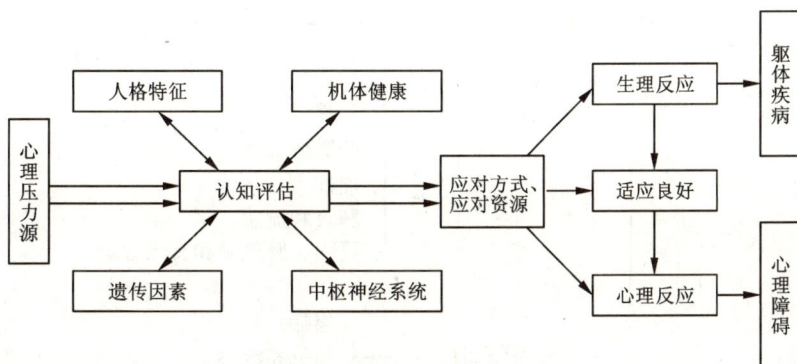

图 2-5-1　压力反应机制图

　　①个人发展的局限性。由于客运人员对自身角色定位不准，或不能准确理解服务的意义，导致职业的倦怠；个人期望得不到充分满足，如薪资水平不高、培训不足、晋升空间不够等也会造成客运服务人员的压力。

　　②工作和家庭难以平衡。轨道交通客运服务员长期离家，对家庭、子女照顾难以兼顾，难以处理好工作和家庭的平衡，受恋爱难、失恋、失婚、子女教育、父母赡养等生活压力的困扰。

　　③工作环境的不良影响。长期生活在运行的列车上，难有脚踏实地的心理感受；常年倒班制造成的生活作息无规律、睡眠被剥夺；担心工作环境对身体造成的危害等压力。

　　④企业和社会环境的竞争加剧。由于轨道交通服务链条长、岗位多，任何一个环节的问题都会导致旅客将不满发泄到一线员工身上，造成一线员工的劳累和心理压力加剧。

　　3)压力的危害

　　在20世纪末，压力在疾病和死亡率中扮演了什么角色？虽然将所有的可能联系起来会比较困难，但我们能合理地识别出在压力和死亡的具体原因之间一系列似乎真实的中间通路(mediating pathways)，如图2-5-2所示。

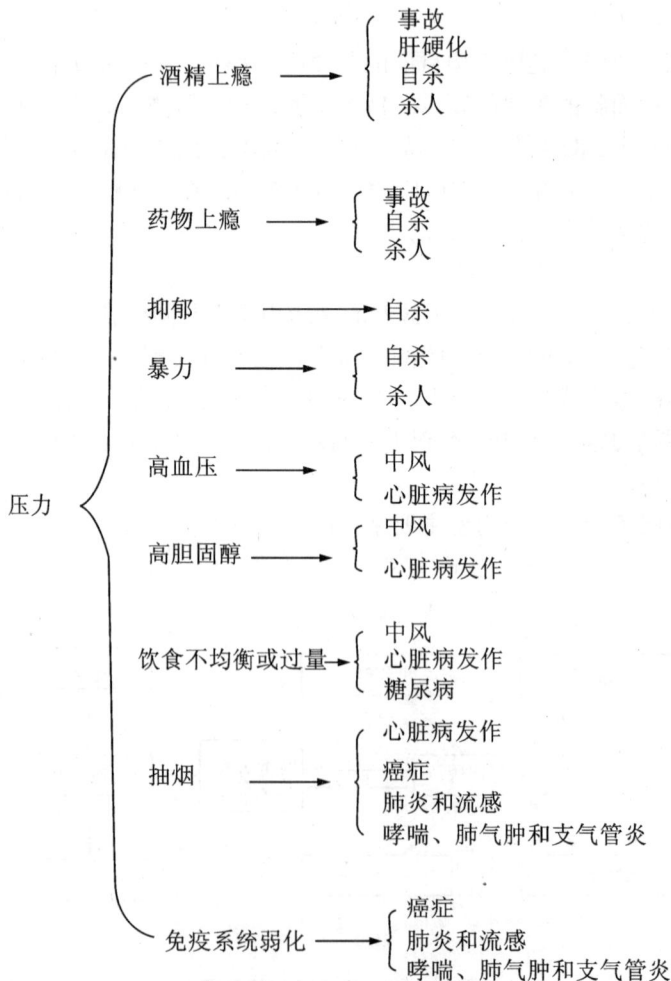

图2-5-2　压力危害

4）压力的好处

斯坦福大学心理学家凯利·麦格尼格尔教授在《自控力：和压力做朋友》一书中，从生物学及心理学角度详解了压力的种种好处。

压力给你应对挑战的力量。当压力产生时，身体会发生一系列变化：为了让你更警觉、准备行动，交感神经系统指导你全身集聚能量；肝排出脂肪和糖为血液加油；呼吸加深为心脏导入更多氧气；心脏加速将氧气、脂肪和糖输送到肌肉和大脑；压力荷尔蒙如肾上腺素的皮质醇，帮助肌肉和大脑更有效地接收和使用能量。不仅如此，压力的能量还能点燃大脑，肾上腺素唤醒感觉，你的瞳孔放大以接收更多的光，听力更加敏锐；大脑会更快地分析感知到的事物，不再分心，不重要的事项不予考虑，压力能集中你的注意力，获取更多周遭的信息。在压力之下，身体切换到挑战状态，在这种状态下，你感受到的是专注，而不是害怕。那些"福流"状态——一种完全享受、完全沉浸在所做事情中的状态，就是在压力之下的挑战状态中产生的。

压力鼓励你社交。受压时，脑垂体会分泌催产素（催产素最主要的功能就是建立和强化社交纽带）。提升的催产素水平使得你想和他人联结，创造对社会联系的渴望，比如触摸、发信息或一起喝个啤酒。催产素同样会使你更能注意和理解他人的想法和感受，提升你的同理心和直觉。在催产素水平较高时，你更愿意信任和帮助在乎的人。通过让大脑对社会交往更积极的反馈，催产素甚至能增强你关爱他人后获得的满足感。

压力帮助你学习和成长。任何压力的最后阶段都是恢复，即身体和大脑回到无压状态。但压力恢复不是瞬间完成的。强烈压力反应的几个小时后，大脑都会自动连线，记忆并从经历中学习。压力会在大脑中留下印迹，帮你处理未来遇到的相似压力。不是每个小的刺激都会引发该程序，但当你经历重大挑战时，身体和大脑都会从中学习。

当了解到压力的好处，你会在下次面临压力的时候，以更积极的方式思考和应对压力，去拥抱它，而不是一味地害怕和排斥。

（2）不良压力的症状——早期预警信号

1）不良压力的生理症状

你如何用你的身体语言传达出大量关于你内心紧张的信息？身体语言有颤抖或神经抽搐、便秘、心脏剧烈跳动、腹泻、悲痛、心悸、食欲大增、性欲下降、普遍的疲倦或沉重感、嘴巴或喉咙发干、尿频、反胃、没胃口、头昏眼花、全身紧张、胸痛。有时这些症状成串发生，有时也单独发生。

2）不良压力的情绪症状

最常见的不良压力情绪有焦虑、抑郁、愤怒、恐惧、悲伤、挫折感、内疚和羞耻感。而有研究表明，高达40%的男性否认其有消极情绪。

3）不良压力的认知症状

压力情境有时候让你注意力难以集中、记忆力变差、思路模糊不清、不合逻辑或意识混乱，如经过长年累月的工作之后经常感觉自己烦躁、迟钝、智力水平受到遏制。

4）不良压力的行为症状

直接的不良压力的行为症状有：讲话语速比平常快，磨牙，很难长时间从事某一活动，易受惊吓，不能静坐，显著的人际冲突，退缩不前，抨击某人或某事，易发脾气，哭泣等。

间接的不良压力的行为症状有：抽烟增多，对咖啡、茶、可乐、巧克力（咖啡因）消费增加，喝酒增多，对有助睡眠或放松的非医嘱辅助工具的使用频率增多，为紧张导致的健康问题看医生，使用非法药品等。

偶尔的不良压力在所难免，但是无限放大自己有限的不良压力有时会使人很痛苦。因此，我们提议人们不要把上述不良压力症状的信息极端化。我们提倡在你与周围世界协调相处的同时，要学会自我监控，并且据此调节自己的生活，这样有助于你保持健康、满足状态，并使你变得富有创造力。

(3)客运服务人员的压力管理

有数百种应对方式可供个体选择用来处理压力性事件及其环境，这些应对方式被许多专家确认是非常有用的。下面为大家介绍几种客运服务人员使用率较高、效果较好的应对方式。

①有氧锻炼。任何方式的锻炼都比不锻炼好。但就压力管理而言，最有效的活动类型是有氧锻炼，有氧锻炼的意思是"活动时充分地吸入氧气"。有氧活动包括但不限于下列形式(有氧锻炼的频率、强度见前述"适量运动"部分)：跑步、游泳、骑自行车、有氧健身操、跳绳、爬楼梯、小型蹦床、轻快的循环锻炼。

②兴趣爱好。业余时间从事或参加你所喜爱的娱乐活动——音乐、书法、绘画、园艺、木工、高尔夫球、登山、摄影、钓鱼、打猎、收藏等，这些可以从多方面帮助人们防止或减少不良压力。

③独处。你上一次24小时独自一个人是什么时候？48小时呢？一周呢？你曾经有过独处吗？轨道交通服务人员常年身处人群中，这是我们的工作，也是我们情感的需要，然而我们也同样可以不时地从独处那里获得好处。

④深度放松。冥想、瑜伽、自我催眠以及其他办法能使人深度放松(具体方法见前述"相关知识"部分)。深度放松最好经常练习使用，成为生活中例行的事。深度放松可以储存能量，产生解决问题的创造力，并让你在面对困难时身心保持冷静。

⑤寻求专业人士的协助。如果你在自己和周围人帮助下仍没感觉到舒适，那么你可以寻求专业(职业)人士的协助。

3. 客运服务人员的问题行为处理

事故的发生离不开"人—机—环境"三个方面，其中人是生产活动的主体，人的不安全行为是最主要的事故致因因素。如美国科学家海因里希分析得出，人的不安全行为引起了88%的安全事故；杜邦公司的统计结果表明，96%的事故是由于人的不安全行为引起的；美国安全理事会NSC得出90%的安全事故是由于人的不安全行为造成的结论；我国的研究表明，85%的事故是由人的不安全行为引起的。

(1)人的作业行为

人的行为泛指人外观的活动、动作、运动、反应或行动。人的行为实质就是人对环境(自然环境、社会环境)外在的可观察到的反应，是人类内在心理活动的反映。态度、意识、知识、认知等决定人的安全行为水平，因而人的安全行为表现出个体差异性。

(2)不安全行为与事故原因

不安全行为指可能造成事故(违背劳动生产规律的不合理)的行为，或者说从发生事故的结果来看确实已经造成事故的行为是不安全的。国际劳工组织(ILO)对不安全行为的分类：没有监督人员在场时，不履行确保安全操作与接受警告；用不安全的速度操作机器和作业；

使用丧失安全性能的装置；使用不安全的机具代替安全机具，或用不安全的方法使用机具；不安全的装载、培植、混合和连接方法；在不安全的位置进行作业和持不重视安全的态度。

在铁路运输生产过程中，许多情况下，职工的作业行为是决定事故发生频率、严重程度和影响程度的重要因素。如车站值班员错误办理接车进路，可能导致进站列车与停留列车相撞；列车司机冒进信号，可能导致列车追尾；线路临时施工时，行车调度员漏发调度命令，可能导致施工人员伤亡等。

通过对以往行车安全事故调查及其原因分析，可能导致行车人员产生违章的原因有：

①工作强度。行车人员的工作强度太大或身体状况不良，在工作中就会产生生理、心理的疲劳，从而精力不集中，给行车安全带来隐患。

②认知能力。认知能力是指人脑加工、储存和提取信息的能力，感知觉、记忆、注意、思维和想象的能力都被认为是认知能力。在行车工作方面，信号的识别、道岔位置的判断、前方进路的确认等诸方面都需要依靠认知能力。

③安全心理。良好的安全心理可以发挥人的积极性和主动性，为提高安全效果提供稳定可靠的保障，而人的心理活动失常则易导致行车事故。如因情绪状态不佳降低注意力、侥幸、麻痹大意心理、突发事件的应急处理等导致紧张心理，从而导致违章或事故的发生。

（3）运用安全心理知识，优化安全管理

运用安全管理科学，采取有效的手段和方法，保持客运服务人员良好的心理状态，可以提高其安全心理和行为的稳定性，确保行车作业的安全。

①按照生物节律进行客运服务人员安全管理。在自然界里，各种生物机体内的功能活动按一定的时间顺序和运动规律周而复始地发生变化，这种现象就称为生物节律。科学家发现，人体存在着一个以 23 天为周期的体力盛衰、以 28 天为周期的情绪波动和以 33 天为周期的智力波动规律（图 2-5-3）。因此，根据行车人员个人特征，结合人体生物节律理论，逐步建立行车人员的个人安全档案。在安排其岗位和排班时，合理进行安排，以提高行车安全的科学性。

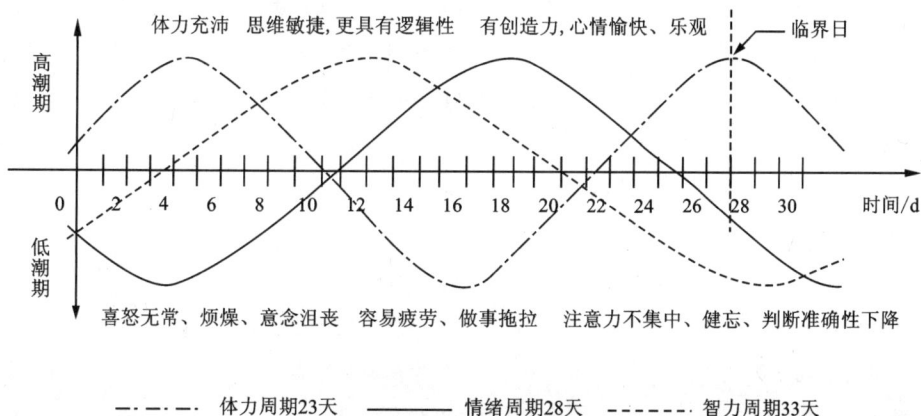

图 2-5-3　人体生物节律图

②培养客运服务人员的安全心理。培养客运服务人员良好的安全心理，建立牢固的安全生产理念和岗位责任意识，在工作中及时发现并消除安全隐患，减少违章作业和事故发生率。如

对行车人员进行安全心理学知识的培训,培养其良好的心理素质;开展安全知识系列活动,培养行车人员安全意识;积极培育健康的企业文化,用企业文化凝聚职工的安全心理,运用SCL-90、LES生活事件量表等建立职工安全心理档案,并适时开展针对性的心理疏导工作。

③引导客运服务人员进行心理及情绪调节。人的情绪有高低起伏,心理状态也有好有坏,行车人员常年生活在人群中,难免会遇到不顺心的事,因此要采取因人而异的方法对行车人员的心理进行调节:上岗前的职业心理测试,充分考虑职工作业环境和个性心理特征的匹配性;引导职工建立适合自身的社会支持系统,在其需要的时候提供合适的帮助;通过开展丰富多彩的企业文化和企业活动,鼓励职工发展个人兴趣特长,合理宣泄不良情绪;建立心理辅导(咨询)室,运用专业人士和知识帮助职工进行心理疏导。

附:生活事件量表(Life Event Scale,LES,用于对精神刺激进行定性和定量分析)

指导语:

表2-5-1是每个人都有可能遇到的一些日常生活事件,究竟是好事还是坏事,可根据个人情况自行判断。这些事件可能对个人有精神上的影响(体验为紧张、压力、兴奋或苦恼等),影响的轻重程度是各不相同的。影响持续的时间也不一样。请你根据自己的情况,实事求是地回答下列问题,填表不记姓名,完全保密,请在最适合的答案上打钩。

表2-5-1　生活事件量表结构与内容

家庭有关问题	
1. 恋爱或订婚	2. 恋爱失败、破裂
3. 结婚	4. 自己(爱人)怀孕
5. 自己(爱人)流产	6. 家庭增添新成员
7. 与爱人父母不和	8. 夫妻感情不好
9. 夫妻分居(因不和)	10. 性生活不满意或独身
11. 夫妻两地分居(工作需要)	12. 配偶一方有外遇
13. 夫妻重归于好	14. 超指标生育
15. 本人(爱人)做绝育手术	16. 配偶死亡
17. 离婚	18. 子女升学(就业)失败
19. 子女管教困难	20. 子女长期离家
21. 父母不和	22. 家庭经济困难
23. 欠债500元以上	24. 经济情况显著改善
25. 家庭成员重病或重伤	26. 家庭成员死亡
27. 本人重病或重伤	28. 住房紧张
工作学习中的问题	
29. 待业、无业	30. 开始就业
31. 高考失败	32. 扣发奖金或罚款

续表 2-5-1

33. 突出的个人成就	34. 晋升、提级
35. 对现职工作不满意	36. 工作学习中压力大(如成绩不好)
37. 与上级关系紧张	38. 与同事邻居不和
39. 第一次远走他乡	40. 生活规律重大变动(饮食睡眠规律改变)
41. 本人离退休或未安排具体工作	

社交与其他问题	
42. 好友重病或重伤	43. 好友死亡
44. 被人误会、错怪、诬告、议论	45. 介入民事法律纠纷
46. 被拘留、受审	47. 失窃、财产损失
48. 意外惊吓、发生事故、自然灾害	
如果你还经历过其他的生活事件,请依次填写:	
49.	50.

计分方法:

一次性的事件如流产、失窃要记录发生次数,长期性事件如住房拥挤、夫妻分居等不到半年记为 1 次,超过半年记为 2 次。影响程度分为 5 级,从毫无影响到影响极重分别记 0、1、2、3、4 分。影响持续时间分三月内、半年内、一年内、一年以上共 4 个等级,分别记 1、2、3、4 分。

生活事件刺激量的计算方法:

①某事件刺激量=该事件影响程度分×该事件持续时间分×该事件发生次数

②正性事件刺激量=全部好事刺激量之和

③负性事件刺激量=全部坏事刺激量之和

④生活事件总刺激量=正性事件刺激量+负性事件刺激量

另外,还可以根据研究需要,按家庭问题、工作学习问题和社交问题进行分类统计。

结果解释

LES 总分越高反映个体承受的精神压力越大。95%的正常人一年内的 LES 总分不超过 20 分,99%的不超过 32 分。负性事件的分值越高对身心健康的影响越大;正性事件分值的意义尚待进一步研究。

5.3　知识拓展

减压 26 式见表 2-5-2。

表 2-5-2　减压 26 式(From A To Z)

序号	英文名称	含义
A	Appreciation	接纳自己接纳人,避免挑剔伤精神
B	Balance	学习娱乐巧安排,身心平衡两相宜
C	Cry	伤心之际放声哭,释放抑郁舒愁怀

续表 2-5-2

序号	英文名称	含义
D	Detour	碰壁时候要变通，无须南墙撞破头
E	Entertainment	看看电影听听歌，松弛神经选择多
F	Fear Not	正直无畏莫退缩，何惧小人背后戳
G	Give	自我中心自局限，关心他人展胸怀
H	Humor	戴副"默"镜瞧一瞧，苦中寻乐自有福
I	Imperfect	世上难觅完美人，尽力而为心坦然
J	Jogging	跑跑步来爬爬山，畅快赛过食仙丹
K	Knowledge	知多识多头脑清，无谓担心自减轻
L	Laugh	每天都会笑哈哈，压力面前不会垮
M	Management	不怕多却只怕乱，时间管理很重要
N	No	适当时候要讲"不"，不是样样你都行
O	Optimistic	凡事要向好处看，无须吓得一头汗
P	Priority	轻重缓急细掂量，取舍就会有方向
Q	Quiet	心乱如麻自然慌，心静如水自然安
R	Reward	日忙夜忙身心倦，爱惜自己要牢记
S	Slow Down	做下停下喘口气，不必做到脑麻痹
T	Talk	找人聊聊有人听，被人理解好开心
U	Unique	人比人会气死人，自我突破最要紧
V	Vacation	放放假或充充电，活力充沛展笑脸
W	Wear	穿着打扮用点心，精神焕发好心情
X	X-ray	探寻压力的源头，对症下药有计谋
Y	Yes, I can	相信自己有潜能，勇往直前步青云
Z	Zero	从零开始向前看，每日都是新起点

5.4 相关规范、规程与标准

中国居民膳食宝塔顺口溜

城市膳食偏营养，膳食宝塔来帮忙；
摄入种类分五层，层层都有建议量。
一层谷物和薯类，每天半斤到八两；
二层蔬菜和水果，各吃一斤较适当；
三层肉鱼和蛋类，肉食不要超一两；
超量摄入易发胖，高脂高压高血糖。
鱼类食品少脂肪，建议摄入一二两；

鸡蛋一个很适当，物美价廉可推广。
奶类豆类为四层，奶或制品要六两；
豆类最好做豆浆，至少一斤半以上。
五层一定要限量，盐为六克油半两；
清淡膳食要提倡，多种疾病可预防。
饮水要达一千二，最好做成素菜汤；
饭后运动六千步，吃动平衡身体壮。
膳食宝塔供参考，每天不必限此量；
只要每周总控制，单顿多吃也无妨。
膳食种类多而广，随时要变新花样；
多吃蔬菜和粗粮，一生快乐又健康。

　　注：中国居民平衡膳食宝塔（图 2-5-4）是根据《中国居民膳食指南》推出的。"膳食宝塔"建议的各类食物摄入量是一个平均值。每日膳食中应尽量包含"膳食宝塔"中的各类食物，但无须每日都要严格照着"膳食宝塔"的推荐量。而在一段时间内，比如一周，各类食物摄入量的平均值应当符合建议量。同时，专家建议，应用"膳食宝塔"可把营养与美味结合起来，按照同类互换，多种多样的原则调配一日三餐。同类互换就是以粮换粮、以豆换豆、以肉换肉。

图 2-5-4　《中国居民膳食指南》平衡膳食宝塔

5.5　相关案例

快乐在心

　　亨利·卡蒂埃·布列松是一位摄影大师，他是因为拍摄明显矛盾的照片而出名的，他拍摄的照片上留下了无法解释的神秘。

　　他有一幅著名的照片（图 2-5-5）是 20 世纪 30 年代在西班牙的一个贫穷的地区拍摄的，照片上是一条向南延伸的小巷，小巷的两边是颓败的墙，墙上布满了弹孔，地上是零乱的碎石，这个场景激起人们伤心和绝望的感觉。可与照片的景物形成鲜明对比的是，孩子们正在巷道里玩耍，他们衣着破烂而肮脏，正如人们所想的在这种地方玩的小孩子的样子，然而他们也像在别的地方玩的孩子那样无忧无虑地笑着。

图 2-5-5　西班牙的小巷

照片的最前景是一个拄拐杖的小孩正离开另外两个孩子，他脸上的笑容很灿烂。他背后的一个男孩笑得累了，用手托着腮帮，其余的男孩则笑得歪在墙上，没法直立。

很容易看到照片上鲜明的对比，它要表达的意思也很清楚——就是要让我们看到在生命的乱石当中闪耀着的快乐光芒，让我们听到在生活的废墟之上飘荡着的欢笑声音。

不管我们如何努力都无法逃避痛苦，但我们却很容易逃避快乐。我们无法逃避困难和麻烦，但我们却很容易与生活中的祥和与欢笑擦肩而过。

如果你感到你需要更加快乐，请尝试着做以下的努力：

每天花时间做你真正喜欢的事情，做那些会使你内心平和的事情。学会发自内心的、经常的欢笑。在你的内心开发出希望的态度，用尽可能多的爱来填满每一个日子。

项目训练

[训练目的]

下面的内容将给你提供一幅关于你自己心理、生理和行为经验的生动画面，通过完成下列关于你当前不良压力信号的量表，它将帮你测试你的不良压力。

[训练内容]

不良压力症状量表

0分　没有发生　　　　　　　　　　　1分　　发生过一两次
5分　发生过几次　　　　　　　　　　10分　　几乎一直发生

易怒	坐立不安
压抑的感觉	噩梦
由于紧张引起嘴巴和喉咙发干	腹泻
一时兴起的冲动行为	对他人进行言语攻击
情绪上下起伏	思维受阻
强烈的想哭的冲动	尿频
强烈的逃避现实的欲望	恶心
强烈的伤害他人的欲望	头痛
思维模糊不清	颈痛
说话语速比平时快	背痛

普遍的疲倦或沉重感	没胃口
完全被压倒的感觉	性欲下降
情绪不稳定的感觉	食欲增加
感到毫无乐趣	健忘
感到焦虑	胸痛
情绪紧张	明显的人际冲突
易受惊吓	挣扎着起床面对新的一天
敌意	感到事情失控
颤抖或神经抽搐	没有希望的感觉
演讲中吞吞吐吐或结巴	难以长期持续从事某一活动
注意力不能集中	易发脾气
思维组织困难	退缩不前
整夜睡眠困难	难以入眠
比平时更加不耐烦	从压力事件中恢复很慢
磨牙难以平静	紧张引起的剧烈心跳

[考核标准]

把你在不良压力症状量表中的得分加起来,你的分数是(　　　　)。

你的分数处于以下三个区间中的哪一个?

严重不良压力症状:50 分或更高

中度不良压力症状:20~49 分

轻度不良压力症状:0~19 分

思考:你有什么新的或令人吃惊的发现?

标出 2~3 个在你感到压力过重或压力不足的时候最让你烦恼的项目。

你认为你的伴侣、亲密的朋友、工作伙伴用这一量表会如何评估? 问问他们。

复习思考题

制订一个个人锻炼计划,思考下列问题:

1. 你选择了哪种有氧活动?

2. 你在什么地方锻炼?

3. 你每周和每天什么时候锻炼?

4. 你和谁一起?

5. 你现在的锻炼符合本章所描述的有氧锻炼的最低标准(频度、强度、时间)吗?

6. 如果不是的话,现在产生干扰的是什么——比如时间、习惯、天气、费用? 你可以采用什么特别方法使你战胜这些障碍?

模块 3

满足或超越旅客的需要

内容描述

轨道交通客运服务的本质,归根结底就是满足或超越旅客的需要。高铁时代的到来、城市地铁的迅速发展,社会对轨道交通客运服务的关注度越来越高。只有及时了解、掌握旅客的各种需要,才能为铁路或城轨运输企业赢得声誉,增加在客运市场中的竞争力。

拟实现的教学目标

1.能力目标

运用心理学知识,掌握客运各服务岗位旅客的需求,并通过所学知识,解决不同旅客的需求。

2.知识目标

了解旅客需求的相关内容,认识旅客旅行过程中的心理活动及服务需求,掌握客运服务主要岗位服务心理与策略。

3.素质目标

通过学习与训练,明确满足或超越旅客需求对于提升轨道交通运输企业社会形象的重要意义,并不断充实完善自己,提升个人的服务能力,达到轨道交通客运服务人员的素质要求。

引入案例

用真心对待每一名旅客,用真情温暖每一名旅客

作为党内品牌"海峡情·王威服务台"的一名客服人员,福州车站客运值班员赵静每天要面对成千上万的旅客,经常口干舌燥却"不敢"多喝水。"多上一分钟厕所,可能就少服务一名旅客!"这是赵静的心里话。

有一次,一位老大爷突发癫痫,倒在地上抽搐不已,额头被划伤。赵静迅速赶到现场为患者包扎,随后拨打120,把病人送往医院治疗。得知老人家在福州孤身一人,身上没有带多少钱,就垫款为老大爷治病。老人出院后,赵静还帮忙买了车票并把他送上火车。

在赵静的微信好友中,有许多是重点旅客,对这些需要关爱帮助的陌生人"好友",赵静时常提供代买车票、站外接车、站内送车一条龙服务。深夜帮助失联孩童找到妈妈、争分夺秒让突发疾病旅客转危为安等,一个个鲜活、感人的事迹,在旅客中传为佳话。

2019年5月31日,24名外出旅游的残障旅客,拨打了福州车站的服务热线。当时正值

赵静的下班时间，而旅行团要乘坐一小时以后的动车。

"是我接的求助电话，必须负责到底。我的下班时间应该是在旅客上车之后！"赵静和同事们帮助旅客提行李、推轮椅、走天桥、过马路，进站后又跟列车长办理交接，把 24 名残障旅客妥善安置在各自的车厢座位上，再通知上海虹桥站协助出站。

2020 年疫情期间，赵静始终坚守、奋战在抗疫一线。

"你的微笑散发浅浅幽香，你的靓丽扛起责任与坚强，那份承诺心中吟唱。你是盛开的玫瑰，你的脚步追随时间赛跑，你的韶华书写无悔和力量，勇敢面对那艰险。你是铿锵的玫瑰……"这首《静静的玫瑰》由南昌局集团公司万军和卢伏龙，根据赵静的战"疫"事迹创作而成。温暖、朴实的歌词，优美、激扬的旋律，呈现了在这场疫情防控阻击战中，赵静和她的同事们冒着被感染的风险，全力构筑疫情防控坚固防线，确保旅客平安的英勇与奉献。

有一天，候车室发现了一名新型冠状病毒肺炎疑似旅客。赵静戴上口罩和手套第一时间赶到现场，迅速引导该男子来到临时隔离室，并联系了疾控中心及时送至隔离安置点。

疫情期间，赵静和同事们共同完成了超过 1000 趟到达福州列车的旅客体温检测，协助公安和医务人员妥善处置了 18 起发热事件，其中需要隔离的疑似感染者 5 人。

用真心对待每一名旅客，用真情温暖每一名旅客。赵静说："赠人玫瑰手有余香！服务旅客、帮助旅客、温暖旅客，再也没有比这更令我高兴的事了！"

内容 1　旅客需要概述

1.1　相关知识

1. 需要的内涵

心理学所讲的需要，指人对客观条件的需求的反应，同样的东西摆在有不同需要的人们面前，会有不同的反应，口干者倍觉水甜，饥饿者倍感饭香，而口不干者和饱汉子就不会有同样的感受。可见，需要对于人来说，一般是在主观上以愿望或者意向的形式被体验着，它是人产生积极性的源泉。没有它的存在，尤其是有意识、有目的的行为就不可能发生。

人的需要多种多样。按需要的属性，可将需要分为生理性需要和社会性需要。生理性需要是为保存和维持有机生命和延续种族所必需的，是人类最原始和最基本的需要，为人和动物共有。如对饮食、运动、睡眠、排泄、性等的需要，是生而有之的，也称为自然性需要。社会性需要是人在后天社会化过程中通过学习而形成的需要，是人类所特有的高级需要。如对劳动、交往、成就、奉献、娱乐消遣、享受的需要等。生活在不同历史时期、不同政治经济制度、不同文化背景、不同民族、不同阶级和不同风俗习惯中的人，其社会性需要会有所不同。

按需要的对象，可将需要分为物质性需要和精神性需要。物质性需要，包含生活用品、劳动工具、文化用品等方面的需要。随着历史的进步，人的物质性需要的内容、种类、表现形式会不断趋向丰富和复杂。精神性需要属于心理性、观念性的需要。如参加科学文化知识学习、参加社会活动、进行品德修养、培养审美情趣等，都属于精神性需要。同样，生活在不同历史时期、不同政治经济制度、不同阶级与民族、不同文化背景中的人，其精神性需要也会有所不同。随着社会生产力的日益发展，人的新的精神性需要会不断产生。

2.需要层次理论

关于人的需要,国内外的心理学家们进行了大量的研究,提出了许多有价值的理论,包括马斯洛的"需要层次"理论、赫茨伯格的"双因素"理论、奥尔德弗的"生存、关系和成长"理论以及麦克利兰的"成就需要"激励理论等。国内的需要理论主要有冬青的"C 型需要层次论",雷鸣的"人类需要层次理论",俞文钊的"激励与去激励因素"的连续带模式。

1943 年马斯洛的"需要层次"理论提出以来流行甚广,是心理学家试图揭示需要规律的主要理论,对轨道交通客运服务工作具有很大的启发与指导。

需要层次理论把人类纷繁复杂的需要分为生理需要、安全需要、社交需要、尊重需要和自我实现需要五个层次。

(1)生理需要

生理需要,是指对饮食、空气、配偶、休息、运动等人类最原始、最基本的需要。这些需要对人具有自我生存的意义,如果得不到满足会危及生命。马斯洛认为:"一个人如果同时缺乏食物、安全、爱情与价值观,则其最强烈的需求当推对食物的需要。"轨道运输企业职工的生理需要主要指日常生活所需物质,企业可以通过提高职工基本薪酬、住房性福利、交通性福利、饮食性福利、医疗保健性福利等措施满足企业职工的生理需要,进而提高他们工作的积极性(图 3-1-1~图 3-1-4)。

图 3-1-1　单身公寓

图 3-1-2　职工浴室

图 3-1-3　多功能休闲区

图 3-1-4　工作餐

（2）安全需要

安全需要，是指对安全、秩序、自由、稳定及受到保护的需要。当人的生理需要获得基本满足后，安全需要即会出现。目的是降低生活中的不确定性，保障生活在免遭危险的环境中进行。

马斯洛认为人的整个有机体是一个追求安全的机制，人的感受器、效应器、智能和其他能量主要是追求安全的工具，可以把科学和人生观总的看成安全需要动机的一部分。安全需要表现在轨道运输企业管理中，管理者要为员工建立一个相对安全、稳定的工作大环境，这个大环境既包括物质环境也包括精神环境。如在工作中尽量保证员工身体的健康，远离职业病的危害；健全申诉制度，对员工一视同仁，尽量让员工感受到公平；完善养老保险、医疗保险和失业保险制度，使员工面临疾病、年老和失业时不再恐惧；保证一个相对稳定的员工队伍，减少员工主动跳槽的机会，保持企业的稳定性和发展的连续性（图 3-1-5、图 3-1-6）。

图 3-1-5　健身房

图 3-1-6　病有所医

（3）社交需要

社交需要也称为爱与归属的需要。马斯洛认为社交需要含有两个方面的内容。一方面为爱的需要，即人都希望伙伴之间、同事之间的关系融洽或保持友谊和忠诚，希望得到爱情，人人都希望爱别人，也渴望接受别人的爱。另一方面为归属的需要，即人都有一种归属于一个群体的感情，希望成为群体中的一员，并相互关心和照顾。感情上的需要比生理上的需要来的细致，它和一个人的生理特性、经历、教育、宗教信仰都有关系。

哈佛大学教授梅奥主持的著名的霍桑实验，证明了人们重视友谊、尊重、温情、关怀等社会交往需要的满足，实验验证了"满足了的工人是出活的"的论点。轨道运输企业可以通过以下途径提高员工归属的需要：①通过各种手段建立和谐的工作氛围。比如，可以建立职工之家，组织旅游或娱乐活动等来增加团队的友谊和凝聚力。②关心员工生活和疾苦，不仅要关心员工本人，还要关心员工的家庭和亲人。员工的生老病死、红白喜事企业都要有所了解，营造亲情管理的氛围，给员工以"家"的温暖。③制定并宣传企业奋斗目标和长远发展愿景，鼓舞员工士气。④建立教育培训制度。此类培训主要是使员工对人际关系问题有一个比较全面的认识。包括：员工与员工之间的感情、交往；员工本身的社会关系和心理状况；员工对单位、整个组织的认同感或疏离感；以及组织内各单位、各部门之间的关系等（图 3-1-7）。

图 3-1-7 铁路职工集体婚礼

（4）尊重需要

人人都希望自己有稳定的社会地位，个人的能力和成就得到社会的承认。尊重需要又可分为内部尊重和外部尊重。内部尊重是指一个人希望在各种不同情境中有实力、能胜任、充满信心、能独立自主。外部尊重是指一个人希望有地位、有威信，受到别人的尊重、信赖和高度评价。

马斯洛认为，尊重需要得到满足，能使人对自己充满信心，对社会满腔热情，体验到自己活着的用处和价值。

（5）自我实现需要

这是最高层次的需要，它是指实现个人理想、抱负，发挥个人的能力到最大程度，完成与自己的能力相称的一切事情的需要。也就是说，人必须干称职的工作，这样才会使他们感到最大的快乐。

马斯洛提出，为满足自我实现需要所采取的途径是因人而异的。自我实现需要是在努力实现自己的潜力，使自己越来越成为自己所期望的人物（图3-1-8）。

图3-1-8 "全国轨道交通服务明星"武汉地铁客运员工许蕾

马斯洛认为，低层次的需要，如生理、安全、爱与归属等需要，是直接关系到个体生存的需要，所以又叫"缺失需要"；而高层次的需要，如尊重与自我实现的需要，不是维持生存所必需，而是建立在人的潜能发挥、成就获得基础上的需要，是人成长、成熟的表现，所以又叫"成长需求"。据估计，在当代文明社会中，五类需要只要达到以下程度即可满足：生理需要约85%，安全需要约70%，爱与归属需要约50%，尊重需要约40%，自我实现需要约10%。

熟悉马斯洛需求理论，结合轨道客运服务中旅客的不同需要，把握好旅客需要的特点，为做好轨道客运服务工作奠定根基。

1.2　旅客需要与客运服务

1. 客运服务人员了解旅客需要的重要性

(1)有利于提高与改善客运服务人员服务质量工作

轨道交通运输企业的直接服务对象是旅客，他们带着多种多样的心理需求和复杂多变的心理活动来购买我们的产品，而提高工作质量的核心是满足旅客的需要。要使旅客满意，就必须了解旅客不同的需要和动机，把握他们各式各样的兴趣、脾气(气质)和性格。一句话，必须了解和把握他们的心理，进而投其所需、因人而异提供有效的服务。而旅客们各种心理现象及其产生、变化的规律，正是客运心理学所要研究的重要内容之一。

(2)有利于提高客运服务人员的角色服务意识

从目前轨道运输企业服务工作的状况来看，大多数服务人员尽职尽责、热情服务，但也确有部分职工服务意识差，工作态度简单生硬，甚至有个别人打骂旅客、敲诈旅客的现象。比如部分群众反映说，铁路的"门难进，脸难看，话难听，事难办"，这就影响了铁路的社会形象。改变这种状况的可靠途径之一，就是提高服务人员的心理素质，即通过学习，明确自己的位置，从而具备服务工作者应有的心理品质。

旅客花钱买了票，就等于收到了轨道运输企业的"请柬"，并与之签订了协议，轨道运输企业应该为他们提供可靠的安全保障与良好的服务。但如果我们的客运服务人员的角色意识差，就会认为自己在人格上与旅客是平等的，凭什么要受气。记得某车队在开展"旅客永远都不错，我们永远有不足"的活动时，有的职工就很不理解，"难道有的旅客用枕巾擦皮鞋也对吗?"

如果客运服务人员总是站在"常有理"的角度责怪人，旅客总有不足，我们就可以把个别旅客的错误作为借口，而不去检查自己工作中的不足，那么服务质量如何能提高? 学习客运心理，正是为了帮助客运工作者了解旅客，也了解自己，从而更好地工作。

(3)有助于轨道运输企业树立崭新的市场营销观念，实施科学的市场营销战略

运输市场变化无常，市场竞争日趋激烈，作为轨道运输企业需要随时随地了解市场环境和消费者的需求，并满足不同旅客的需求，从而树立良好的企业形象，这就不能不从心理学的角度来分析旅客心理和竞争对手(如航空、公路、水运等)的战略，从而搞好服务工作。在这点上，我国的许多轨道运输企业都做得相当出色，其共同的服务特点有：

1)以旅客需求为标准，更新服务观念，雕琢站、车环境

环境能够体现时代的氛围、文化的品位，能给短暂乘车的旅客留下持久难忘的印象。站、车从车体环境、人文环境到餐饮环境，从色彩到光彩，从视觉到感觉，从艺术到精神，一切围绕旅客心理，结合时代特色精心雕琢，必将带来意想不到的收获。

例1：郑州市轨道交通3号线一期列车标识色为"盛世橘"。列车车身图案提炼自商代青

铜器表面装饰纹理，与极具科技感的晶格图案相融合，图案层次丰富，灵动跳跃，体现列车风驰电掣的速度感(图3-1-9)。

图3-1-9　郑州地铁3号线

郑州市轨道交通3号线车厢宽敞整洁，不锈钢压纹座椅和加长腰靠为乘客提供了一个更为舒适的乘坐空间，每节车厢还配备了两台变频空调和空气净化杀菌装置，能创造温度适宜、洁净卫生的乘坐环境。

值得一提的是3号线车辆电子地图显示屏不但集合了站点动态信息的显示，还新增了车站出入口、卫生间、站台垂/扶梯和乘客所处列车车厢位置等相关信息。与传统的显示界面相比，不但版式整洁、构图美观，更重要的是新增了许多方便乘客了解的乘车信息。

"很多乘客到站下车后，都要跟着车站标识去寻找电梯、换乘通道以及出入口的位置，尤其是在高峰时段，会非常的拥挤。"郑州中建深铁轨道交通有限公司员工说。新界面所显示的信息内容是根据列车所处站点实时更新的，可方便车厢乘客提前了解当前车厢位置、电梯口、洗手间和出入口等相关服务设施的位置，待列车到站后便可快速找到乘客想前往的地点，大幅度节省通行时间。

尤其是对于携带大件行李的乘客，更是免去了拖着厚重的行李箱在站台奔走寻找垂梯的烦恼，有利于保障站内客流的安全。

此外，3号线车辆也与车站LCD信息显示屏做了信息联动互通的设计，乘客可在上车前通过显示屏提前了解列车哪节车厢比较拥堵，哪节车厢人比较少，便于乘客选择乘坐。

2)以旅客需求为标准，细化服务标准，提高服务质量

以特快旅客列车为例，旅客出门乘车，每人都有自己的生活习惯，在"流动的旅馆"里，人们会有许多担心。针对旅客"上车想有座、车上盼有水、睡觉要安静"的心理，特快旅客列车乘务员应认真落实"特快列车质量标准"，把服务的质量标准定位在旅客的心理位置上，针对夕发朝至列车的特点，做好服务很重要。如旅客夜里睡觉最不放心在行李架上的东西，为了解决旅客的后顾之忧，晚上熄灯后，乘务员一律不应坐在乘务室里，而是先要把旅客的鞋码放整齐，然后坐在过道的边座，观察通道内的情况，让旅客放心休息。

旅客的需求就是列车服务。品牌列车应遵循三条服务规律：

一是无干扰作业。结合夕发朝至列车的运行特点，改进夜间作业程序，减少清扫作业，压缩列车广播时间，推迟早晨拉窗帘时间，甚至对在旅客没有需求的情况下，乘务员一个单

程进几次软卧包房都应加以限制，用"静悄悄"的服务为旅客创造安静舒适的旅行环境。

二是礼让服务。列车乘务员在作业中、行走中要主动礼让和避让旅客，使旅客在车厢中感受到主人地位。

三是得体服务。做到：定点站门、定点换票、定点供水、定点自我介绍、定点去向登记；备品清扫工具定位；开口服务；开车后一小时内服务在车厢，不准进乘务室。

时时处处让旅客感觉到"我在你的身边""我为你提供服务"。过去，乘务员觉得搞卫生、做好事，是帮了旅客的忙，是一种奉献。如今，乘务员应走出服务心理的误区，认识到服务的真理就是"旅客永远是对的，我们永远有不足"。

3）以旅客需求为标准，不怕想不到，就怕做不到

站、车客运服务人员，在转变服务观念过程中，把"耐心"改为"细心"，如旅客看着车站或者列车上的"意见簿"很犹豫，想写点什么，又觉得不算是意见，还是免了吧。"意见"二字拉开了列车与旅客的心理距离。看来把"意见簿"改为"留言簿"，可以消除旅客的心理负担，让旅客通过"留言簿"自然表达感受。

4）以旅客需求为标准，创新乘务管理，追求更高境界

如今轨道运输企业的客运服务人员，始终把自己放在时代的大背景下，放在社会的需求下，坚持服务以旅客为本，服务理念以旅客为中心，用自己的爱心、诚心，努力树立品牌的形象，让旅客舒心、放心、称心。

2. 掌握旅客需要与服务水平提高

旅客在乘坐火车、高铁或地铁时，对服务的需要既有一定程度的差异性，又存在一定的共性。所以，在服务过程中，服务人员要做到顾全整体，满足个别，最大限度地提高旅客的满意度，提升企业的社会形象。以马斯洛理论为依据，以铁路旅客运输为例，从以下几个方面分析旅客在旅行过程中不同层次的服务需要。

（1）旅客的服务需要

1）车站候车旅客的服务需要

①旅客对顺利的需要。车站客运服务主要有旅客发送和旅客到达两大方面，始发旅客需要购买客票、托运行李包裹；中转旅客需要换乘，有的需要寄存包裹，购买土特产品；到站旅客希望能顺利地到家，或能顺利地找到一家称心合意的旅馆等。

总之，每一位旅客都希望把事情办得顺利一些，特别是长途旅客、老弱病残孕旅客和经常外出旅行的旅客，求顺利的心理格外迫切。

例 2：某旅客购买了×月×日 A 站至 B 站的车票，因视力障碍预约了重点旅客服务，旅客乘车到达 B 站时，发现并没有人提供便利出站服务，全程自己一个人出站，导致其心情焦急、烦乱，最终投诉。

②旅客对舒适的需要。候车室是旅客候车休息的场所。始发旅客流量虽然大，但候车时间一般不长，中转旅客候车时间反而还长一些。为了得到较充分的休息，每位旅客都有一种求舒适的心理，希望候车室的环境幽雅，空气清新，温度适宜，比较安静。倘若环境嘈杂，空气里充满了异味，地面上又不干净，旅客就会心情烦躁（图 3-1-10）。

③旅客对方便的需要。中转换乘的旅客不但希望顺利换乘，还希望车站提供方便的服务，如换乘方便、问事方便，假如遇到了下面这种情况，旅客会是怎样的心情呢？

例 3：某女士于 2020 年某日凌晨 1 时许，持联程票在站台咨询工作人员（图 3-1-11）能

图 3-1-10　大连高铁站高级软座现身候车室，好评如潮

否直接中转换乘。工作人员告知疫情期间不可以，要出站后再重新测温进站。旅客便提着大包小包的行李行至出站口，在出站口又问另一位工作人员"你们这里不可以直接中转吗?"该工作人员答"可以"。该旅客即产生不满，甚至是怨愤的情绪，并进行了投诉。

④旅客对安全的需要。火车站不仅是接发旅客的场所，而且往往是刑事犯罪分子作案的场所，旅客来来往往，治安情况比较复杂。每一位旅客都希望车站有良好的治安秩序，生命财产能得到保障。倘若车站治安不好，会使旅客提心吊胆。比如，莫斯科时间 2017 年 4 月 3 日俄罗斯圣彼得堡地铁接连发生的两起恐怖袭击事件，曾引起社会一度恐慌，导致很多旅客候车时安全心理无法得到保证。

⑤旅客对健康的需要。谁也不愿在旅行中生病，故旅客希望车站提供健康的食品，候车室能做到空气清新，环境干净。这样的环境，旅客才不会有生病的困扰和恐惧。

图 3-1-11　车站查询处

黄岩客运中心在二楼候车大厅安装了一台空气净化器，为旅客提供一个洁净的候车环境。据悉，这台空气净化器能有效分解有毒有害气体，去除甲醛、烟味、异味等，还具有去除粉尘颗粒、杀灭病菌、释放负氧离子等功能。

⑥旅客对尊重的需要。受尊重是人的正当需要，每一位旅客都希望自己的人格、习俗、信仰、愿望能得到车站人员的尊重，能看到热情的笑脸，听到友善的话语，体验到铁路这个临时大家庭的温暖。一旦人格受到侮辱，自尊心受到伤害，便会产生反感，甚至可能导致双方的冲突。

这里有一份旅客投诉，表现的就是旅客的不满心态。

例4：某日，我与丈夫乘坐一趟城际列车到站，出了出站口后没有立即离开，大约过了两三分钟，两名男工作人员走过来，其中一名对着我们大声呵斥："赶紧走，快点离开！"我问他能不能态度好一点，不要这么大声。另一名工作人员却对着我说"你进来！你进来我就打死你！"

2）列车上旅客的服务需要

①旅客对舒适的需要。由于旅途长，车厢的容积又有限，人员相对集中，活动的范围狭小，加上列车振动，旅客很容易疲劳，所以，求舒适的心理比正在车站候车时更为强烈，如希望上厕所方便、用水方便、睡觉舒服、温度适宜等。

例5：12月25日，一旅客乘坐沈阳局Z11次列车北京—沈阳北，18：30左右山海关站开车后，发现暖气没供热，车内温度较低，向列车员反映，列车员让旅客等待。20：00左右该旅客再次向其反映，列车员让该旅客去17或18车厢就座，旅客未同意，21：10左右列车暖气才恢复供热。为此该旅客提出投诉。

②旅客对饮食的需要。由于火车上的生活较为单调和乏味，除了睡觉，旅客的食欲相对来讲会旺盛一些，即使平时不怎么吃零食的旅客也可能因为无聊而买点儿瓜子、话梅什么的来打发时间，故希望列车能提供充足的食品、饮料和开水，并要求干净卫生、经济实惠。如果车上提供的是来历不明、不干不净的裸露熟食，如猪蹄、鸡腿之类，谁还会对列车服务有良好的印象？

例6：某日，于先生乘坐沈阳局D52次列车盘锦—北京，途中购买了土豆牛肉套餐一份，在食用过程中吃出金属丝。此时旅客会有什么样的感受呢？

③旅客对消遣的需要。旅客上车后，由于暂时摆脱了上车前紧张情绪的困扰，心情会逐渐平静下来，但随之就会产生离开家乡、亲人、工作岗位的孤独感、寂寞感或归心似箭的急切感等。如果这些感受增加，心理将呈抑郁状态，从而陷入苦恼。为了摆脱，旅客迫切希望有消遣方式能转移他们的注意力，好使时间"过得快一些"。

④旅客对安全的需要。运行中的列车一旦发生行车、火灾、爆炸等事故，往往难于逃脱；在列车上一旦患病又难以救治；行李架上的行李包裹容易被挤压；有可能遇上刑事犯罪分子作案，钱财被偷或被劫；等等，这都是旅客可能担心的。

⑤旅客对尊重的需要（与车站候车时基本相同）。

⑥旅客对明白消费的需要。

一旅客在补办卧铺票时，由于对票价提出质疑，结果得到了两次下调票价的"优惠"，于是，他忍不住想问，难道补卧铺也可以讨价还价？

在列车上，除车票问题外，还有食品饮料的价格让旅客头疼，餐车的消费更是让旅客们"看不懂"。旅客认为，消费就该"明明白白"。

（2）针对旅客需要，提高服务水平

1）提高车站服务水平

①针对旅客求顺利的需要,车站服务人员应想旅客之所想,急旅客之所急,千方百计为旅客排忧解难,迅速、准确地做好售票、签字、换乘、托运、寄存等工作。为了解决购票难、进出站难问题,目前已开通电子客票,实现无纸化、电子化的订票、结账和办理乘车手续等全过程,给旅客带来诸多便利以及降低成本,使广大用户可以体验到在线支付即刻拿"货"的消费过程,满足其电子商务的消费心理;为了解决中转难问题,可在站台上设置换乘便捷通道,这样中转时间短的旅客就可不出站直接上车或者换乘其他交通工具;为了使旅客能得到称心如意的座号,售票时应为旅客提供最佳购票方案,如为怕风的旅客找中间座,为体弱的旅客找茶几,为带小孩的旅客找长椅,为旅行结婚的旅客提供连号,为老弱病残孕旅客提供下铺等。为此,每个售票员应摸清车厢内座号位置的排列规律,同时还应严格售票纪律,杜绝一切与车票挂钩的服务项目,绝不能以票谋私(图3-1-12、图3-1-13)。

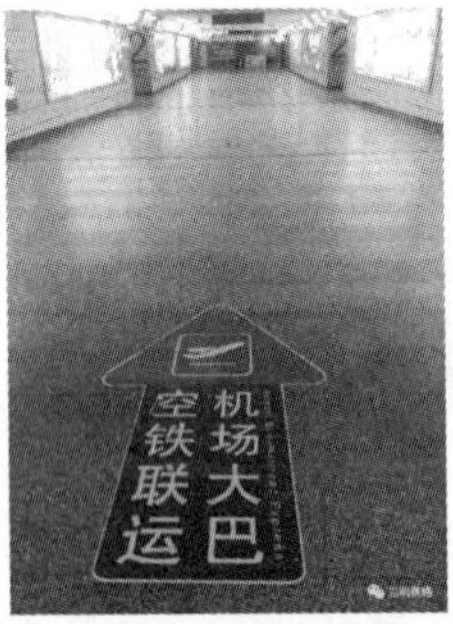

图 3-1-12　便捷换乘

图 3-1-13　空铁联运

②针对旅客求舒适的需要,应美化站容站貌,搞好清洁卫生,为旅客创造一个舒适的环境。广州车站在不断加大硬件改造的同时,注重在软件上下功夫。在各候车室配备针线包、医药箱,随时为旅客提供常用药品;在失物搜集处增设服务窗口,并配置轮椅、担架等用品,专为特殊旅客排忧解难;在候车厅及候车室设旅客咨询服务台、旅客意见箱及旅客意见本,为旅客监督提供方便。

③针对旅客求方便的需要,可在站内设售货亭、售书亭,候车室内应放置开水桶,向旅客提供充足的饮用水;对老幼病残孕且无人照顾的旅客,应送进站、送出站,送上市内公车或出租车,甚至将旅客送回家。

例7:长沙高铁南站内设立有一间占地300 m²的公共阅读书屋,旅客可在阅读书屋内通过现场布置的各种创意道具进行自由拍照,将拍摄的照片配以"鱼书计划·阅读书屋"的字样发送朋友圈,即可在活动现场免费领走图书一本。多彩的活动旨在推广全民阅读,提高活动的影响力,以"鱼书计划·阅读书屋"的"免费公共阅读+图书分享活动"为实现载体,促进全民阅读融入高铁出行和大众生活。阅读书屋内还设有旅客休闲区、阅读区、儿童阅读区、母婴室等区域,为不同需求的旅客提供更加优质的服务。

④针对旅客求安全的需要,应搞好治安秩序,严厉打击刑事犯罪分子,大力宣传旅行中的安全常识;要严格进行进车站时的危险品检查;对急病患者,应采取急救措施。

⑤针对旅客求健康的需要,车站应注意售货亭食品的清洁与卫生,保证不进假冒伪劣食品,注意卤菜熟食的消毒保管,不能任由不法小商贩进站兜售不洁食品;饮水也很重要,要

杜绝饮用水质量不过关的现象；车站来来往往的人多，应定期对候车大厅、候车室的设备进行消毒，特别是春运期间和流行病高峰期。

⑥针对旅客求尊重的需要，必须坚持文明服务，平等待人，不怕麻烦，尊重旅客的人格、风俗、信仰、愿望。

例 8：×月×日 Z×× 次列车乌鲁木齐南开车后，某旅客点了一份盒饭，并询问餐车长是什么菜，餐车长答复是辣子鸡块。待旅客拿到盒饭后，发现有一块红色肉片，询问餐车长是什么肉，餐车长回复是"火腿片"。旅客表明自己是回民，不吃猪肉。餐车长说："点餐前你没有说你是回民，你不吃火腿就行了"。旅客回答："你们不知道回民不吃猪肉吗？"说完便离开了餐车。最后该旅客进行了投诉。

对有生理缺陷的旅客，更应特别尊重，切不可评头论足，因为他们一般都很敏感，自尊心更强，倘若受到嘲弄，便会十分不舒适，甚至会产生报复心理。对不小心损坏了站内设备的旅客进行处理时，态度要和蔼，语言要文明，不可得理不饶人，以免引起其他旅客的义愤。

例 9：荣获全国"文明车站"称号的武昌站专门设立了"心连心"服务台，并开辟第二课堂，对客运人员进行英语、哑语、护理技能培训，还从日常工作实践中归纳总结出包括伤残、军人、少数民族、外籍旅客在内的特殊"对路"服务法，处处围绕满足旅客需求下功夫，故令旅客们十分满意。

2）提高列车服务水平

①针对旅客对舒适的需要，发车前应搞好车厢内的卫生，以便使旅客登上火车就有一种舒适、愉悦之感。列车在运行中，既要随时打扫，又要做好宣传，争取在旅客配合下搞好车厢卫生。如，对吸烟的旅客，应不单使用罚款手段，以免引起反感或引发冲突，尽量宣传教育、劝导旅客在车厢连接处吸烟；对乱扔果皮纸屑的旅客，也应以劝导、教育为主。同时，多摆放一些果盘和套袋垃圾桶，勤搞卫生。车上的厕所也是旅客投诉的重点，在列车运行的途中，应注意用除臭剂清洗洁具和地面，不要随意关闭厕所。硬座车厢应配备一定数量的超员凳，以便需要时供给无座的旅客。卧铺车厢的卧具要清洁且摆放整齐，夜里要及时拉好窗帘。到站前不要清洁卧具，以免打扰旅客。列车上还可以开展一些延伸服务项目，如为旅客介绍旅馆、代购船票或飞机票等。

②针对旅客对饮食的需要，列车要办好餐车，并提供充足的食品、饮料和开水。在列车上，可以看到大多数旅客都带着形形色色的食品，到了用餐时刻，纷纷取出食品。据某列车段一位多年主管餐车经营的人员介绍，当前大多数列车的就餐率不会高于 10%。乘坐火车旅行，在车上就餐无疑是再方便不过的。而实际上大部分旅客还是宁愿自带食品。原因当然不言自明，高昂的列车餐价已使很多旅客望而却步。

同时要特别注意，饮食服务要以社会效益为主，经济效益为辅，不可因为"只此一家，别无分店"就随意"宰客"。饭菜品种宜丰富，质量要好，要干净卫生，同时在公平合理的前提下拉开价格档次，以满足不同习俗和不同经济收入水平的旅客的需要。此外，要切实保证开水的供应，不可用出售饮料来取代供应开水；同时要严禁不法商贩上车叫卖，以次充好，坑骗旅客。对上车检查工作的领导等，也要坚持付费就餐的制度，以减轻旅客的负担。

③针对旅客对消遣的需要，可向旅客介绍沿途的名山大川、名胜古迹、风土人情及历代名人故事等，多准备一些书报、杂志、棋类、扑克，供旅客挑选。播音室要不时播放一些轻音乐，以缓解旅客旅途的疲劳或心头的不安，也可播放一些曲艺节目，增添旅途的乐趣。逢年

过节时更应增加一些服务项目，从而减少客运职工和旅客们思乡之苦。

④针对旅客对安全的需要，必须严格禁止旅客携带危险品上车，要组织好上下车秩序，避免旅客挤伤或摔伤。乘警要密切注视刑事犯罪分子的不法行为，保护旅客财产安全，列车员要组织把行李包裹放稳当，防止坠落伤人。列检要经常巡视车内的技术状态，停车时认真检查车辆走行部，确保行车安全感。

旅客朝车下扔啤酒瓶、汽水瓶，既不安全，也不利于环保。砸伤车外行人、铁路巡道工或施工人员的事时有发生，而车下向车上还击，并因此而砸伤旅客之事每年都有，虽然现在的车厢玻璃越来越高级，但这种行为也会吓着旅客或铁路工作者。所以，可以采取回收啤酒瓶、汽水瓶、矿泉水瓶的措施。

⑤针对旅客对尊重的需要，对旅客要一视同仁，不可以权势、以貌取人，更不能居高临下。要平等待客，要坚持"微笑服务"，讲究语言艺术，做到"旅客上车有迎声，服务到座有话声、问事相求有回声，工作失礼有歉声"。要坚持"体贴服务"，为旅客创造方便，要坚持标准化作业，语言动作要规范。某段开展"星级列车员"评比竞赛，实行全程站立微笑服务，除保证旅客正常供水外，还实行"四杯茶水"服务，即上车时一杯问候茶，临睡时一杯舒心茶，就餐前一杯开胃茶，下车时一杯再见茶；并公开向社会承诺"车上有困难时找车长，乘车不满时请投诉"。结果是，有关部门多次向旅客调查，而旅客的满意率始终保持在99%以上。

例10：广州客运段长期以来坚持"路风是国誉，岗位是国门，旅客是亲人"的工作方针，高标准、严要求，将列车服务工作规范化、制度化、标准化。近年来，他们先后制定完善了多项工作制度，对多年以来积累的列车服务工作的先进经验进行了科学的总结，逐步形成了车班的"小法规"，并在列车服务工作中严格执行。不管您踏上列车的哪一节车厢，看到的将是同样的笑脸，享受的是同样的服务，感受到"家"一般的亲切和温暖。旅客都称赞乘务员是老人的拐杖、孩子的朋友、盲人的眼睛、病人的护士、外地人的向导。

1.3　知识拓展

特殊旅客服务需要

特殊旅客是指那些应给予特殊照顾的旅客，或由于其身体和精神状况需要给予特殊照料，或在一定条件下才能承运的旅客，如婴幼儿、孕产妇、病患、残障人士等。特殊旅客服务就是基于这些旅客而做的服务。特殊旅客之所以特殊，是因为他们和一般人不一样，他们在某些方面需要接受特殊照料。根据实际情况，我们对特殊旅客进行了一定的归纳与分类，总结出以下几种情况：

1. 老年旅客服务需要

随着年龄的增长，老年人的各种脏器功能都会有不同程度的减退，导致视力和听力的下降，动作和学习速度减慢，操作能力和反应速度均降低，从而对环境的适应能力下降，加之记忆力和认知功能的减弱和心理改变，常常出现生活自理能力的下降。针对这些特点我们提供相应的服务，服务过程中一定要仔细，要有耐心，语气要缓，动作要慢，要稳，特别是要尊重老年旅客的意愿。比如，老年旅客上车时，一定要热情打招呼，给他们一个愉快放松的氛围，引导他们找座位就座，并帮助他们放置行李；旅途中，经常询问他们的需求，并尽最大努力满足他们；上厕所时，老人腿脚不便，我们需要主动搀扶；很多老人自尊心很强，不会主动求人帮忙，或怕给别人带来麻烦，我们得去跟他们聊天，让他们不感觉孤独，精神上的愉悦能有效缓解疲劳，同时也可以进一步了解他们的需要；下车时，主动询问老人是否需要帮助；有必要时，及时联系车站工作人员。

2. 残疾旅客服务需要

残疾旅客，是指有生理缺陷的旅客。与正常人相比，这些人自理能力差、有特殊困难，迫切需要他人的帮助。但是很多残疾旅客自尊心较强，一般不会主动要求客运人员提供帮助，总是要显示他们与正常人无异，不愿意别人把他们看成残疾人。因此，客运人员在服务过程中要及时了解这些旅客的心理，特别要注意在交流过程中尊重他们，最好悄悄地为他们提供帮助，让他们感觉到温暖。

例 11：据株洲网报道，2020 年 4 月起，停运五年的醴茶线恢复客运业务。8 月 2 日，18位来自株洲市各区的残疾人，在社会爱心人士和株洲火车站党员的帮助下，组团乘坐 K9033次列车，前往炎陵县旅游。他们当中很多人还是首次乘坐火车出行。

3. 儿童旅客服务的需要

儿童旅客的基本特点是性格活泼、天真幼稚、好奇心强、善于模仿、判断能力较差、做事不计后果。鉴于儿童旅客的这些特点，客运人员在提供服务的时候，尤其要注意防止一些站、车不安全因素的发生。如要防止活泼好动的儿童乱摸乱碰站、车上的设施、设备，可以通过提醒小旅客的随行成年人进行照看与监管；列车启动、停车时要注意防止儿童四处乱跑等。

4. 孕妇旅客服务的需要

一般来讲，孕妇乘车时，都会有随同人员。进站乘车时，孕妇的体质较弱，情绪高度紧张。客运员在提供服务过程中，对孕妇旅客一定要提供细微周到的服务。比如，孕妇候车时，将她们引导至母婴候车室，母婴候车室客运人员要做好孕妇旅客提前进站上车的工作。在列车上，发现无座的孕妇乘车时，列车员应向列车长汇报，为其安排卧铺（最好为下铺，无法安排时，尽量与下铺旅客协商解决）。乘车过程中，乘务员应做到"三知三有"，一旦孕妇出现突发情况，及时通知车长，并广播寻医，确保孕妇旅客的安全。

例 12：人民日报报道，2020 年 4 月 5 日 16：20 分许，广州客运段深新五组值乘的 Z229次列车（衡阳至广州）正在韶关东站至英德站区间运行，列车长吴时花突然接到 7 号车厢当班列车员肖建湘的呼叫，称 7 号车厢 5 组下铺孕妇旅客有临产迹象。吴时花接到呼叫后，立即通知广播寻找车上的医生旅客，随后赶往现场，并拨打广铁客调电话呼叫 120。车班立即组织疏散 7 号车厢内旅客，搭建临时产房。遗憾的是，列车广播并未找到该趟列车有医生乘车。经过吴时花及一众乘务员的努力协助，列车到达英德站前，该孕妇旅客顺利产下一名男婴。列车于 16：36 分到达英德站，站停约 10 分钟后 120 医生到场，经检查后证实母子平安。乘务员协助向医护人员顺利移交产妇、婴儿及陪同人，完成了这一番紧张的"接生之旅"。

5. 国际旅客服务需要

目前到我国参观、旅游、考察、工作、留学的外国人越来越多。但是，很多外国人不懂汉语，在交流上存在语言障碍。在旅行中，特别是发生一些突发事件时，往往给他们带来很多麻烦。因此，在客运人员为国际旅客服务时，要了解他们此行的目的，用较熟练的外语与他们交谈，态度要和蔼热情、不卑不亢，注意语言得体，对外宾与国内旅客要一视同仁。另外，客运人员在为外宾提供服务时，要了解他们的文化背景。不同文化背景下的人们由于宗教信仰,民族习惯等原因,他们在进行非言语交际的时候即使表达相同意思,其表达方式也各有不同。例如:东方人相互交谈时一般不直视对方,并还因交际双方年龄、地位、性别等因素有所差异,而西方人则希望对方目视自己以示尊敬;还有在中国文化中点头表示肯定,而有些国家的文化中点头表示"NO";等等。服务中的对象千变万化,客运员应根据不同服务对象适时调整非言语交际方式,让不同文化背景下的旅客都能体验到温馨的服务,并正确掌握国际旅客通过非言语交际所想表达的意愿。

要想有效把握国际旅客的服务需求,客运服务人员必须能够与旅客进行有效沟通。沟通交流主要有言语交际和非言语交际两大部分组成。客运人员必须提高英语听力和口语能力,并注重不同文化沟通交流中非语言交际方面的问题,才能准确把握旅客需求,提高服务针对性和服务效果。

1.4　相关规范、规程与标准

城轨客服人员服务规范(摘录部分内容)

1. 接发车服务规范

①迎车:客服人员接车时,应面向迎车方向,双腿直立并拢,脚跟相靠,脚掌呈 60°的"V"字形分开,身体重心落两脚正中,两手臂自然下垂,中指贴于裤缝。

接车:列车接近站台区域时,客服人员应密切注视列车运行动态及站台门状态,列车经过站立位置时,向左(右)转身,双目目视车体,列车停稳后,引导乘客安全上下车。

②送车:车门、站台门依次关闭后,客服人员应面向车体方向,双腿直立并拢,脚跟相靠,脚掌呈 60°的"V"字形分开,身体重心落两脚正中,两手臂自然下垂,中指贴于裤缝。列车车尾经过站立位置后,客服人员应向左(右)转身,面向列车离去方向,目送列车直至列车开出站台区。

③客服人员接发车时,站立位置应在站台黄色安全线外,靠近紧急停车按钮处;当紧急停车按钮设置位置与站台扶梯位置有一定距离时,应根据客流变化特点,选择在可兼顾二者的位置站立。

2. 窗口服务规范

①充值服务和兑零服务:执行一收、二唱、三操作、四找零服务标准,客服人员应根据现金消耗情况,及时补充纸币或硬币,禁止在乘客兑零服务过程中出现断供现象。

②异常票卡处理:执行一收、二验、三唱、四操作、五找零服务标准。

③问询服务:执行一听、二答服务标准。

3. 巡视服务规范

①客服人员遇乘客抢上(抢下)列车时,应及时劝阻,并主动提醒乘客"请勿抢上(抢下),注意安全";上下车客流较大时,应主动提醒乘客"请抓紧时间上车,注意安全"。

②客服人员遇乘客倚靠站台门时,应主动提醒乘客"请勿倚靠站台门,谢谢"。

③客服人员遇乘客触碰到禁止触碰的设备、设施时,应主动提醒乘客"请勿触碰设备,谢谢"。

④客服人员遇乘客奔跑时,应主动提醒乘客"请勿奔跑,注意安全,谢谢"。

⑤客服人员遇乘客站在闸机内无法出站时,应主动提醒乘客"请站在闸机外,重新刷卡

(投票)谢谢"。

⑥客服人员遇乘客站在闸机处刷卡后无法出站时，应主动提醒乘客"请拿好您的票(卡)前往客服中心处理,(谢谢)"。

⑦客服人员发现乘客插队时，应主动提醒乘客"请大家自觉排队，多谢合作"。

⑧客服人员引导乘客搭乘扶梯时，应站在电扶梯靠近急停按钮附近，主动提醒乘客"请站稳扶好，注意安全"。

⑨客服人员发现设备、设施故障时，应及时做好报障处理；需要张贴告示提醒乘客时，及时张贴。

⑩客服人员巡视时，巡视步速以 0.8~1.5 米/秒为宜。

4. 无障碍服务规范

(1) 盲人服务流程

①遇见盲人乘客，应主动询问"您好！请问有什么可以帮到您？请问您去哪里?"

②乘客表明目的地后，应回复"我送您去站台/请稍等，我通知工作人员送您去站台"。

③乘客表示需要帮助后应做到以下三点：一是手背触碰手背，一路陪同至上车；二是手放背后，或把乘客的手搭在自己肩膀上，或一起握着盲杖(如对方有洁癖等)；三是走路速度缓慢且稳，不能忽快忽慢。

4) 乘客上下站厅站台时，应提醒乘客上下楼梯/扶梯/垂直电梯。

5) 乘客进垂直电梯后，应提醒转身，员工内转向(即面对面转向)。

6) 乘客需要坐下时，应把乘客的手引到凳子的靠背。

7) 乘客上车后，应通知目的站/换乘站做好准备。

8) 乘客下车后，目的站将乘客送至出入口。

(2) 轮椅服务流程

①遇见轮椅乘客，应主动询问"您好！请问有什么可以帮到您?"

②如遇垂梯故障，需要走楼梯，应做到以下几点：①锁闭轮子；②抬手轮圈和小腿支杆；③禁止手抬后部推把和前部扶手；④推到对应的站台门处；⑤准备踏板，推轮椅时脚踩踏板防滑。

③如轮椅乘客要求不使用踏板，直接手推上车。

④上车后，应通知目的站做好接待准备工作，目的站应做好接待准备工作，准备踏板。

⑤如站台门打开后，如轮椅乘客要求不使用踏板，则从后面拉轮椅，后轮子到了车边缘处时微微抬起轮椅，缓缓放下。

1.5 相关案例

共担风雨！高铁班组请支援武汉的医生吃爱心晚餐

2020 年 2 月 4 日，对于列车长王娉婷来说是个难忘而又感动的日子。当天她有幸为一群支援武汉的英雄送行，并和同事们一起，自掏腰包请他们吃了一顿爱心晚餐。

这天 15：47，由广铁集团广九客运段值乘的 G76 次列车从深圳北开往郑州东。列车长王娉婷提前接到通知，广州南站将有一批来自广东省第二人民医院的 51 人医疗救援队乘车前往武汉支援。

王娉婷是湖北随州人,父母和3岁的儿子都待在老家,因为疫情的原因,她过节不能回家。"他们这么奋不顾身地去帮助我的家乡人,我一定要尽我所能为他们做点什么。"眼看到了晚饭点,想着医疗救援队还没吃饭,王娉婷打算自己出钱,请他们吃一顿热乎的晚餐。

谁知被列车员刘艳发现了,她立刻说:"让我们也出一份力吧,向白衣天使们表达我们的敬意。"于是,车班乘务员、乘警和车队支部书记大伙儿一起凑了1492元,为医疗救援队送上了51份热乎乎的盒饭和面条。

接到爱心盒饭,医疗救援队非常惊喜和感动,领队劳医生说:"感谢你们的心意。你们铁路人坚守在一线,也要面临着风险,请你们一定要保护好自己。"

(资料来源:《中国青年报》)

项目训练

[训练目的]

学习马斯洛需求理论,通过了解旅客旅行需求,掌握客运服务岗位中的服务技巧,进一步提升服务技巧与能力。

[训练内容]

在旅行中不同旅客有不同的需求,如饮食、安全、方便、快捷、舒适、健康、尊重等,每一种需求是否获取满足,都将直接影响到轨道运输企业的服务水平。分组训练,每一组选择一种需求场景进行表演,表演完后由其他小组打分。

[考核标准]

教师评分,评分为百分制(10分为一个等级,如100、90、80……),填于表3-1-1中。

表3-1-1　评分

序号	项目	权重/%	得分
1	表演是否准确、到位	30	
2	表达是否清晰、扼要	30	
3	参与是否积极、主动	20	
4	学生态度是否谦逊	20	
	合计		

复习思考题

1."相关案例"中体现了旅客哪些需求?

2.试举例说明车站客运各岗位中经常遇到的旅客服务需要有哪些?

3.北京至珠海列车上,头等车厢一位外籍旅客突然怒气冲冲走到服务区大发雷霆,抱怨列车员在两个小时里没有为其提供任何服务,甚至连杯水都没有,头等车厢列车员马上端了杯水送过去,被拒绝了;接着又端了盘水果过去,仍然未予理睬。如果你是乘务人员该怎么做?

内容 2　旅客旅行的心理活动与服务

2.1　相关知识

1. 研究旅客旅行心理活动的目的

(1) 旅行中旅客心里想些什么

旅客在旅行中心里想到的各个方面都反映了旅客对运输服务部门的要求。只有了解了旅客心里所想的问题之后，才能提供使其满意的服务。

(2) 根据旅客的需求运输部门采取相应的服务措施

根据旅客的需求采取相应的服务措施，会使服务更有针对性。

例 1：在高铁网四通八达、"复兴号"飞驰在祖国广袤的大地上的今天，全国仍有 81 对公益性"慢火车"十几年如一日地翻山越岭，让沿线百姓享受铁路改革发展的红利，带动了地方经济社会发展和脱贫攻坚。其中在湖南怀化，有四趟没有空调、逢站就停的绿皮"慢火车"，它们穿行在大山深处，为沿线菜农、果农、居民和学生服务，最低票价只要一元。

2. 旅客的心理需求的介绍

不同旅客的心理需求是有差异的。按照人类需要发展的规律性和层次性，我们可以把旅客的需要分成三大类：天然性需要、社会性需要和精神性需要。

(1) 天然性需要

作为旅客他有天然性需要(主要包括生理需要和安全需要)。这是因为出门在外，首先必须保证机体的生存和健康，才能顺利进行各种活动以达到预定目的。在长途旅行中，旅客的饮食需求如果得不到满足，将是无法忍受的。故旅客不仅要求车站、列车提供充足的食品和饮料，而且要求候车室、站台和车厢内环境舒适，以保障休息质量，不然就会产生不良情绪，如烦闷、焦躁不安等，从而对铁路产生不满。所以我们首先可以让车站以及列车上的食物足以满足旅客的需要，并且规定合理价格，不要偏高，不让旅客产生不满情绪。旅客的安全需要是多方面的，主要是保证人身和财产安全。所以我们可以在候车室以及列车上多巡视，并且验票进候车室、进车站，不让坏人有机可乘。

(2) 社会性需要

社会性需要主要表现在需要进行社会交往，需要得到别人，特别是客运职工的尊重和理解。人人都有进行社会交往的需要，旅客也不例外，尽管他们在外的时间长短不一，但由于远离家乡和亲人，难免会有寂寞和孤独感，所以希望与接触到的人建立和谐友好的人际关系，交流感情，减轻同亲人分离的痛苦或某种焦虑。尊重的需要包括自我尊重和得到别人的尊重，旅客希望听到客运服务员对他们的尊称，希望得到热情而有礼貌地服务，以满足自己的意愿和要求。尤其是有生理缺陷或有过错的旅客，更希望得到客运职工的尊重。

(3) 精神性需要

旅客的精神性需要主要有追求猎奇的需要、对艺术的需要及对美好事物的追求。追求猎奇的需要指增加见闻，扩充知识面；对艺术的需要指喜欢欣赏有风格的东西；对美好事物的追求，既包括对优秀歌曲、文娱节目等的追求，也包括对客运服务人员优质服务及好人好事的追求，这些都会使他们产生美的感受。可在列车上多放置一些杂志、报纸让旅客得到精神上的满足。

　　例2：2020年6月20日，全国首个"高铁读书驿站"在钦州东站启用。"高铁读书驿站"是广西文化和旅游厅聚焦文旅融合，旨在发挥铁路站点旅客密集的优势，搭建图书通借通还平台，构建全区"高铁读书驿站"互联互通网络，让旅途时光充满书香，让旅途阅读成为一种生活方式，让图书在城市间流动，促进全民阅读的开展和城市间文化的交流融合。

　　3.影响旅客旅行心理活动的因素

　　旅客是作为社会个体的人与旅客运输系统相结合的那部分人群。这些人因旅行这一共同行为集合在一起，形成一个临时性的群体。旅客在旅行中所表现的一切心理活动，以及在心理活动支配下产生的一切行为结果，受铁路运输系统环境内、外因素的影响。

　　(1)环境因素

　　人生活在一定的环境之中，环境可划分为自然环境、社会环境和人所创造的经济环境。

　　(2)个人因素

　　个人成长过程中，受环境的熏陶和接受的教育，以及个人发展中形成的社会、地位和身份，形成具有相对稳定的心理特征，影响人的心理活动及行为结果。

　　(3)旅客因素

　　旅客之间在旅行的过程中必然要相互作用、相互影响、相互制约。

　　(4)运输工具及服务因素

　　运输工具的舒适性、经济性、安全性、迅速性，以及运输部门所提供的服务质量，影响旅客对该运输工具的选择，也是旅客心理活动转化为行为结果的直接原因。

　　旅客旅行的心理活动受上述各个方面的综合作用。在了解旅客心理时，需要用系统的方法综合考察每一因素及相互关系，这样才能把握心理活动的内涵。

2.2　旅客特征心理与客运服务

　　1.旅客旅行的共性心理与服务

　　(1)旅客旅行需要的表现

　　1)安全心理

　　旅客乘车旅行最根本的需要就是安全的需要，它包括人身安全和财产安全两个方面。每一位旅客都希望车站有良好的治安秩序，倘若治安不好，会使旅客提心吊胆。为保证旅行安全，旅客常综合考察自然环境状况、社会治安情况和运输工具的安全性等内容，再做出是否旅行的决定。当亲友出门旅行时，我们祝福他们"一路平安"，这代表了出门旅行者最普通、最基本的共性心理要求。既然是"一路平安"，就是指旅客从离开家门，一直到目的地，包括旅行的全过程都平平安安。"平安"就是不发生任何危及人身安全和财物安全的意外事故，也就是不会发生人身碰伤、挤伤、摔伤、烫伤等情况，旅行中所携带的财物、文件资料保持完整，不会发生任何丢失或损坏的事情。在旅客运输服务过程中，努力实现旅客旅行安全心理要求，这是所有客运服务人员的首要工作。要求铁路运输部门加强社会、铁路沿线、车站和列车的治安管理，从技术装备上提高运输载体的安全性，从安全管理上提高客运服务人员对不安全因素的预测和及时处理的能力。

　　2)顺畅心理

　　人们送亲友出门旅行时，除了祝福他"一路平安"外，常说的另一句话就是"诸事顺利"，意为希望旅行中顺利、愉快，这也是出门旅行者的一个共性心理要求。旅客到车站购票，能够顺利地买到自己需要的车票；上车时，人虽然多，但能够顺利地找到座位；在用餐时间，车站或列车上能够提供经济、卫生、可口的食品；食用自带食品时，车站或列车能够随时提供开水；列车在运行途中，由于某些原因如铁路线路施工、意外运行事故等而被耽搁，在这种情况下，能尽量保证列车正点到达终点；准备换车时，有充裕的时间赶上接续换乘的列车；等等。这些都是旅客出门旅行的顺畅心理要求。要满足每位旅客的顺畅心理要求，做到时时顺畅、事事顺畅是不现实的。但是，从旅客运输服务管理角度，应尽最大的努力满足旅客的需要。在为满足旅客需要而做工作的同时，还要做好宣传工作。对旅客要有良好的服务态度，遇到不能满足旅客要求的事情，要进行耐心解释，使旅客明白为什么需求没有得到满足。在旅客旅行的过程中，由于运输部门的原因而发生的延误，影响到旅客旅行的顺利进行，旅客有权了解发生的原因，运输服务人员必须把事情的真相通告给旅客，让旅客心里有数，使其能够对自己下一步的行为预先进行计划。

例 3：4 月 4 日罗先生旅客乘坐太原局担当的 1486 次列车成都—太原 12 车 13 号上铺（正点 5 日 22：38 终到），列车晚点 6 小时运行，6 日 3：30 左右列车员为旅客换票，5：00 左右旅客醒来时发现车厢内已无其他旅客，急忙起床收拾物品时发现鞋子不见了，旅客从行李架上取下行李后光着脚走到车门处呼唤求助，13 车列车员将车门打开并协助旅客在站台垃圾桶内找到鞋子。在 12 车列车员经过时，旅客对其到站未确认旅客是否乘降完毕并将自己的鞋子扔掉提出质疑，列车员未给出合理解释，且在旅客声明投诉时态度强硬地称：你要投诉就去吧，随便你。如果你是这位旅客会有什么样的感受呢？

3）快捷心理

随着社会的发展，人们的时间观念发生了重大的变化，"快捷"成为旅客一个主要要求。缩短旅行时间，迅速到达目的地，可以节约时间，同时减少旅行疲劳。

4）方便心理

方便的需要表现在购票、进出站、上下车及中转乘车等方面的便捷性。"方便"要求减少旅行中的各种中间环节，达到"快捷"的目的。旅客出门旅行，希望处处能够方便，这是一种很普遍的共性心理。为了适应旅客的方便心理，我们需要采取一些措施，如车站周围有方便的交通让旅客快速到达；为了使旅客到车站后能快速方便地找到自己的候车室，车站可设置多个指示牌；客运服务人员应多注意着急、徘徊的旅客，多询问旅客的需求；售票处多开售票窗口，减少旅客排队等候时间；延长售票时间，使旅客随时都能购票；妥善设置候车室、检票口、站内通道引导牌等，减少旅客进站上车的走行距离；列车上每节车厢保证开水及时供应等。满足旅客的方便心理需求，其要点是使旅客感到处处、事事、时时方便，节省时间，能够使事情顺利办成。

例 4：2020 年 6 月 20 日，电子客票在全国普速铁路推广实施，此次推广实施后，全国铁路有 2400 个车站实行电子客票，覆盖了 95% 以上的铁路出行人群。普速铁路在电子客票实施后，旅客出行模式将由"身份证件+车票"简化为持有效身份证件扫描通过，实现"一证通行"，实名制核验、检票、验票更加便捷，闸机检票速度提高 3 倍，检票平均速度由 3.8 秒/人缩短至 1.3 秒/人，极大提升了进出站效率。

5）经济心理

经济心理表现在旅行需要的满足程度与所付出的费用和时间相比较，希望在一定的需要满足程度之下,所付出的费用和时间最少。旅客在乘车旅行中对经济性的考虑,一般是将两个因素结合在一起:一是花钱的多少;二是由谁出钱,是自己还是报销。

6)舒适心理

随着经济的发展,人们生活水平的提高,旅客对旅行的舒适性要求相应提高,对乘车环境、文化娱乐、饮食、休息睡眠等内容的要求也相应提高。这种需要的强度和水平受多种因素影响,特别是旅行时间的长短往往是起决定作用的因素。所以我们要确保设施、设备的质量,让旅客顺利到家,并且多宣传注意环境卫生。

7)安静心理

旅客出门旅行,离开家或工作场所,来到站、车与其他旅客一起共同旅行,一直处于动荡状态中。在嘈杂的环境中,尽量保持安宁,减少喧哗,动中求静,这是人之常情,是大多数旅客的共同心理需求,尤其是在人较多的候车室和车厢内,要求更为迫切。要保持旅客旅行中的安静环境,一方面旅客本身要约束自己,不要大声说话、喝酒猜拳、来回走动等。另一方面客运服务人员有责任加强对乘车环境的管理,积极地组织诱导和制止不利于安静的事件,避免旅客大声喧哗、吵闹,更要避免与旅客发生口角、争吵,影响旅客休息。

例5:1月11日吕先生乘坐呼和浩特局1136次列车天津—张家口南,凌晨2:00左右宣化站开车后,一名便装男子上车,在17车车厢内大声叫卖,兜售方便面、饮料及其他小食品,该车厢列车员听到叫卖声后打开乘务室门看到上述情况未予以制止。直至该旅客在张家口南站下车,闲杂人员一直在车厢内往来穿梭,反复叫卖而无人管理。因闲杂人员影响吕先生旅途中的休息,导致其产生不愉快的情绪,下车后他向12306客服中心进行了投诉。

8)受尊重的心理

受尊重是人的正当需要。每一位旅客都希望自己的人格、习俗、信仰、愿望受到客运服务人员的尊重,能看到热情的笑脸,听到友善的话语,体验到铁路这个临时大家庭的温暖。一旦人格受到侮辱,自尊心受到伤害,便会产生反感,甚至可能导致双方的冲突。这样就会对铁路带来负面影响。

(2)旅客旅行各阶段心理需要的表现

在旅客旅行过程中,不同阶段,存在不同的心理活动和需求内容。为此,需要对每一阶段的心理活动进行分析,实施有针对性的服务,以保证旅客的要求得到满足。旅客乘车旅行的心理活动过程可划分为以下八个阶段:

1)旅客动机的产生

任何一种旅行都有它的动机,主要表现在出差、旅游或探亲等方面。在做出旅行决定时,旅客常常对旅行的各种情况进行综合分析,存在一定程度的旅行顾虑。

2)旅行交通工具的选择

当旅客决定旅行后,就会考虑旅行工作的选择。旅行交通工具有火车、汽车、飞机、轮船等。对旅行工具的选择受旅行动机、旅行者身份、旅行时间、旅行费用及旅行工具的安全性、舒适性、方便性、服务质量等方面的影响。

3)购票

购票心理主要表现在两个方面:

①购票前的心理。反映在对乘车线路、车次及始发终到时间、购票时间、购票地点、购票手续、车票紧张情况等旅行信息的了解方面。

②购票时心理。反映在对旅行信息的进一步了解和掌握上。希望售票窗口按时售票，有良好的秩序，排队不需要太长时间，售票员服务热情，售票准确无误，能够买到符合个人要求的乘车日期、车次、到站、座别的车票。

4）去车站

主要考虑从住地到达车站所需要的时间，以及市内交通工具的选择。旅客常常担心赶不上车，所以总要提前一段时间到达车站。

5）进入车站及上车

在车站等候上车时的心理活动表现为多种形式，主要为：能否顺利进入车站；希望办理物品托运的手续简单、迅速、准确；在一个地方一次能够办完所有托运手续，不必增加搬运次数；希望检票地点明显，能快速寻找到候车地点；希望候车场所清洁、温度适宜、空气清新、照明充足；各种指示牌简明，广播明了、清楚等；信息不清楚时希望一次能够得到清楚、正确的回答，怕服务人员态度生硬，回答时不耐烦、不清楚；候车旅客多时，担心进站拥挤，希望能按时、有秩序地排队检票进站上车；漏乘时能得到车站及时处理。

6）车上旅行

在车上，旅客的需要表现在物品及人身安全、环境舒适、饮食方便、旅行中的消遣、对目的地基本情况的预先了解等。对长距离旅行的旅客来讲，这些需要表现得更为明显。在硬座车厢内乘车，希望能够迅速找到座位，放置好物品。希望车内卫生、整洁、不拥挤，饮水、饮食方便，服务人员热情，能够提前通报到站站名，有一定的娱乐设施。在卧铺车内乘车，希望乘车环境清洁、安静，得到舒适的休息，旅行途中不被干扰。在餐车用餐，希望用餐方便、卫生可口，质量好，价格适宜，也希望能够送饮食到车厢或买到其他经济食品食用。在沿途大站站台上购物，希望能够买到当地土特产品和风味食品。列车到站前，希望能够得到到站信息。

7）到站下车及出站

旅客到达目的地车站后，会考虑到托运物品的提取、城市交通工具的选择、饮食、旅馆等方面。希望能够有秩序地、迅速地出站；有亲友接站的旅客，希望能够很快见到迎接的亲友。

8）继续乘车旅行

如果旅客在到站做短暂的停留之后继续乘车旅行，需要解决中转签字或重新购票，以及在停留地的住宿、饮食等方面的问题。

对于旅客的这些心理，我们应在车站及车上设置旅客咨询或投诉点，方便旅客对不了解的环节进行咨询，对于不满意的地方当场投诉当场处理。

（3）旅客旅行心理需要的规律性表现

旅客旅行需要，无论是在总体的表现还是在各阶段的表现，都呈现一定的规律性，概括为以下三点：

1）需要的档次性

随着需要的满足，需要的档次在提高。对于旅客来讲，在把乘车旅行的需要转变为行动前，总是先把需要水平定在一定的程度上。这样，在其行动时，就会出现两种情况：

①需要水平定得太高。旅行条件不允许，需要不能得到实现。如果出现这种情况，旅客的旅行受挫，旅客可能会产生两种反应：一是中止旅行；二是将需要水平降低，然后再看旅

行条件是否允许。

②旅行条件能够满足需要水平的实现。这种情况下旅客的旅行行为能够进行下去。但旅行能够进行下去的同时，旅客的下一步需要水平也会相应地提高。因此，需要的满足，经历了由简单到复杂、由低级到高级、由物质到精神的发展过程，相互联系又呈现阶梯式上升。例如，旅客在对旅行条件分析的基础上，将车票需要水平定为硬座车票，如果到售票处能够很容易地买到硬座车票，这时他就可能会想若能买到硬卧票更好；如果硬座车票没有买到，而他又必须旅行，这时就会想到哪怕是有张无座号票也行。

2)需要的强度

旅行需要的强度受多种因素影响和制约，尤其是受旅行的目的、距离、时间以及服务人员的服务态度和质量等方面的影响和制约。

3)需要的主次性

在旅客旅行过程中，心理活动反映出的需要不是单一的，而是有许多种。各种需要之间不是并列、不分主次的关系。在旅行的每阶段总有一种或两种需要处于主导地位，其他需要处于从属地位。例如，乘车前，购票需要是第一位的，车票买不到，其他旅行的所有需要都不能成为现实；买到车票后，有关乘车安全、生理等方面的需要则占据主导地位。所以，要掌握旅客心理活动规律性变化，为深入细致地做好服务工作创造条件。

(4)满足旅客旅行共性心理需要的心理服务措施

1)延伸性服务

①加强旅客运输服务信息的宣传与信息的咨询。

②做好与其他交通运输工具的协调配合。

③加强旅馆、餐饮业的组织和管理满足旅客住宿、饮食方面的需要。

2)车站服务

①加强客运服务人员职业培训与管理，提高客运人员的管理水平。

②改进铁路车站的设计，增加购物、饮食、饮水、洗漱、如厕、娱乐、休息等服务设施。

例6：合肥轨道交通集团在线网推出了"小窗口、大服务"特色站点，对员工形象、增值服务等进一步优化。某日，合肥小伙小黄进入3号线市政府政务中心站，准备安检乘坐地铁时，不料被工作人员给拦住。原来，小黄出门很着急，忘了戴口罩。这可把他急坏了，"附近要去哪里买口罩呢？"看着小黄着急的样子，工作人员指点他，可以去前面的服务台解决燃眉之急。原来，市政务中心站为打造特色服务站点，工作人员在站内特别设置了一个咨询台。创可贴、口罩、笔、便利贴、纸巾、一次性雨衣、热水⋯⋯只要有乘客需要，都可以与车站工作人员联系。

③采用先进的技术设备。

3)列车服务

①加强对列车工作人员的技能培训，提供满意的服务。

②改进列车的饮食供比，提供物美价廉的食品和饮料。

③从旅客列车车体的设计和运用方面考虑，提高车体的座位的舒适性。

例7：京沪高铁VIP旅客都享受到如坐飞机一般的免费餐饮服务。车站服务方面，车站将设置商务座、一等座旅客售票专窗；候车室设商务座候车专区并配备专职服务人员；旅客候车时，可在餐食自助台取用饮料、小食品，阅读当日报纸，免费上网，享受行李免费搬运等。配置标准为：饮品标准 10 元；食品标准 10 元；报刊标准 5 元，含 4 种报纸和 3 种期刊。列车上，商务座车厢旅客配备防寒毯、靠垫、眼罩、小毛巾、拖鞋、鞋套、耳机等服务备品。免费提供饮料、正餐(含早餐)、休闲小食品和报纸。配置标准为：饮品标准 12 元；小食品标准 10 元，不少于 6 种干果类、点心类；餐食标准 30 元。

2. 旅客旅行的个性心理与服务

人们在旅行过程中的共性心理，是大多数旅客在旅行时普遍的、通常的心理要求。但对于每个旅客来说，由于自身条件、旅行条件、个人性格、爱好、观念的不同，又必然会有不同的心理要求，这是旅客旅行的个性心理需要。例如，学生的旅行心理，有的学生是好动不好静，有的学生却是好静不好动；买卧铺票的旅客有的希望买到下铺，而有的旅客却愿睡中铺甚至上铺。可见在旅客的共性心理需要中包含着个性心理需要，普遍规律中蕴藏着特殊性。旅客在旅行过程中，当旅行条件发生变化时，心理要求也会随着变化。旅行者的心理活动除受自身条件制约外，还受客观事物多变的影响。所以，旅客的个性心理与共性心理相比较，是十分复杂的。客运服务人员在服务工作中，既要掌握旅客旅行的共性心理，又要探索和理解旅客的个性心理，才能避免服务工作的片面性和盲目性，才能做到更加主动、更有针对性地实现文明服务、礼貌待客。

由于广大旅客的个性心理复杂多变，形形色色，包罗万象，客运服务人员要全部了解、掌握是极其困难的，而且也无这种必要。但我们应该注意综合一些具有较普遍、较典型、有代表性的个性心理，以便在日常服务中能够了解旅客的心理，提供有针对性的服务。

社会上的每一个人，都有可能成为旅客运输业的服务对象，从乘车旅行的角度，适当将市场细分，从研究每一类旅客的心理需要来了解这一类旅客旅行的个性心理需要，是有效地解决问题的出发点。下面用五种分类标准对旅客进行分类，分析每一类旅客的旅行心理。从某种意义上讲，这种通过分类获得的某一类旅客的心理，对全体旅客来讲，它属于个性心理，但对该类旅客讲，它属于共性心理。

(1)根据旅客气质划分

旅客的气质，在整个旅行活动过程中会通过他们的言行表现出来。深入细致地观察旅客的言行，可以了解旅客的气质类型，从而可以有针对性地提供服务。

1)急躁型旅客

急躁型相当于胆汁质。急躁型旅客对人热情、感情外露、说话直率而快、言谈中表现自信，这种类型的旅客容易激动，通常喜欢与人争论问题，而且力求争输赢。他们对服务的评价易走极端。他们在旅行中常常显得粗心，经常丢东西。在服务工作中，对急躁型旅客，言谈注意谦让，不要激怒他们，不要计较他们有时不顾后果的冲动言语，一旦出现矛盾，应当尽量回避。随时提醒他们别乱扔、乱放和丢失东西。多站在他们的角度着想，多与他们沟通，让他们感到满意。这类人很容易成为朋友也很容易给工作带来困难。

2)活泼型旅客

活泼型相当于多血质。活泼型旅客表现活泼好动，他们反应快，理解力强，显得聪明伶俐。他们动作敏捷、灵活、多变。旅行中他们对人热情大方，喜欢与人交往和聊天，喜欢打听各种新闻。他们情感外露，并且变化多端，经常处于愉快的心情之中。在服务工作中，对活泼型旅客，同他们交往，尽量满足他们爱交往、爱讲话的特点。旅行中服务人员应主动向他们介绍车站设施及娱乐场所，以及各地风光和特产，以满足他们喜欢活动的心理。

3)稳重型旅客

稳重型相当于黏液质。稳重型旅客平时表现安静,喜欢清静的环境。他们很少主动与人交往,交谈起来很少滔滔不绝和大声说笑,情感很少外露,使人猜不透他们想什么或需要什么。但稳重型旅客自制能力很强,做事总是不慌不忙,力求稳妥,生活有固定的规律,很少打扰别人。他们反应慢,希望别人讲话慢些或重复几次,自己讲话也慢条斯理,显得深思熟虑。他们的注意力比较稳定,对新环境不易适应,但一旦适应了又会对乘坐过的列车或打过交道的服务人员产生留恋之感。在服务工作中,对稳重型旅客介绍或交代事情时,应当注意讲话的速度,重点适当重复一下。在一般情况下不要过多地与他们交谈。如有交谈,尽量简单明了,不要滔滔不绝,以免他们反感。

例8:2014年春运济南铁路局的动车、高铁开启了不打扰式服务模式,所谓无打扰模式是指旅客需要服务时可以随时找到乘务员,但是乘务员会尽量不去主动打扰旅客,这样以保证旅客可以在列车上充分休息。另外,济南铁路局的相关负责人告诉记者:"今年春运会尽量减少高铁、动车的查票次数,出站不再查票。"不过,由于普快列车允许特殊情况的乘客无票进站,所以暂时普快列车出站时还是要查票的。

4)忧郁型旅客

忧郁型旅客相当于抑郁质。忧郁型旅客感情很少向外流露,心里有事一般不愿对别人讲,宁愿自己想。旅行中表现性情孤僻、不合群、沉默寡言,不喜欢在公共场合与人交往和聊天。这类旅客对事情体验深刻,自尊心强,很敏感,好猜疑,想象丰富。他们在遇到困难或挫折时,会表现得非常痛苦,如丢失东西,身体有病或与人发生纠纷后会长时间不能平静。他们行动迟缓、反应慢。在服务工作中,对忧郁型旅客应当十分尊重,对他们讲话要清楚明了,和蔼可亲。尽量少在他们面前谈话,绝对不要与他们开玩笑,以免产生误会和猜疑。当他们遗失物品、生病时,应当特别关心和给予帮助,想办法安慰他们,使之感到温暖。

例9:不同气质类型的人遇到看戏迟到的情景时会有什么样的表现?

胆汁质的人会与检票员争吵起来,甚至企图推开检票员径直走到自己的座位上去,说他不会影响任何人,并埋怨说戏院的时钟走得太快了。

多血质的人知道检票员不会放他进去,因而不会与其争吵,而是悄悄跑到楼上寻找另一个适当的地方观看演出。

黏液质的人知道检票员不会让其从检票口进入,他想反正第一场戏不会太精彩,还是暂时到小卖部等一会儿,等幕间休息再进去吧。

抑郁质的人则会说自己老是不走运,偶尔来一次戏院就这样倒霉,干脆回家吧。

(2)根据旅客职业划分

1)工人

工人组织性、纪律性较强,在旅行时对旅行条件一般要求不高,比较重视旅行费用的高低。私人旅行希望少花钱,公出旅行希望能获得旅行补贴。因此,能有个座、吃上饭、喝上水就行。没有座位也能克服。工人旅客在旅行中一般都能自觉地遵守铁路的有关规定,维护站、车秩序,并能积极协助和支持客运服务人员的工作。

2)农民

我国农民人口占社会总人口80%以上。随着经济的发展,农村改革与农民生活水平的提高,以及思想观念的变化,农民乘车旅行的次数和人数在增多。农民出门乘车旅行比较突出的特点主要表现在三个方面：①出门携带品多；②强调乘车的经济性，尽量减少旅途费用；③根据其旅行的特点，突出的个性心理活动是个"怕"字，怕事、怕别人询问、怕买不到车票、怕上不了车、怕坐过站，想问但犹豫不决不敢问。有些农民旅客听不懂站、车广播，听不清广播术语，不明白提示的内容。所以，客运服务人员应多掌握和体贴农民旅客的个性心理，主动、热情地为他们服务。

例 10：广铁集团作为服务外来务工人群最频繁的铁路系统，一直以来都本着"以人为本"的服务理念来为外来工团体提供订票服务。2015 年春运广铁集团进一步优化与完善了外来工团体订票程序与模式。一是扩大高铁团体订票范围。从适应企业和自组团多层次的订票需求出发，将节前始发高铁车票纳入外来工团体订票范围，并增加节后部分始发高铁办理返程票。二是改善订票服务条件。将中山订取票点的地址由原中山市内代售点调整为广珠城际中山车站。三是延长企业和自组团申报时间。由往年的 3 天延长至 5 天。四是严格实行团体订票身份证件信息核验。不符合要求的订票企业和自组团，坚决不予审核通过，从源头上进一步规范企业和自组团的订票行为。2015 年春运，广铁集团共受理 7923 家企业和自组团提出的订票申请，审核通过订票企业和自组团 7504 家，共办理订票 92.5 万余张。截至 1 月 7 日，共有 7000 多家企业和自组团取走 80 多万张外来工团体车票。同时针对上述许多企业年底赶工的实际，铁路部门 1 月 7 日起组织送票上门服务，计划将 8 万多张车票直接送进工厂。

3）军人

一般来讲，现役军人具有较强的纪律性、自觉性和组织性，能够主动维护站、车秩序，支持服务人员的工作。军人旅客的旅行中顺畅心理表现得很明显，一旦发生问题，不希望在大庭广众之下处理。单独旅行希望能买到预想的车票，能有个候车的地方。较注重文化生活，希望能听到新闻广播、看到书报。携带枪支文件的军人、干部，希望在站、车上不发生意外。

4）干部

干部大多具有一定的旅行知识，他们突出地表现出方便和顺畅的心理需要。希望买到预想的车票，担心列车晚点、打乱旅行计划，喜欢有个整洁、卫生的乘车旅行环境，能吃到经济可口的饭菜等。他们很注意客运服务人员的服务态度、服务作风、服务水平，十分关心旅客运输工作，常愿意提出意见和建议。

5）学生

学生旅客主要指的是大、中专学生。学生处于青少年时期，精力充沛，思想活跃。在乘车旅行中，乘车心切，急于想到目的地，总是尽量减少在车站的滞留及等待乘车的时间，买到车票有座即可。旅行中的心理行为表现在喜欢聚集成群，好奇、好动；喜欢说笑、娱乐、热闹；爱看书、串座、串车厢；到站喜欢下车散步买东西；夜间乘车横躺竖卧；饮食不讲究，经济实惠即可。客运服务人员对他们的行为应礼貌地多给予提示，以免影响别人，或给自己增添麻烦。

6）自由职业者

随着经济的发展，行业不断增多，为人们提供了多种可选择的职业。在旅客运输中，自由职业者人数不增加，这部分旅客给运输服务业提出了新的要求。自由职业者大体上可分为三种：

①经济条件优越，旅行常识比较丰富的自由职业旅客。由于经济条件优越，个人经历和阅历比较丰富，在与他人交往中常以自我为中心，随心所欲，讲究行为的长远效果。这部分

旅客的乘车旅行共同的个性心理是追求旅行的舒适性，不注重旅行费用，如：有软卧，不乘硬卧；有特快，不乘直快；有餐车供应饮食，不自己携带食物；等等。这部分旅客一般喜欢与同行的其他旅客聊天，或与客运服务人员聊天，联络感情。

②从事长途商业贩运的自由职业者。这部分旅客流动性较大，结构复杂。在一般情况下，他们携带的物品或资金较多，共同的旅行心理是既怕有人找他们的麻烦，又想在旅行中取巧，获得一定的利益。例如，有些人携带超重物品、违禁物品，企图在车票上做文章，花钱雇人捎送物品，与客运服务人员联络感情，替他们办事情；等等。因为，一些做法属于违章行为，他们怕被察觉，在旅途中常担惊受怕，心事重重。对待这部分旅客中有取巧行为或违法行为活动的，要按法律和规章制度严格处理；对大多数正常经营的长途商业贩运的自由职业者，应该热情、礼貌地为他们服务。

③去外埠做工的自由职业者。这部分旅客大多数属于青年农民，其中有的外出多年，有一定的旅行常识，有的初次离家外出，缺乏旅行常识。他们在乘车旅行的过程中，比较突出的心理活动表现在要求旅行的顺畅上。一般不计较旅行的条件，只要能够买到车票、乘上车、顺利到达目的地即可，其他都是次要的问题，少许困难自己可以克服。客运服务人员对这部分旅客，应该体谅他们的旅行心理，从购票、候车、乘车旅行、出站等方面提供使其满意的服务，不能因为他们不提或少提要求，而忽略了对他们需要的满足。

7)除上述职业以外的旅客

除上述按职业进行划分而提到的旅客种类外，还有其他种类的旅客。如港、澳、台、侨胞，外宾，城市居民，无职业者等各阶层人士，每一类旅客在乘车旅行中有一些共同的个性心理需要。通过分析这些共同的需要，可以有针对性地为他们提供服务，从而提高服务水平，创造好的经济效益和社会效益。

(3)根据旅行目的划分

旅客出门旅行，虽然有些人职业相同，但因旅行目的不同，其心理状态也会存在差异。同时，虽然职业不同，但旅行目的相同，也会有相同的心理活动表现。

1)出差

出差旅客共同的个性心理需求是旅行条件能好些，希望能够买到卧铺；乘坐较快、较好的列车；换乘车次受出差的目的制约，时间性强，怕晚点；饮食要求经济实惠；在旅途中喜欢站、车清洁、有序；爱看书、听广播，几个人聊天或玩扑克；比较关心旅客运输服务工作的改进和工作人员服务态度等方面的变化。

2)旅游

随着人民生活水平的提高，以出门旅游为目的的旅客将越来越多。他们的共同的个性心理是盼望顺畅、便利，能够玩得愉快、高兴。但长途和短途旅游的旅客又有不同的心理状态。

①长途旅游的旅客。因旅行距离长，对旅行条件要求较高，希望能够购买到预想的车次、车票种类，在站、车上休息好，希望能够多看到、听到沿途的风光和介绍，了解旅游景点的信息等。

②短途旅游的旅客。多数利用双休日、节假日到近郊名胜、海滨、集市等去做一两天的短距离旅游，所以时间观念强，乘车要求条件不高，只要能够上车，车内拥挤一些也可以，希望乘坐夕发朝至、朝发夕归列车，不超过计划旅行时间安排。

3)探亲访友

这部分旅客从事各种职业,在全部旅客中占有一定的比例,尤其是在重要节日或较长假日期间,这类旅客人数较多。探亲访友旅客共同的个性心理表现在旅客出门最基本的平安、顺畅、便利、安静等方面。

4)治病就医

乘车到外地就医,患者和陪同的家属心情都很沉重,一般有三种情况:

①重病患者。因存在生命危险,希望旅客运输部门给予方便、照顾。病人不离开担架,且担架放置平衡,陪护人员能够在病人身边,随时照顾病人。到站后能够迅速出站,前往医院等。

②病情不严重者。病情不严重者,有的有人陪同,有的无人陪同,一般能够自己照顾自己,但存在行动困难,希望得到照顾,能有一个坐、卧的地方,有餐、茶供应,万一病情严重,能够得到站、车的应急处理。

③行动不便的残疾人。残疾病人外出,往往希望在进出站、上下车时能够得到牵引扶持,在车站内、列车上能坐、卧,在饮食方面能够获得多方照顾。

5)通勤通学

这部分旅客每天要两次乘坐交通工具,乘车经验丰富,对车站、列车到开时间非常了解,时间观念强,往往按点上车,到站又急于下车;有些人常自认为情况熟、环境熟,有“应变”能力,图方便、好侥幸,忽略站、车的规定,于是违章违纪。客运服务人员要理解他们长期通勤通学、早出晚归的困难,对他们积极诱导,多同情、少强制,多服务、少指责,尽量为他们创造一些方便的旅行条件。旅客运输部门还可以和厂矿、学校签订协议,共同对通勤、通学人员的乘车问题进行管理,一起维护站、车秩序。

6)旅行结婚

随着经济的发展、生活水平的提高,人们的生活观念也发生了变化,越来越多的青年人喜欢采取旅行结婚的方式。结婚是一件愉快、高兴的事,常常图吉利、求顺畅、讲阔气。在旅行中,一般追求安静、舒适的乘车环境,不希望有他人干扰或影响他们正常、安静的旅行生活。对此实行礼貌、适当的服务显得很必要,而对他们过分的亲昵动作有碍观瞻时,客运服务人员要正确理解,婉言相劝,不要进行不礼貌的干涉。

7)其他

除上述旅行目的以外,还有疗养、参加体育活动、奔丧等多种旅行目的。其共性的心理和相近目的的旅行者大致相同。

(4)根据旅行行程划分

旅客因旅行行程不同,存在心理需要的差异。前面对长、短途旅客的心理状态进行了分析,下面从铁路运输部门按照旅行行程对旅客的分类分析旅客所具有的个性心理。

1)长途旅客

指乘车时间在 12 小时以上的旅客。长途旅客一般要求能够买到直通车票、卧铺票,希望用餐、饮水供应方便,喜欢看书报、聊天或进行一些娱乐活动消磨乘车时间,以解除长途旅行中的疲劳和寂寞。

2)短途旅客

因乘车距离较近,旅行条件较差也能够克服。短途旅客大部分在中间站上、下车,进出站的共同心理是图方便,喜欢横越线路,甚至在站内任意通行。因此,客运服务人员应对短途旅客的旅行安全或无票乘车现象要多加注意,需要从车站进、出站口设置,旅客进出站组织、引导等方面入手,加强管理工作。

3)市郊旅客

市郊旅客是来往于城市近郊或邻近城镇之间的旅客,通勤通学是市郊旅客中的一种。这部分旅客乘坐火车,就如同乘坐市内其他交通工具一样,希望随时买票,随时上车,没有座位,站一会儿,乘车时习惯站在车门处,到站时急于出站,越方便越好。他们来去匆匆,没有什么要求。客运服务人员提供服务时,说话礼貌就可以使他们满意。

(5)根据旅行中的旅行情况划分

1)没有买到车票,却又想乘车的旅客

这些旅客想方设法争取上车。客运服务人员应理解他们的心情,了解这些旅客急于上车的原因,如确有急事,应采取灵活机动方法,允许上车后补票。

2)上错车、坐过站、下错车、中途漏乘等旅客

旅客在旅行中发生这方面的失误,旅客本身有一定的责任。但从另一方面,也反映旅客运输服务中出现的一些问题,服务做得不周到、不细致。在发生此类情况后,旅客心情焦虑、慌乱,希望客运服务人员帮助他们妥善安排。客运服务人员应一面安慰,稳定情绪,一面积极想办法帮助解决,防止发生其他意外。

3)严重超员列车中的旅客

在列车严重超员情况下,会带来许多问题。例如车厢内拥挤、旅客无座席、空气不流通、闷热、有异味等。这种情况下旅客有怨气、心情烦躁,旅客时间越长表现得越严重。这时,应注意站内的环境,尤其是保持适当的通风和适宜的温度,做好对旅客的组织,使车内秩序良好。

4)携带危险品进站上车的旅客

携带危险品进站上车有两情形:①不知自己所携带物品为危险品误带上车,看到、听到严禁旅客携带危险品进站上车的宣传后,犹豫不决,不知如何处理。②旅客有意将危险品携带上车,他们担心被查出,对客运服务人员有害怕心理。客运服务人员对那些在乘车时表现犹豫、徘徊、坐立不安的旅客,应主动观察和询问,既可以查出危险品,防止意外事件发生,又可以了解到其他情况,提供适当的服务。

5)丢失财物的旅客

旅客丢失财物后,表现出着急、焦虑、埋怨、后悔、心情沉重,不知所措等心理活动和行为。客运服务人员要对丢失财物的旅客进行安慰,注意旅客的动态,防止发生意外;同时积极配合公安人员寻找、破案。

6)无票乘车或携带物品超重的旅客

在旅客中,常会出现买短途票乘坐长途车、买站台票乘车、不买票乘车、借用公用乘车证乘车、越席乘车、持无效票乘车、携带超重物品乘车等情况。对待存在上述问题的旅客,要分析问题产生的原因,判断是属于有意识还是无意识的行为。如果属于有意识行为,这些旅客常表现为心理惊恐不安,怕被发现。客运服务人员应坚持原则,按章办事,在处理中注意态度。

7)对旅行条件不满意、不如意的旅客

在旅客旅行过程中,总会出现一些对旅行条件不满意的事情,如未购买到预想的车票、

未购买到卧铺车票、托运行包受到限制、餐车用餐时对饮食或服务不满意等。在这种情况下，常表现出埋怨、气愤、不满情绪。对此，客运服务人员一方面检查自己工作中存在的问题，采取适当的方法改进；另一方面应耐心解释，争取旅客的谅解。

8）遇到意外事件的旅客

遇到意外事件可能由两方面原因造成：一是旅客原因造成的意外事件；二是旅客运输服务部门的原因造成的意外事件。对旅客运输服务部门造成的意外事件，如发生列车事故，会影响旅客正常旅行，甚至威胁到旅行安全。这时，旅客焦虑不安，心情烦躁，希望运输部门尽快排除险情，恢复列车运行。客运服务人员应沉着、冷静，稳定旅客情绪，积极妥善处理。

9）临时患病的旅客

旅行中突发疾病或女旅客突然分娩，本身痛苦、着急、忧虑，急盼工作人员帮助，这时客运服务人员要为之寻医送药，妥善处置，有条件时允许在较大车站下车送医院处置。

3. 旅客旅行的群体心理与服务

（1）旅客群体的特点

旅客在旅客运输服务部门内停留的时间多则几十个小时，少则十几个小时，旅客流动性比较大，人与人之间很少有思想交流，即使人与人之间有一些交流，也只是一般的聊天，不涉及思想深处的感受。因此，旅客群体有其独特的特点。

1）松散大群体

旅客群体是松散大群体，没有形成统一的规范制约人的行为。在这一群体中，人们受社会舆论、道德和观念的制约，起作用的是公平感、正义感，当遇到涉及部分或全体旅客利益的事情时，才会形成一致的统一的行为。例如，当客运服务人员与某一旅客发生摩擦时，如果客运服务人员一直保持和蔼、礼貌的态度，对于周围不知产生摩擦原因的其他旅客，有的可能站在该旅客的一方，有的可能站在客运服务人员一方，有的可能保持沉默不表态；但如果客运服务人员的态度比较强硬、不礼貌，则会造成周围的大多数旅客站在该旅客一方，联合起来对该客运服务人员进行批评、指责。因为，这时他们把该旅客所处的位置与自己进行了调换，即如果自己是那位旅客，遇到客运服务人员这样的态度，这是自己所不希望的。同情心及正义感使其他旅客结合在了一起。

2）紧密小群体

在旅客大群体中存在一些相识或结伴同行的几个旅客所组成的小群体，尤其是一些旅行团体在一起旅行。由于相识，他们在日常生活之中有一定的思想交流，在旅行中，他们之间的感情要比与不相识的旅客之间感情深得多，因此，在旅行中他们成为行为一致的群体，尤其是他们其中的某位与其他旅客或与客运服务人员发生摩擦时，他们更加表现态度与行为的一致性。

（2）对群体旅客心理的服务

1）加强对紧密小群体的关注

由于相同的旅行目的，紧密小群体内的各成员具有相同的言行，他们同行、同住、同食。因此，加强团体售票、团体候车、团体上车的工作，尽量使小群体成员无论在车站还是列车内都能在一起；避免与小群体内部人员发生争执，在他们中有人提出不合理的要求时，尽可能和蔼、礼貌地给予解释和说明；在遇到严重问题又必须解决时，在公正而讲道理的基础上，给予严肃处理。如果在列车上发生问题，列车上不能解决的，则在车站解决；如果在车站内发生问题，尽量把他们与其他旅客分离开，一方面可避免对其他旅客产生不良影响，另一方面可使问题得到有效处理。

2)用亲切、和蔼、礼貌的态度为大群体服务

由于大群体的一致行为往往是在旅客与旅客之间或旅客与客运服务人员之间发生冲突时产生。因此，亲切、和蔼、礼貌的态度可以为旅客造成一个轻松、愉快的乘车旅行环境气氛，可以避免一些冲突的发生。客运服务人员一定要加强自身的修养，避免与旅客发生冲突。对旅客大群体的服务，要从旅客共性心理需要和旅客个性心理需要两方面提供相应的服务。在解决旅客中的问题时，最好的办法是利用旅客群体内部的相互制约关系。例如，某位旅客吸烟，客运服务人员去制止，在语言的运用上，应说不是我如何让你做什么，而是你的行为会影响其他旅客的健康。这样就能将旅客和客运服务人员之间的关系转变为旅客之间的关系，会起到约束作用，也有利于问题的解决。

2.3 知识拓展

城市轨道交通安全、快捷、方便和准点的特点，是乘客将其作为出行首选交通工具的重要原因。随着城市轨道交通建设的不断延续，城市的轨道交通运营网络日渐形成，运营网络对城市地域的覆盖面也越来越广，市民对城市轨道交通的依赖程度也越来越高，因此城市轨道交通的客流量也越来越大。

2.3.1 乘客群体的归类和组成

城市轨道交通乘客的出行实质上是一种过程行为，而非是一次性的突发行为，城市居民的出行具有经常性、重复性和持久性的特征，因此有人将城市轨道交通的乘客特征归纳为"三老"，即在工作日，经常可以在同一车站供候车的老地方、基本上是相同的老时间，可以发现同一位乘客的老面孔。乘客的三老特征恰恰说明了城市轨道交通对于缓解城市交通拥堵所起的巨大缓解作用，市民已经习惯于将城市轨道交通作为出行的首选公共交通工具。

根据对上海轨道交通的客流调查，我们可以发现，轨道交通运送的乘客群，在年龄、职业、出行目的等方面，大致的分布情况见表3-2-1。

表 3-2-1　上海地铁乘客情况调查表

年份	性别/%		地别/%		年龄/%		出行原因/%		
	男性	女性	本地	非本地	≤30岁	≥50岁	通勤	因公	其他
2005	52.6	47.4	84	16	72.1	4.4	57.8	24	18.2
2006	52.7	47.3	80.6	19.4	67.3	4.8	43	40.3	16.7
2010	50.7	49.3	80.1	19.9	65.2	5.8	45.8	23.1	31.1
2011	50.5	49.5	80.3	19.7	64.8	6.1	48.2	22.5	29.3

根据上表提供的分类统计数据，可以对乘客按不同的特点进行归类。例如，按照乘客年龄分为年轻乘客群和非年轻乘客群体；按照乘客的地别分为本地乘客群体和非本地乘客

群体；按照乘客出行原因分为通勤、因公出差或包括购物、旅游等其他原因，对乘客进行分类，有助于根据同类乘客群体基本相同的出行期望，根据乘客群的心理需求，提供相应的服务。

年轻乘客群体、本地乘客群体和非本地乘客群体是城市轨道交通比较典型的主要乘客群体，掌握他们的心理特征，有助于提供服务质量。

2.3.2　年轻乘客的心理特点

年轻乘客具有年轻人的心理特点，而其中的独生子女乘客，尤其是本地的年轻独生子女乘客，更是不可避免地体现出青年人和独生子女的心理特征。

1. 热情好动、独立性强

年轻乘客的身上处处洋溢着青春的气息，活泼好动，在正常情况下并不与人有过多的交往，基本上是人手一个手机，沉浸在网络世界当中，浑身透出一股旁若无人、拒人于千里之外的神情。

但是一旦遇到意外事件，例如有人问询或为遗失物品着急时，他们一般都会热情地予以帮助，至少会告诉他们向地铁管理和服务人员求助。

2. 维权意识强、态度固执

由于从小养成了以自我为中心的倾向，走向社会后也要求别人的尊重。在心理上往往自觉或不自觉地会表现出一些任性的心理迹象，当感觉到自己的合法权益受到侵犯，甚至有些是自以为受到侵犯，都会表现出一种强烈的维权言行，如果感到维权言行未被人重视，行为态度的表现就会逐步强硬起来，如果认为问题没有得到合理的解决，一般都会坚持己见，态度较固执。

3. 服务要求高、肯提意见

一分付出一分收获的思想是年轻乘客的想法，因此他们觉得自己出钱购票乘车，就应当享受良好的服务。如果他们认为实际服务质量低于他们的心理期望目标，就会产生不满情绪，提出口头意见或建议或形成投诉意见都是常见的现象。这种情况下，地铁管理和服务人员要耐心听取他们的意见，本着有则改之无则加勉的态度，对于乘客的误解耐心解释、对于提出的意见态度鲜明地表示接受。

4. 自尊心强、情绪易偏激

年轻乘客一般脾气性格都比较急，在自己认为正确的事情上往往难以听从别人的解释或意见，过多的解释有时反而会激化矛盾。自尊心也较强，一般都不愿意接受批评或当众认错，因此地铁管理和服务人员要避免在大众场合对年轻乘客批评或呵斥，必要时可以请进办公室进行个别处理。

5. 尊重权威、能服从管教

年轻乘客总认为大家都是乘客、都是购票乘车，在出行方面是完全平等的，轮不到谁来教训谁，所以对于来自乘客的规劝一般并不会放在心上，即使是乘客中的年长者的意见，一般也听不进去。但是对于地铁管理区域内穿制服的地铁公安、地铁管理者或服务人员，甚至地铁保安人员的规劝一般还是能接受的，尤其对地铁公安人员，甚至带有一种敬畏，在年轻乘客与其他乘客发生争吵或纠纷时，掌握这一点是很有用的。

2.3.3　本地客流乘客的心理特征

1. 高峰客流乘客的心理特点

通勤乘客是高峰客流的主体，正是因为他们将轨道交通作为上下班、上下学的首选交通工具，因此高峰客流乘客具有明显的通勤乘客群体的心理特征。

(1) 赶点心理

通勤乘客由于预留的上班路途时间较紧张，出行路线一般都是家门到单位的两点一线式，因此他们追求的是花最少的路途时间就能到达单位，他们对交通工具的选择也是基于这一点。城市轨道交通发生影响较大的非正常运行，并造成运行列车的贻误，经媒体曝光后，一般都能获得乘客工作单位的谅解，有些单位甚至规定，由于地铁的原因造成的上班迟到可以不算，因此通勤乘客一般并不太担心因地铁原因造成的迟到，于是通勤乘客的心理期望就变成按时登上列车。

早高峰乘客群除了占较大比例的通勤乘客外，还有一批必须在早高峰时段出行的乘客群，例如赶飞机、赶火车或赶班车的赶点乘客。与通勤客流相比，赶点乘客希望列车运行正常的心理期望比通勤乘客群更高，因为赶点乘客如果不能及时到达，其贻误后果远比通勤乘客严重。

由于列车的运行速度与运行状态是乘客不能掌控的，因此列车上的乘客大多只能用一种听天由命的心理安静地度过路途的时间。

(2) 将就心理

通勤乘客每天的出行规律一般都相对固定，例如，几点几分出门，几点几分到达地铁车站、从某出入口进站后通过某进站检票设备进入收费区、从某座楼梯进入站台、乘坐每天准时会出现的某一班车，对每天都要光顾的车站的布局、乘车线路、服务设备位置、设备性能等也非常熟悉。如果没有特殊情况，他们在工作日基本上总是这样重复着这一乘车过程，并逐渐形成了固定的乘车规律。

轨道交通的进站、购票、候车、出站时必须履行的乘车程序，对于熟知车站布局的通勤乘客而言，必然希望在每一个环节都花费最少的时间，如果由于服务设备数量不足，在上述各环节都不能顺畅、快速地流动，往往就会引起乘客的急躁情绪，但囿于时间的局限，他们没有时间与车站管理方争论，只要能尽快登上列车，对于非原则性的问题，一般都采取得过且过的将就策略，此时乘客的将就心理占主导地位。在乘客的行为表现方面"就近心理""从众心理"和"自我心理"的倾向就比较严重了，伴随着的是较明显的"焦虑"和"疲劳"的表现。如果遇到突发运营事件时，更容易产生"怀疑"和"恐惧"心理。

2. 非高峰时段的本地乘客

本地乘客一般都有主人情结的心理，尤其在遇到非本地乘客问询或求助时，只要时间允许，自己又恰好是知道的，一般都会给予热情的帮助，但是高峰时段例外，因为高峰时段往往没有足够的时间为求助者提供帮助。只有在非高峰时段，本地乘客不用赶点，在心态上也比较放松，于是为非本地乘客热情的提供帮助就成为一种主人情结的具体体现。

由于本地乘客熟知自己经常乘坐线路的运营规律，因此在城市轨道交通运营正常时，他们一般并不关心车站广播、通告，而往往是一如既往地按照自己的经验完成出行和乘车，因此他们对车站导向、广播、告示等一般都采取"熟视无睹"或"充耳不闻"的心态，但是在遇到突发事件时，由于自认为熟知轨道交通的运营规律，因此是激烈的批评者，所提意见往往"激烈又尖刻"，因此车站服务员必须了解他们的心理特点，进行及时引导和指点。

2.3.4 非本地乘客的心理特征

1. 高层次非本地乘客的心理特点

（1）共同特点

不需要考虑一日三餐的温饱和担心生活的无着落，他们追求获得人们的尊重，在遇到突发事件时能以自身行为影响周边的人群，以体现自身价值、表现自己的潜能，在马斯洛需求层次理论中，这是人们追求的最高层次。

（2）需要层次与人的自尊

追求实现高层次需要的乘客，往往自尊心也比较强，所谓"文化人"往往就是追求这些需要层次的乘客的特征。追求高需要层次的人们最想要获得其他人们的尊敬，因此当他们感受到了侮辱或自认为受到不公正的待遇，往往表现得不依不饶地要求道歉，以满足自己的自尊心理。城市轨道交通的管理者和服务人员一定要了解他们的自尊心理，避免扩大矛盾。

他们还有一个较显著的特点：有较强的社会责任感。他们对于自己认为有利于提高工作质量的建议，会立即向有关部门提出。如为方便外国乘客，在车站一般都对导向、车站周边信息等标有相应的英文对照，他们往往会对其中的表示方式、语气、用词等提出许多有益的改进建议，其中尤以华侨为代表。

在城市轨道交通遇到突发事件时，车站管理者和服务人员就可以充分发挥他们的社会责任心，加强客流组织效率，因为有时候来自乘客的规劝更有实效。

（3）需要强度与追求热情

高层次的需要一般比低层次的需要具有更大的价值。热情往往是在人们追求高层次需要的过程中激发的。人的最高需要是个人的自我实现，也是最能有效和完整表现个人潜力的方式，唯此才能使人得到高峰体验。

需要的强度越大，意味着对需要的追求欲望越加强烈和迫切，态度上表现得也越固执。过分的固执往往就难以理喻，在车站的客流组织和管理过程中，有时就可能会遇到一些顽固地坚持己见、认为自己才是真理化身的乘客。对此类乘客，就需要车站管理者和服务员在尊重的前提下，用事实说服乘客。

2. 一般的非本地乘客

此处所谓一般的非本地乘客是指：非本地的、位于较低需要层次的、不熟悉规定交通乘坐规定的乘客。初次进城打工谋生的、文化程度不太高的"打工族"就是典型的代表。

由于他们的文化层次一般较低、大都只能从事体力劳动，从社会分工角度看，他们从事的是比较简单、机械的工作，因此容易产生心理上的自卑感。又由于他们基本上不会讲本地话（能讲一点本地话的非本地乘客，一般在城市都已生活了一段时间，对轨道交通的乘坐规定已比较熟悉，就不在此列），难以在短时间内与本地居民融合，处在"人生地不熟"的环境中，自然还会产生一种较强烈的"戒备心理"，对于陌生人善意的提示，往往只相信一部分，这是一种本能的"戒备心理"在作祟。

他们往往对车站的文字或图形类的提示或导向的理解不够，较多地体现出"从众"的心理现象，对于从未见过的车站服务设备，如自动售票机、查询机、进、出站闸机等往往不敢第一个用,希望有其他乘客使用后,才敢试用。

戒备心理形成了他们如下的行为特点:不敢轻易相信其他乘客的提示,更愿意服从车站服务员的提示;他们更愿意听从穿着制服的工作人员或车站民警的指挥。在遇到非正常运营的突发事件时,他们不会是领头闹事者,仅是"察言观色"和"人云亦云"的大多数。

他们处处要求与其他乘客的"平等对待",唯恐受到不公正待遇的心理,主要是"自卑感"的心理造成的。因此,车站服务人员在回答他们的问询时,必须有极大的耐心和诚恳,在态度和语气、用词方面一定要考虑他们的心理,避免引起误会。过分的关心和漠视都很容易引起他们的反感和误会。

尊重乘客,消除他们对"排外"心理的担忧,是对非本地乘客最基本、最关键和最重要的服务态度。对首次乘坐地铁的非本地乘客更要为他们提供耐心、细致和周到的服务,才能获得他们的信任和良好的口碑。

2.3.5　排队乘客的心理特征

心理学家研究发现:在排队等待过程中,人们情绪的变化较大,产生了压力、无聊和浪费生命等感觉。在生活节奏紧张的现代社会中,休闲时间已经变得越来越少,人们最不愿意的就是把它浪费在停滞中。生活中永远都无法根除排队现象,城市轨道交通当然也不可避免地会存在排队现象,如果能更好地理解排队乘客的心理,采取必要的服务措施,就可以让乘客在心理上接受某些不可避免的排队等待。

城市轨道交通车站的自动扶梯设施较多,在客流高峰时段,自动扶梯的入口端由于乘坐人数较多而经常会发生排队现象,服务人员需要高度关注,确保有序排队,这样乘客才会根据原因花费的时间,自己选择乘坐自动扶梯还是走楼梯。虽然垂直电梯一般仅在数层楼层间运行,乘客等待的时间一般不会太长,但服务人员仍然要了解乘客在等候电梯时易产生烦躁情绪。

排队时,能合理安排时间的人比较容易安心,因为他们善于分散注意力。如一些乘客在等候列车时或在列车上就做好了等待的心理准备,智能手机对乘客们转移注意力起到了非常大的作用。人的注意分散后,对时间的概念就会弱化;而那些空等的人,时间概念则往往会被强化,容易产生一种度日如年和浪费时间的感觉。

城市轨道交通可以利用免费发放的乘车须知、乘车安全等宣传品和车站的乘客信息显示系统进行乘车常识或信息发布,有意识地转移乘客的注意力,设法帮助乘客消磨候车的时间,可以有效弱化等待的烦躁情绪。

城市轨道交通的乘客群体的心理是动态变化的,管理者和服务人员需要在掌握心理学基本原理的基础上,因人而异地进行分析,了解他们的服务期望和服务需要,才能提供优质高效的服务,获得乘客的满意。

2.4　相关规范、规程与标准

掌握旅客心理活动的具体方法

①从旅客的外表、服饰、携带品可以识别旅客的职业、民族和旅行目的。

②从旅客的外貌、形象和动作,可以识别性别、大体上的年岁、身体是否患重病或残疾、

性格是否特别爱动、是本地还是外籍旅客等。

③从旅客的车票面可以识别是长途还是短途、是始发还是中转、是买票还是持公用乘车证等，这些都是可以从票面上了解掌握。

④从观察旅客的表情、神态，分析判断其心理活动。

⑤通过接触、交谈，可以听出旅客是哪儿的人，从哪儿来；听出旅客的性格、情绪，对运输服务企业有哪些意见和要求；注意有掩饰心理的旅客，在言谈中给人以假象等。

关注旅客服务心理需求提高服务质量

1. 树立全心全意为旅客的服务理念

旅客是上帝、是父母、是我们企业最宝贵的资源，要把追求旅客的感动看成运输企业永远的奋斗目标。客运人员一定要把旅客看成亲人，所有工作都需要以旅客为中心展开，以他们满意为目标；要把旅客看成是朋友，要用真诚热情换来旅客的真挚情感；要把旅客看成是自己，将心比心，真正设身处地为旅客着想。

2. 加强学习，提高理论素养

客运人员一定要加强理论知识学习，不仅要学习掌握与运输企业有关的法律法规、规章制度、服务方法；还要学习各种自然科学、社会科学方面的知识，开阔眼界、扩大视野；更要学习有关心理学方面的基本原理、基本规律。把所学的理论与具体工作实际相结合，用理论来指导实践。这样既加强了自己的理论基础和人格素养，又有利于提高服务水平和工作能力。

3. 结合实际细心观察、反复实践

从旅客所持车票了解是长途还是短途，是始发还是中转地；观察旅客的外表、服饰、携带品，可以看出旅客的职业、民族、旅行目的；从旅客的外貌、动作，识别年龄、身体状况，是否患重病；从旅客的表情、神态分析其心理活动动机，比如有的旅客坐卧不安、心慌意乱、精神紧张，就可以判断该旅客可能遇到了麻烦或有了违章行为；还可以通过与旅客沟通交谈，了解旅客的性格、情绪、对运输企业有哪些意见和需求；等等。

总之，在日益激烈的市场竞争中，铁路旅客运输企业要想站稳市场，立于不败之地，仅靠现代的设施、设备，热情、主动的服务远远不够，还必须根据旅客的心理需要，提供有针对性的个性化的服务。而了解、掌握旅客心理特点和心理需求的方法很多，需要客运服务工作者，在实践中不断地学习，反复揣摩，长期积累。

4. 变管理旅客为服务旅客

把过去那种管理旅客的职能和一系列"不准"的硬性要求，换成亲情、和善的提示，充分体现铁总提出的"以人为本、活动自由、休息充分、人格化、特殊化服务"的要求。把"你好，我们很乐意为你服务"经常放在嘴上，时刻提醒自己工作的出发点即是服务，而不是一个滥用职权的"管理者"。要把自己放低些，把旅客看作是上帝，是我们应该尽心尽力服务，予以关心帮助的对象。

5. 变工作让领导认可为让旅客满意

转变过去那种认为"服务工作不怕旅客不满意、就怕领导不认可"的错误观念，把尊重旅客人格、研究旅客需求、赢得旅客满意作为衡量工作的标尺。一切以旅客的满意度为自己的工作准则，尽自己最大的努力让旅客满意。

6. 让大多数旅客满意为让每个旅客满意

就是对每一名旅客都要做到用心去服务，根据他们的需求心理，提出个性化、特殊性服务标准，达到旅客人人满意。要实现这样的目标，首先我们要深入了解旅客的个性特点以及实际需求。对于旅客提出的合理的、有实现可能的要求，我们要不辞辛劳地帮助与满足他们。对于不合理的甚至有些过分的要求，我们要和提出要求的旅客进行沟通，讲明要求的不切实际性和我们为之做的努力，尽量争取旅客的理解和满意。

7. 变传统服务方式为勇于创新

根据市场的变化和旅客的需求不断改进服务内容和方式，提高旅客满意率。旅客的人数众多，按不同的标准有可以分成多种各自具有典型特征的类型。也正因为如此，他们的需求也是各不相同的，多种多样的。尤其随着时代的发展，需求也在发生着日新月异的变化。传统的旅客他们曾经或许只满足于火车能代步，到达步行无法或很难到达的目的地，他们对于火车上的环境的舒适度，服务的周到程度没有过多的要求。而现在的旅客对服务的种类和方式要求越来越高，所以我们必须通过不断实践，反复思考，努力创新，来做到满足他们以及市场变化的需求。

2.5 相关案例

高铁动车队 CRH3 型动车组特、一等车专项服务规范

①在立岗迎客、致欢迎词时，使用礼仪站姿（面带笑容、挺胸、收腹，脚跟并拢，脚尖略分开，双手四指并拢，交叉相握，右手叠放在左手之上，自然垂于腹前），言语清晰、流畅，意识表达准确、完整，不能有四肢摇晃及出现其他不雅行为。

②端托盘时，托盘的高度应在腰间以上胸部以下，托盘端平，微向里倾斜，托盘上放置的物品不应过高，以不超过胸部为宜。

③拿东西时，应轻拿轻放，端拿水杯时，应该一手握住水杯的下 1/3 处，一手轻托水杯底部。

④递送物品时，应站在旅客的正面与之成 45°角的地方，双手递送；递送物品应到位，面对旅客时，要保持适当距离（0.5~1 m），站姿端正，可采取稍弯腰或下蹲等动作来调节身体的姿态和高度。目光注视对方的眼睛，以示尊敬。当对方接稳后再松手，并注意周围是否有旅客经过，送到旅客身边时应提醒旅客注意端拿及注意饮用烫口，为旅客送东西应及时周到，不要有遗漏。端拿递送、查验车票时必须使用双手。

⑤指引旅客时，需五指并拢，小臂带动大臂，身体随手的方向自然转动，目光与所指示的方向一致，不得用单个手指指示方位。

⑥微鞠躬时需保持礼仪姿势，弯腰时不超过 30°，目光做相应移动。

⑦进行专项服务时应面向旅客，从第一排座位开始，面向旅客依次向后，服务物品要亲自发放到旅客手中，适时在"划位登记纸"上登记，避免重复发放。

⑧一等车服务推车定位摆放于餐车机械师室对面，用品派发完毕后需及时补充，不用时须踩下刹车制动（图 3-2-1）。

⑨始发站、中途站发车后，为观光车内旅客服务完毕，列车员须采取"倒退"的方式出门，并将通过门开关打到"自动"状态，无旅客时，则打到"锁闭"状态。

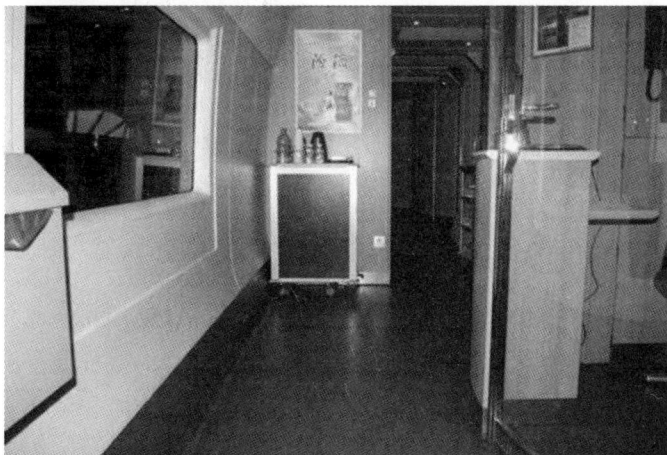

图 3-2-1　推车摆放位置

⑩列车员要对旅客进行"无干扰"服务，询问和解答旅客问询时要清晰、轻柔，使用"请、您好、谢谢、对不起、再见"十字文明用语。

⑪服务时须面带微笑，和旅客有适度的语言及眼神交流，主动热情、大方诚恳。

⑫服务过程注意礼让过往旅客，不与旅客抢道、并行。

2.6　相关案例

温馨服务让旅客尽享旅行之美

五一小长假正值春夏之交，天气温暖清爽，草木欣欣向荣，正是一年中人们外出旅行难得的好时节。今年五一小长假，铁路又迎来了客流高峰。为了让广大旅客走得更好、玩得更快乐，铁路部门大力实施"三个出行"常态化措施，倾心打造客运服务品牌，以温馨的服务为旅客外出旅行增色添美。

温馨服务从这里开始。为了确保广大旅客顺畅进站上车，铁路部门启动大客流应急预案，强化客运服务基础保障，组织机关人员成立突击队，开展青年志愿者服务，做好重点旅客帮扶，在自助取票厅加派人员，开辟晚到旅客、急客进站通道，方便旅客进站乘车。并在候车室的书吧内放有儿童读物，方便带小孩的旅客照顾孩子，旅客还可以在候车室内使用免费的 WiFi 进行上网，用车站提供的充电宝给手机充电。同时，铁路部门还利用微博、微信等新兴媒体平台实时发布余票、乘车提示等信息，方便旅客获取出行新闻。

品牌助力旅客出行。五一期间，铁路部门注重打重品牌工程、品牌线路和品牌服务项目，如西安站全力打造了"丝路缘"亲情服务品牌，北京站打造了"素萍服务室"，这些服务品牌为广大旅客提供了贴心亲情服务，展示了铁路部门的良好形象。

优质服务是铁路的实力，也是铁路的品牌。如何能为广大旅客提供更为方便、温馨、快捷、人文化的服务，是铁路一成不变的追求，也是铁路人工作的目标和梦想。近几年来，中国铁路在不断创新中谋求发展，从公司化运作到铁路货运组织改革的敞开受理、"一口价"收费,再到春运"安全出行、方便出行、温馨出行"的目标,铁路正在呈现给社会全新的形象。铁路安全、准时、高速运营的内部管理文化正在向和谐、亲切、舒适的外部服务文化延伸,站、车文化也正在由管理向服务转变,由用手服务向用心服务转变,优质服务变成了铁路的一种资源、动力和品牌,这些资源最终受益者是我们广大旅客。

(资料来源:财经中国网)

项目训练

[训练目的]

通过情景模拟了解旅客的个性心理活动,并对旅客提供优质的服务。

[训练内容]

两人一组分角色扮演,一人扮演旅客,另一人扮演服务人员。旅客必须自选身份并要表现该身份的特点,服务人员根据旅客的身份、自身条件、旅行条件、个人性格、爱好等特征为其提供满意的服务。

[考核标准]

教师评分,评分为百分制(10分为一个等级,如100、90、80……),填于表3-2-2中。

表3-2-2 评分

序号	项目	权重/%	得分
1	表演是否符合自身身份特点	40	
2	表演是否准确、到位	40	
3	参与是否积极、主动	20	
合计			

复习思考题

1. 影响旅客旅行心理活动的因素有哪些?

2. 满足旅客旅行共性心理需要的心理服务措施有哪些?

3. 旅客群体有几种类型?各有什么特点?

内容 3　客运服务主要岗位服务心理与策略

3.1　相关知识

1.客运服务理念(图 3-3-1)

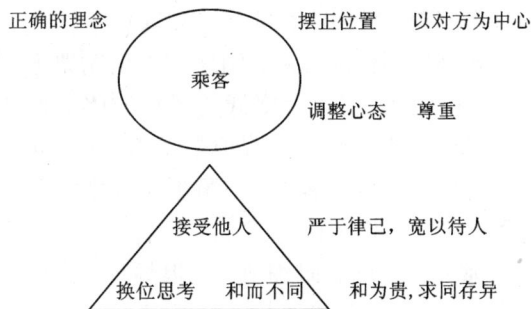

图 3-3-1　客运服务理念

2.客运服务三 A 法则

①accept 接受——接受旅客,热情相迎,一视同仁。

②appreciate 重视——重视旅客,认真对待旅客,主动关心旅客(牢记服务对象的姓名,善用旅客的尊称,倾听旅客的要求)。

③admire 赞美——赞美旅客,肯定对方。获得他人的赞美,就是对自己最大的欣赏和肯定。"进行七分批评,也要加上三分赞美"适可而止,实事求是,恰如其分。

3.客运服务策略

①为旅客提供畅通无阻和安全高效的旅程,并不断发掘改善的空间,提升包括车站设施和环境在内的整体服务水平。

②观察旅客的要求,不断改善及提升相关服务水平,为他们的旅程提供增值服务。

③吸收并借鉴同行业中的精华,正所谓"取其精华"之意,从而完善自身管理,提高整体的旅客满意度。

3.2　客运服务主要岗位心理需要与客运服务方法

3.2.1　铁路客运服务主要岗位的需要及服务

乘坐火车时,会有这样的感受:从购票、进站、候车、检票、上车、途中、下车直至出站,整个旅途几乎每个过程均有客运服务人员陪伴。由此可见铁路客运服务系统岗位较多,为将各主要岗位的服务心理与策略阐述清楚,下面将从车站服务和列车服务两个方面对各关键岗位的需要及服务进行描述。

1.车站客运关键岗位的需要及服务

(1)售票员的岗位需要及服务

一般来说，官方火车票售卖的方式有三种：网上购票、电话订票和车站售票。网上购票基本未涉及服务人员的服务，电话订票则是与旅客不见面的交流沟通，而车站售票处则是旅客与铁路部门第一次面对面的沟通，也是铁路部门服务质量的形象窗口。旅客来到售票处有不同的服务需要，可能需要办理购票、改签、退票等业务。

1）热情礼貌，耐心细致，服务周到

无论旅客的年龄、外貌、穿着和职业，售票员都应对旅客在态度上热情、礼貌、耐心、周到，表情要微笑、平和，话语声调要尊敬得体，问答之间要耐心细致。在认真、细致、规范服务的基础上，尽可能地为旅客着想，增加旅客的认可和满意度。

值得注意的是，现在随着网络通信的发展，网络或电话购票方式已流行，而在售票处排队买票的人群往往是一些上了年纪、文化程度低的弱势群体，他们可能是一大清早一大家子，带着大包小包的就来排队，只为一张车票哪怕是无座，他们可能讲不好普通话，可能表达不清楚他们买票的期望，对于这样的旅客，售票员更应该热情耐心地提供服务。

2）仔细认真，切勿急躁，确保工作无误

售票员要对本职工作非常熟悉，并着眼细节，无惧烦琐，工作中严格执行作业标准，尽量避免失误。售票作业严格执行"六字"售票法，做到唱收唱付、速度快、售票准、态度好；服务用语标准，做到"七不准"；改签作业执行"八字"签证法，达到无误签车票（证）、无越席签证（乘车证）、无误签到站、无误签旅客乘车日期；退票作业执行"六字"退票法，做到唱收唱付、速度快、退票准，态度好；不退过期失效票、假票；不退盖有"行"字戳记车票，不退非经办人的"助"字车票，票面相关信息标注准确及时，妥善保管已退车票。

由于中国汉字的特殊化，音同字不同、谐音字、方音字等因素，往往稍一疏忽就会造成错误。因此，售票员工作中，一定要认真仔细，问清旅客乘车日期、车次、到发站、席别、票种、张数。与旅客核对乘车日期、车次、选择发到站（异地乘车站）、票种、数量及席别，以防出错。与旅客进行现金交易时，一定认真检验钞票真伪，否则一旦出现伪钞，则自行承担损失，会影响工作情绪和积极性。在客流高峰期，也要保持平和的心态应对排队队伍，不急不躁，不缓不慢，不因旅客的过激语言而影响工作，否则容易造成失误。

（2）安检员的岗位需要及服务

"请自觉将行李放进安检仪……"在各个火车站候车大厅的门口，总能听到这样的声音。这样的声音或许并不悦耳，或许早已被旅客听腻，但却是安检员每天都不得不重复说上成百上千遍的话。对于旅客乘车安全来说，安检环节非常重要。安检工作看似简单，实则不易，安检员需具备一定的心理素质。

1）不厌其烦，严格检查，准确判断

安检工作比较枯燥，主要负责对进站旅客行包及携带货物进行"危险品"（容易引起爆炸、燃烧、腐蚀、毒害或放射性的物品及枪支、弹药、管制刀具、利器、钝器等可能危害公共安全的物品）检查，做到不漏检、漏查、漏登。必要时有权会同当事人开包检查，检查女性身体时，应由女安检员进行，将危险品堵在站外、车下。

火车站客流密集，安检仪连续不断地运转，扫描着旅客携带的行李物品，安检员必须耐得住枯燥，不间断地盯着安检仪屏幕，并根据扫描后屏幕中显示出的图案颜色，在短时间内判断出旅客是否携带危险品。安检员应不厌其烦，熟练掌握"危险品"的性能和特征，准确判断、辨认"危险品"机中显示的违禁物品图案，了解违禁品的化学成分、特征及特性，发现危情随时可根据特性做出应急的解救措施。正确区分易燃、易爆、有毒危险物品，对已确认的"危险品"要做好收缴、劝退工作。

2）不惧无理乘客，并巧妙应对

进站时也常会遇到个别旅客不配合安检，有时甚至对工作人员恶语相向，在这种情况下，安检员不应向旅客妥协，应耐心劝解，说明安检工作的出发点是为了保障旅客安全，即使受到旅客言语上的攻击，也不应跟旅客对骂，应巧妙应对，避免与旅客发生冲突。

如有旅客不肯把行李、包裹过安检，被安检员拦在门外而耽误了行程，旅客不仅不理解，还责骂工作人员、要求赔偿，其实这名旅客根本就不懂安检的必要性，安全意识极其薄弱。车站在进站口实行安全检查，目的是把安全隐患在进站前就排除掉，避免旅客把危险品带进站、带上车。倘若带进站，火车站是相对封闭的场合，人又多，真要出现险情会来不及疏散人群；要是带上车，后果更不堪设想。很多时候旅客们都觉得自己又没带危险物品，而且大包小包拿上拿下也不方便，就不屑去检查，更不屑工作人员的阻拦，但工作人员可不能就此作罢，任其不过安检，而应侧面进行劝解。换个角度想，作为一名旅客，因某名旅客的无知与无意带了危险品而不屑于检查，然后带进站、带上车就在你旁边，恐惧感会不会油然而生呢？

3）安检员工作中一定要严格检查，认真执行作业标准

若发现可疑物品时，工作人员有权会同当事人开包检查，开包检查时要从上到下，对旅客物品轻拿轻放，不得损坏、丢失旅客物品；排除可疑物品后，要安抚旅客并做好群众安全宣传工作，发现问题时立即收缴违禁品，认真做好登记工作备查；查获危险品后，安检人员要向携带危险品的旅客说明相关危害，进行宣传教育，并根据相关法律法规予以妥善处理。对旅客自愿放弃的危险品应当场清点、登记台账，妥善保管，防止丢失、被盗及因保管不善而引发火灾、爆炸事故。严禁私分和擅自处理查获的物品。

（3）候车室客运员的岗位需要及服务

在候车室里，客运员要巡视候车室，做好卫生、禁烟宣传，保持候车区域环境卫生；检查设备、设施使用、饮用水供应、保洁质量等情况，发现问题及时处理；做好候车区旅客服务，全面服务，重点照顾；解答旅客问询，听取旅客意见，接受旅客监督。客运员应营造舒适候车环境，若列车晚点或异常时要学会换位思考，安抚旅客情绪。

1）营造良好候车环境，严格执行作业标准

旅客在候车的时候，由于候车心切，容易产生错觉，实际只等了五分钟，但在旅客心理感觉已经等了很久，会出现一些不耐烦的心理或焦躁的情绪。所以，候车室要提供良好的候车环境，作为候车室客运员，首先要习惯候车室氛围，做好进站验票工作，按规定执行实名制车票验证（人脸识别或手机刷码），引导旅客有序候车；杜绝无票人员（车站同意上车补票的除外）及闲杂人员进站，检查车票车次信息，做好安全宣传，通报检票车次、开车时间、列车停靠站台；合理开放检票通道，按车站规定时间停止检票，及时关闭进站通道，并做好天桥（地道）和站台的呼唤应答，加强沿途防护。服务用语规范，做到"四勤"，落实"首问首诉"负责制，全面服务做到"三要四心五主动"；对重点旅客做到"四优先"、特殊重点旅客做到"三有"，尊重旅客的风俗习惯和宗教信仰；按规定时间检票，不晚检、不早停。检票做到：先重点、后团体、再一般旅客。

2）异常情况时学会换位思考，安抚旅客情绪

列车正常运行时，旅客一般都会耐心等待，一门心思候车，而忽视其他因素，但由于天气原因或行车故障等因素可能造成列车晚点，旅客心理的主观需求与客观现实马上相矛盾，便失去了原有的平静和平衡，随之而来的是情绪波动，心理焦虑和抱怨。若延误时间长，旅客的情绪可能会从无奈、失望到着急、烦躁甚至到情绪失控。这时服务人员应有较强的服务意识与较强的心理承受能力，耐心真诚地向旅客致歉，采取更主动、更热情的态度帮助旅客解决问题或满足旅客需要。若延误时间长，也可能出现个别旅客出现粗暴或过激的言行，工作人员切不可意气用事，被他们的反映影响自己的情绪，而应大度地不予计较，或采用冷处理，在与旅客沟通时要注意尽一切可能不要激怒对方，尤其在语言上要用温和的语调跟他们沟通，努力用良好的服务去感化他们，获得他们的理解与支持。

（4）出站口客运员的岗位需要及服务

在出站口，客运员按列车预告上岗，检查列车正晚点信息显示情况，清理出站口闲杂人员及障碍物，做好检票准备工作。

1）态度和蔼，维护秩序，实事求是

客运员应上岗及时，信息准确，通道畅通，认真组织出站旅客排队过闸机验票，没有出站闸机的车站工作人员将车票撕角或用"O"形票剪剪口后交旅客挂失补车票除外。宣传到位，做好补票机及计量器管理，保证设备正常，检票准确。控制人员一律只出不进，规范秩序，做到无误撕、误剪。

2）严格查验，注重方式方法

客运员应严格查验，查堵无票、减价优待条件不符及携带品超重的旅客，补收票款、运费。按照规定，对无票乘车的旅客补收自乘车站（不能判明时自始发站）起至到站止车票票价；持失效车票乘车按无票处理；持站台票上车并在开车20分钟后仍不声明时，按无票处理；旅客持半价票没有规定的减价凭证或不符合减价条件时，补收全价票价与半价票价的差额；应买票而未买票的儿童只补收儿童票，身高超过1.5 m的儿童使用儿童票乘车时，应补收儿童票价与全价票价的差额。

规定如此，而旅客却不一定按照规章补票。出站口客运员经常会遇到旅客不配合补票的情况，如小孩身高超过1.5 m却无票出站，应补收票款，或遇上无赖的乘客，无票乘车被工作人员发现，客运员要求旅客补票，旅客却借口没钱等办法不予配合，令工作人员感到无奈。因此工作人员应该注意说话方式，更讲究处理方法，妥当处理，使得旅客按规定补票，纠正违章，实事求是，不误收漏收、乱补乱罚，维护路收。

2. 列车客运关键岗位的需要及服务

（1）列车长的岗位需要及服务

作为一车之长，列车长的责任重大，需具备较好的心理素质。列车长须认真贯彻执行有关安全生产及旅客、行包运输的规章制度、命令、指示，落实上级布置的各项工作，负责整队，布置计划并重点突出，措施具体，做到人人清楚，备品齐全，设施、设备作用良好。

1）精神饱满，观察细致，沟通能力强，统筹安排得当

列车长事务繁忙，诸多事宜均要提前部署检查，因此列车长一定要细心，运筹帷幄，统一安排；出发前仪容整洁，列队整齐；对列车客运安全服务设备设施、列车卫生保洁、整备质量、餐饮供应进行检查和"三乘一体"的协调；负责办理列车上的各项客运业务及与车站的交接；负责站、车客运信息无线交互系统手持终端的数据接收工作，组织做好非正常情况下的

应急处理；负责班组的基础管理和建设，组织班组日常业务学习和安全教育。列车长还需加强团队管理，增强团队凝聚力，提高整个班组的工作效率。

2）遇事冷静，判断独到，决策果断

由于各方面的因素，列车上旅客和工作人员不免会发生一些冲突，列车长应从宏观角度调配列车的安全运行，面对问题能从容解决，具有独立的判断能力和果断的决策能力。发现行为异常的旅客时，应重点关注，按规定交到站或下车站妥善处理；发生旅客伤病应尽力救助，并按规定处理；发生火灾爆炸、重大疫情、食物中毒、空调失效、设备故障和列车晚点、停运等非正常情况下时，及时做好分工，启动应急预案。在紧急情况下，列车长应不慌不乱，保持沉着冷静、清醒镇定，对突发情况做出准确判断，并采取迅速行动。

（2）广播员的岗位需要及服务

每次坐在列车上，你有没有留意列车上的广播？广播里都播放了些什么内容？是悦耳动听还是难以入耳？从清晨到夜晚，从始发到终到，对各类相关信息，广播员都应及时播报，通知到位。看似只是一项简单的播报工作，实则不简单，广播员一定要有较强的心理素质和较强的服务意识。

1）语言亲切、温暖、热情，具高度责任感

旅客都希望听到优美动听亲切的声音，都希望听到各类消息，本着服务精神，广播员播音时要注意播报及时，介绍准确，语言亲切，音量适宜，广播用语规范、清楚、易懂；为乘客预报列车停站信息及时，饮食供应介绍准确，剩余卧铺通告及时，与车厢工作配合协调一致，广播常播内容录音化；转播新闻选台准确，监听认真，专题节目内容健康，当前重点突出，专题贴切，形式新颖，符合"四性"；严格遵守规定，具备高度的责任感，播音时室内无闲人、杂物，保证广播机械安全和播音质量，播音时插好门闩、拴好门链，确保开机不离人，人离做到"四关、一加锁"。

2）宣传到位，安抚乘客，抗压能力强

广播是直接联系旅客的最有效手段之一。乘坐列车时，临时停车、列车晚点或其他突发事件等异常情况也可能陪伴旅途，广播员应宣传到位，及时做好临时停车通告；若列车晚点30分钟及以上，应按统一宣传口径做好晚点广播通报，公告旅客，说明晚点时间、晚点原因，每次间隔不超过30分钟。列车晚点很可能导致旅客情绪波动，甚至可能产生过激言行，广播员一定要做好宣传解释、安抚工作，稳定旅客情绪。广播员在工作中也需要控制自己的情绪，若某天自己心情不好，导致广播差错或质量不佳，这样不仅影响自己的工作表现，还会影响到旅客的情绪。遇上一些紧急、突发情况时，广播员应先自己保持沉着冷静，控制自身情绪，按列车长要求，做好稳定旅客情绪的广播宣传。试想自己都先乱了阵脚，还能安抚他人吗？因此，广播员也需训练有素，且抗压能力强。

3. 地铁车站客运服务主要岗位的需要及服务

（1）值班站长的岗位需要及服务

在地铁车站，值班站长，是公司信任、员工认可的班组长，是能够带领、引导大家做好车站一线管理、服务工作的领导者，应当具备与时代强音合拍的责任意识，其有一种"在岗一分钟，责任六十秒"的责任感。

1）能力与责任并重，着眼细节，团结协作

值班站长当班时需要组织本班组员工开展工作，负责当班车站日常的行车、施工、客运管理、乘客服务、事故处理、设备日常管理、安全管理、员工培训等工作。事务繁多，班组人员也多，需要值班站长具备较强的领导能力，将班组成员积极性调动起来并听令于值班站长，这样才能较好地组织本班组工作。值班站长相当于全能手，所有下属不能解决的问题他都要想办法尽量解决，人手不够时还需要顶岗作业。值班站长应有效监督车站运营情况，车站工作人员的表现，保护车站的收益，处理车站日常的行政事务。值班站长要关注细节，留意车站动态，尤其是巡站时切忌走马观花，一定要观察入微：公共粘贴处是否有非法广告、涂鸦和乞丐，站内是否正确和适时张贴、摆放折页、公告和更换过期的海报，导向和公告是否规范。以防小隐患酿成大灾难，发现安全隐患须及时排除。

2）稳重果断，全局掌控，应急处理能力强

值班站长当班时相当于车站的指挥长，就员工问题、车站运营或者是列车运营引起的问题需提供解决的方案；在紧急和压力的时候需要冷静和有逻辑地做出反应。一旦发生突发情况如运营中断、车站设备故障、列车晚点等问题时，值班站长要担当现场负责人，密切监控人流和列车服务，全局掌控，果断决策，指挥全站人员采取有效地应急措施。节假日来临之前要制定大客流预案，组织全站工作人员做好大客流准备，摆放蛇形围栏，补足零钱和票卡，准备好大喇叭、"小蜜蜂"等。突发情况如卧轨事件时切勿惊慌，一定要冷静应对，快速组织全站疏散。列车晚点时一定要组织各岗位工作人员做好乘客解释工作，安抚乘客情绪，尽量避免情绪激化。

（2）值班员的岗位需要及服务

在某些地铁公司，值班员有行车值班员和客运值班员之分，而在某些地铁公司没有区分。因非具体描述岗位职责，而侧重阐述车控室的服务心理与策略，因此不区分行车值班员与客运值班员。

1）礼貌待人，业务娴熟

当值时，值班员应通过车站各设备工作站，监控车站设施能否正常运作。对所有到车控室要求协助的人，无论乘客或其他同事，均应有礼貌的接待。接听电话时，语气要友善，先说"您好"，然后讲出"××站、××岗位的×××（名字）"。处理乘客来电时，要有礼貌及耐心聆听，尽量提供所需资料。值班员应与其他岗位的同事紧密联系，确保讯息能够准确及完整地通过广播通知乘客。对于列车的资料或公司推广的活动信息，也要加以留意，不可忽略。

2）压力应对，不慌不忙

如遇异常情况时，值班员应根据实际情况将影响乘客的部分通过广播予以告知，并告知乘客应进行何种配合；当服务受阻时，要根据所获资料，尽快做出适当广播，包括有关事故的原因，影响程度及列车服务安排等，以确保受影响乘客能知悉有关服务的最新资料。要留意附近环境及设备，如遇到特别事故或设备故障，应尽快处理，以免给乘客带来不便。出现突发情况时，值班员需要跟多个上级实时沟通，还需要监控设备运转情况，还需要做出应急处理，还需要播放广播安抚乘客，时间紧迫，事情繁多，人员紧缺，值班员千头万绪，更应保持清醒的头脑，逐一处理。

（3）客服岗的岗位需要及服务

客服岗是地铁客运岗位中与乘客直接接触最多的岗位，客服岗好比地铁运营公司的形象窗口，客服人员需解答乘客问询、售票、补票、兑零，处理各类乘客事务，还需关注附近自动售检票设备和电扶梯运转情况等。客服岗需要工作人员热情与耐心，具备较强的服务意识。

1）尊重乘客，主动热情，耐心周到

客服人员必须尊重每一位乘客，无论乘客到客服中心需要何种帮助，都应热情待人，并主动提供帮助，切勿面无表情，一言不发或无精打采地向乘客问好，不礼貌的服务态度很可能导致乘客的不愉快进而产生不必要的冲突，如投诉之类。但当乘客很生气时，便不宜向他们微笑。这样做是为了表示聆听乘客的说话，理解他们的遭遇，并会做出适当回应。当值时必须留心客服中心内的各项设施对乘客是否安全，并时刻要以乘客为先。如发现有人"插队"时宜运用礼貌但肯定的语气告诉他："麻烦您先排队，我们会尽快为您服务的。"假如等候的乘客有投诉时，不要忘记先说一句："不好意思，要您久等，我会尽快帮您处理。"在地铁车站，很多乘客咨询路线问题，客服人员应不厌其烦地给予帮助，针对没做过地铁的乘客，客服人员应尽心指引其乘车。客服人员的优质服务会大大提升地铁整体服务质量。

2）一丝不苟，态度平和，理解乘客

客服人员与乘客进行现金交易时一定要认真仔细，一丝不苟，以免造成长短款。遇到乘客不礼貌的态度，如恶语相向时，也要保持克制；应用平和的态度去处理："不好意思，地铁范围请不要讲不文明用语，请您合作。"如有必要应寻求其他同事/公安的协助。如遇上不能识别的纸币，在拒绝收取的同时不能断言假币，而应解释原因："不好意思，您给我的纸币不能被设备识别，麻烦您换一张，谢谢合作。"因客流大时，售票机可能无票或零钱不足导致暂停，使得排队很久的乘客情绪反应很大，并过来找客服人员理论，这时客服人员可礼貌回应"不好意思请稍等，很快就会有工作人员处理"，之后可上报车控室，由其余工作人员将乘客带往办公区休息室等地方。工作中一定要态度平和，并学会换位思考，理解乘客。

（4）站台岗的岗位需要及服务

乘客购票进站后在站台候车，站台岗工作人员应按规定接发列车，解决乘客问询，维护站台乘客安全、监控列车运行，指引乘客乘降，负责屏蔽门的应急处理。

1）处处留心，密切关注乘客，主动提供帮助

站台岗工作人员应处处留心，应在站台不断巡视，紧密监察站台情况，确保各方面的安全。认真监督乘客上、下车情况及屏蔽门或安全门的工作状态。如果地面湿滑，应立即召唤保洁人员来清洁。在下雨时应放置"小心地滑"告示牌于明显处。当看见乘客彷徨失措时，应主动向前询问和协助。协助行动不便、年老或伤残的乘客，通知车控室乘客的目的车站，要求适当的协助。留意站台情况，并提示站台上的乘客先让车上的乘客下车及小心站台的空隙。留意站台上乘客的需要，如果看到乘客有任何困难（如身体不适），应该主动上前了解情况，并尽量提供帮助。在有需要的时候，通知车控室安排其他同事协助。

2）将心比心，解释宣传，具备应急处理能力

如服务受阻，应尽早适当广播通知乘客，站台岗工作人员也要告知乘客，做好乘客解释和宣传工作，对情绪波动的乘客，工作人员需学会换位思考，对乘客表示理解，并真诚致歉，期望赢得乘客的理解，避免与乘客发生冲突。对乘客冲门行为，应有礼貌地提醒乘客并劝阻："请不要靠近安全门及车门，下班列车将于××分钟后到达，请等候下班列车。"站台发生意外时，应启动"紧急停车按钮"并立即通知当值值班站长。发生紧急情况时，工作人员必须及时转变角色，从服务角色转变为现场指挥者，按上级要求及时组织乘客疏散，保证乘客安全。

3.3　知识拓展

客运服务人员注意与观察能力培养的重要意义

　　客运服务人员要适应复杂多变的工作环境,清晰地反映旅客和工作中的情况,提高认识活动的效果,就必须具有良好的注意力和观察力。

　　客运服务人员在工作中必须保持良好的心境、情绪状态和工作兴趣,以便对具有一定刺激(音响、气味、活动)和新奇、意外的事物(某些旅客的不寻常动作、神态),对具有美感及道德感、感情色彩的对象(如优美的乐曲)这些刺激能引发注意的因素,随时给予"注意",并从无意注意向有意注意转化。一个客运服务人员,要特别锻炼自己的有意注意能力,在客运服务的整个过程中,总会遇到一些并不使人感兴趣而又必须做好的工作,需要通过有意注意强制自己的精力集中在这些工作上。一般来讲,对工作和活动的目的越明确,完成任务的欲望越强烈,就越能将自己的注意指向这项工作上来。缺乏注意力,就会"视而不见""充耳不闻"。

　　对于客运服务人员,在日常工作中,尤其是在超员比较严重、站、车秩序不好的情况下,有良好的注意力和观察力,才能发现"问题"。如发现携带危险品及其他禁止物品上车,发现并安置特殊旅客等。只有发现问题,了解问题产生的原因,才能及时采取措施使问题得到有效的解决。例如,有的列车服务人员具有较强的注意力和观察力,比较丰富的知识,能及时发现旅客的异常表情和行为,并了解到旅客的外部表现是由于内心的哪些难处造成,通过对其难处的解决,使其旅行愉快。因此,对客运服务人员良好的注意力和观察力的培养,有其重要的意义。

3.4　相关规范、规程与标准

客运服务人员作业通用标准

　　①仪容标准:清洁整齐,朴素大方。

　　②立岗姿势:挺胸、收腹,两脚跟并拢,脚尖略分开,双手自然垂直。迎送列车时足踏白线,目应目送,以列车进入站台开始至开出站台为止。

　　③语言标准:使用普通话,亲切和蔼,语言文雅,服务语言表达规范、准确,口齿清晰。

　　④动作标准:精神饱满,举止大方,姿势端正,表情自然。

　　⑤服务标准:主动热情、诚恳周到,全面服务,重点照顾,做到"三要、四心、五主动":接待旅客要文明礼貌、纠正违章要态度和蔼、处理问题要实事求是;接待旅客热心、解答问题耐心、接受意见虚心、工作认真细心;主动迎送旅客、主动扶老携幼、主动解决旅客困难、主动介绍旅客须知、主动征求意见。

　　⑥站容卫生标准:站容整洁美观,各种标志齐全、醒目。窗明地净,备品定位,清扫工具隐蔽。公共卫生设施功能良好,干净整洁,物见本色。站舍站场达到"五无":无垃圾、无便迹、无污垢、无积尘、无杂物。

　　⑦纪律标准:坚守岗位,尽职尽责,严格执行规章制度和作业过程,贯彻"十不准":不准擅自离岗,不准带酒气上岗,不准岗上吸烟,不准岗上吃零食,不准刁难勒卡旅客,不准聚

堆闲谈，不准爱答不理，不准边走边答，不准嬉笑打闹，不准当班睡觉。

3.5　相关案例

列车待避延误时间，车长灵活处置获得旅客赞誉

4月2日，重庆开往广州的列车由于躲避过往列车，在中途停车等待。由于天气闷热，列车的气氛立即变得非常憋闷，有些旅客按捺不住着急的心情，开始抱怨起来，甚至有的乘客骂骂咧咧。如果遇到这种情况，怎样处理？

经验丰富的列车长××见此情况预计等待的时间不会很短，如果让旅客单调无聊地等下去，可能会因情绪不佳引发矛盾。这时她灵机一动，立即召集所有列车员开会，希望通过和旅客良好的沟通化解矛盾，列车员们积极响应号召，为这个列车的特殊服务出谋划策。随后，××带领组员们尝试着用更人性化更互动的方式与旅客们进行沟通，真诚主动地关注旅客的感受和需求。首先，列车组真诚地面对旅客，如实地传递给旅客列车临时停车的原因及等待时间，回答每位旅客的问题。××特意打破常规，没有用严谨格式的语言广播信息，而是用平实、通俗的语言如拉家常一样的向旅客及时的通报最近的信息，解释延误原因，此举立刻拉近了列车组和旅客之间的距离，更赢得旅客的理解。而后列车组即兴在列车开展了一个小活动，请旅客品尝列车员调制的"自助饮料"，并猜出是由哪几种果汁混合而成的。旅客表现出极大的兴趣和参与的热情，枯燥无聊的等待立刻变得精彩纷呈，有单独品尝的，也有和朋友、家人一起喝一起猜的，获得奖品的旅客还兴致勃勃的表演了小节目。漫长的等待时间就在一片欢声笑语中悄悄溜走了。当列车长广播还有5分钟列车就重新开动时，旅客才意识到他们在列车上等了近3个小时了。当列车组向旅客们表达真诚的谢意时，列车里早已是掌声一片！

（资料来源：《百度文库》）

一杯水，平息了一场"战火"

有一次，在T216次车上有两位旅客为争行李架的位置而吵得面红耳赤，北方人嗓子大，加上推推搡搡，那阵势十分吓人，周围旅客四散躲避。客运服务人员拿着送水壶迎上前去，用平静的口气说："请你们都别吵了，听我的。"他们不作声了。客运服务人员接着说："请你们把杯子拿出来，先喝上我的消气水，降降火。"周围旅客都会意地笑了。看"温度"差不多了，开始劝解："你们都是大人了，怎么做出来的事还像小孩？一天后你们各奔东西，何必为这区区小事吵嘴、动手呢？行李架没像座位那样标号，责任不在你、我、他，而铁路设备要改进总要有个过程。希望你们对铁路设备不能提供充裕的旅行条件予以谅解。"然后，亲自动手帮他们按照大不压小、方不压圆、重不压轻，比较重的、大的放在座位底下的原则，放妥行李。

项目训练

[训练目的]

强化轨道交通客运人员服务意识，培养轨道交通客运服务人员强大的心理素质，提高客运服务人员岗位认知，了解客运关键岗位的需要，提高客运服务质量。

[训练内容]

情景模拟

假如你是情境中的现场工作人员，你应具备什么样的服务心理？该怎么处理呢？

情境一：×月×日 C××次运行在 A 至 B 区间，列车员巡视时发现一男性旅客存在不文明行为(未脱鞋子直接把脚放在对面座位上)，对上前劝阻的列车员使用"滚""闭嘴，不想和你说话"等不文明用语。车厢多名旅客对不文明旅客的言行进行指责，但旅客不但没有丝毫收敛，还与其他旅客发生争执。其间车厢旅客使用手机进行拍摄并上传网络微博引发舆情。

情境二：某旅客×月×日购买了 G××次 A 站至 B 站的车票一张，18：20 为 A 站的开点，由于当天天气影响列车大面积晚点，车站显示屏显示列车晚点至 19：51 开，旅客发现列车在 19：30 左右就已开车，导致旅客没有赶上车，车站工作人员应如何应对？

[考核标准]

全班学生都积极参与讨论，各自选择角色扮演，允许分组讨论，再请学生单独发言，阐述个人看法，其余学生也可补充完善，积极提问，营造学教于乐的讨论氛围，不允许批评和嘲笑。最后教师评分，评分为百分制(10 分为一个等级，如 100、90、80……)，填于表 3-3-1 中。

表 3-3-1　评分

序号	项目	权重/%	得分
1	观点是否正确	10	
2	理由是否充分、有说服力	40	
3	表达是否清晰、扼要	20	
4	参与是否积极、主动	20	
5	学生态度是否谦逊	10	
合计			

复习思考题

1. 轨道交通客运服务中主要岗位有哪些？各自体现了怎样的服务心理与策略？

2. 分析"相关案例"中的两上案例，工作人员应以怎样的心理应对？

3. 如果你是一名轨道交通客运服务工作人员，你应如何培养注意力和观察力？

模块 4
客运服务中旅客的冲突、投诉心理与服务

内容描述

随着社会的发展和经济的提高，铁路旅客在出行中对客运服务的及时性、便捷性、舒适性等提出了越来越高的要求。但事实上，由于突发事故、客观条件、管理和服务水平的差异等原因，难免会造成旅客与客运服务人员的误解甚至发生冲突，或导致旅客的投诉。如何正确处理好在服务中与旅客的冲突、投诉，其重要前提是服务人员要了解、掌握好在客运服务中的客我交往技巧、原则。

本模块主要针对铁路客运服务中旅客冲突和投诉的典型案例，对铁路客服人员与旅客的冲突和旅客投诉的心理原因进行了分析。介绍客运服务中客我交往的技巧与策略，旅客投诉的心理以及应对旅客投诉客运人员的服务要求，还介绍了如何防止和处理好旅客投诉的技巧。通过本模块的学习，铁路客运服务人员能正确地认识旅客的冲突与投诉，采取正确的方法和有效的措施，积极解决投诉问题，消除旅客的不满情绪，提升服务品质。

拟实现的教学目标

1. 能力目标

①掌握客我交往的技巧，理解旅客投诉心理，在实际工作岗位中能及时、有效地处理客我交往中的冲突与投诉。

②会正确处理旅客服务中的紧急突发事件，提升旅客满意度。

2. 知识目标

①了解客运服务中客我交往的含义与特征，了解旅客投诉的心理与服务，掌握客我交往的技巧以及构建客我交往的具体策略。

②了解引起旅客冲突与投诉的原因，懂得旅客与服务人员冲突与旅客投诉的一般心理。

③学会应对与旅客冲突与投诉的基本方法。

3. 素质目标

明确客我关系良好的心理互动对优质的客运服务的重要作用，引导客运服务人员进一步加强综合职业素质能力的培养，确立"一切为了满意旅客的需求"的服务意识。

引入案例

客运服务之耐心多一点

2020 年 8 月 17 日,太原局太原到厦门北的 K903 次 12 组,因多日降雨,列车在太焦线榆社到榆次间限行。在列车晚点近 3 个小时,车上的旅客有很多因需要中转换乘、或家中有事的出现情绪不满。面对运行缓慢的列车旅客提出最多的疑问就是,火车什么时候能到站,晚点了后续的旅程应该怎么办。面对旅客的质问,列车乘务员只能耐心地一遍又一遍向旅客做解释。列车长则立刻通知全体乘务人员加强车厢内的流动巡视,监护车门外,随时关注旅客动态、需求,第一时间做好沟通解释工作,尽最大努力让旅客理解。当列车突然停在了火车南站时,有几个要到武宿机场赶飞机的旅客找到了列车长想要车长通融一下把车门打开下车,让他们在太原南站下车赶飞机。飞机票不能改签,眼看着就剩两个小时飞机就要起飞了,本来时间是绰绰有余的,但是看着近在咫尺的飞机场,火车却停着不动,他们非常着急。这时列车长语气平和地跟旅客说出行首先要安全第一,并告知列车运行的规章制度以及运行中途下车的后果。在安抚好旅客情绪后,列车长马上与太原局客调取得联系,反映了车内的情况。终于,在 17 日晚上列车晚点 3 个多小时后到达了太原站。列车虽然晚点 3 个多小时,但在列车长冷静果敢地指挥和班组乘务员的共同努力下,无一名旅客投诉。

内容1　客运服务中的客我交往

1.1　相关知识

1.人际交往距离

交往双方的人际关系以及所处情境决定着相互间自我空间的范围。美国人类学家爱德华·霍尔博士划分了四种表明人际关系的距离:

(1)公众距离

4~8 m 或 8 m 以上,一般适用于演讲者与听众、彼此极为生硬的交谈及非正式的场合。在商务活动中,根据其活动的对象和目的,选择和保持合适的距离是极为重要的。

(2)社交距离

大概是 120~360 cm,就像一张办公桌的宽度距离。一般工作场合人们多采用这种距离交谈,在小型招待会上,与没有过多交往的人打招呼可采用此距离。

(3)个人距离

大概从 45~120 cm,就像伸手碰到对方那样,虽然认识,但是没有特别的关系。这是在进行非正式的个人交谈时最经常保持的距离。和人谈话时,不可站得太近,一般保持在 50 cm 以外为宜。

(4)亲密距离

从 45 cm 至零距离,一般是亲人、很熟的朋友、情侣和夫妻才会出现这种情况。当无权进入亲密距离的人闯入这个范围时,会令人不安。在拥挤的公共汽车、地铁和电梯上,由于人员的拥挤,亲密距离常常遭到侵犯。于是,人们尽可能地在心理上保护自己的空间距离。

在西方，当你在电梯或者公共交通工具里碰到拥挤的局面时，有一些不成文的规则是必须遵守的：你不能同任何人说话，即使是你认识的人；你的眼神必须始终避免同他人眼神的接触；面部不能有任何表情；人越拥挤，你的身体越不能随意动弹；在电梯里，你必须看着头上的楼层号码等。

2. 人际吸引的影响因素

在人际交往的过程中，有些因素会影响到人际关系的亲疏，只有熟悉了这些因素，才能有效地增进人际吸引，有利于更好地进行人际沟通。

(1)熟悉与邻近

熟悉能增加吸引的程度，俗话说"远亲不如近邻""近水楼台先得月"，如果其他条件大体相当，人们会喜欢与邻近的人相处。

(2)相似性

人们往往喜欢那些和自己相似的人，主要包括：信念、价值观及人格特征的相似；兴趣、爱好等方面的相似；社会背景、地位的相似和年龄、经验的相似。如"一拍即合""酒逢知己千杯少"，讲的就是相似对人际吸引的影响力。

(3)互补性

与相似性不同，当双方在某些方面看起来互补时，彼此的喜欢也会增加。互补主要分为以下几种：需要的互补、社会角色的互补、人格特征的互补。我们通常所说的"以人之长补己之短""不是冤家不聚头"描述的就是互补在人际吸引中的作用。

(4)外貌

外貌不但是指相貌的好坏，容貌、体态、服饰、举止、风度等个人外在因素在人际情感中的作用也很大的。尤其是在交往的初期，好的外貌容易产生良好的第一印象，人们往往会以貌取人。"一见钟情""丑人多作怪"说的就是外貌对人际交往的影响力。

(5)才能

才能会增加个体的吸引力，一般来说"越有才、越有魅力"。研究表明，有才能的人如果犯一些"小错误"，会增加他们的吸引力。

(6)人格品质

人格品质是影响人际吸引力的最稳定因素，也是个体吸引力最重要的因素之一。美国学者安德森研究了影响人际关系的人格品质。喜爱程度最高的六个人格品质是：真诚、诚实、理解、忠诚、真实、可信。安德森认为，人际交往中最重要的品质是真诚。真诚受人欢迎，不真诚则令人厌恶。

3. 人际关系的重要性

人际交往是指人们运用语言或者非语言符号来交换意见、传达思想、表达情感和需要的交流过程，包括物质交往和精神交往。人际关系则是人际交往的基础形成的人与人之间的心理关系，表现为人与人之间的心理距离，同时反映出人们寻求满足需要的心理状态。据调查，一个人事业成功，15%是由他的专业技术决定，占绝大部分的85%靠的是人际关系。由此可知，在社会生活中，每一个人的人际关系状况都对其人生产生重要影响。人际关系对人生的重要意义具体表现在：

(1)良好的人际关系是身心健康的需要

一个人长期处于相互关心爱护、关系密切融洽的人际关系中，一定心情舒畅，有益于身心健康。良好的人际关系能使人保持一颗轻松平稳的心境。反之不良的人际关系，则随时干扰人的情绪，甚至能导致焦虑、不安和抑郁。

（2）良好的人际关系是人生事业成功的需要

人际关系对人生事业的影响很大，是人们取得成功的重要条件之一。若有良好的人际关系和恰当的处事技巧，将有助于个人在事业上的成功，能够为一个人的事业的成功创造优良的外部环境。

（3）良好的人际关系是人生幸福的需要

人生的幸福是构建在物质生活和精神生活的基础之上的。良好的人际关系有利于营造良好的外部环境，对人们创造美好的物质生活有积极、促进的作用；人的积极性、创造性的发挥，能增加物质财富的生产，从而丰富人们的物质生活。马斯洛需求层次理论告诉我们，人生的幸福必然要求精神生活的满足。精神生活状况与人际关系有着密切联系。人需要有思想感情上的交流。在志同道合又积极向上的人际关系群体中，会形成一个充满理解、信任、团结、友爱的和谐健康的人际关系。在这种关系中，人与人之间思想感情上的交流，能使人们从中汲取力量和勇气，容易使人们形成乐观、自信、积极的人生态度，从而使人们的情操、心理环境得到净化，思想得到升华。

1.2　客我交往的心理特征与客运服务

> 这几年随着宝兰、西成等高铁的开通，西安北站的吞吐量大幅上涨。每天大量旅客走进候车室，首先映入眼帘的就是服务台，服务台的工作人员全部为党、团员，平均年龄不足 26 岁。领班吴瑜说："只要我上班，微信记录的步数就一定超过三万步，为朋友圈榜首，虽然辛苦点，但我觉得工作挺有意义的，旅客有问题才会找服务台帮忙解决，别人用业余时间做志愿者帮助他人，而我们的工作内容就是帮助别人，这很开心。"

轨道交通运输服务工作是"与人打交道"的工作。众所周知，要做优质的服务工作，必须深入研究与人打交道的学问。客运服务中的客我交往是人际交往关系中的一种特殊的交往，它不同于一般的人际交往，只有了解客我交往的特性，主客双方的心理特点，掌握客我交往的技巧，才能确保客我双方获得满意的结局。

1. 客我交往概述

（1）客我交往的含义与特征

1）什么是客我交往

客我交往，是指轨道交通运输服务人员同旅客之间为了沟通思想、交流感情、表达意愿、解决旅途中共同关心的某些问题，而相互施加各种影响的过程。它包含交往和沟通思想的相互关系，也有交集和活动相互关系等，是轨道交通运输服务存在的条件及表现形式，没有客我之间的交往就没有客运服务。

2）客我交往的特征

在轨道交通运输行业中，由于客运服务人员所处的特定角色以及旅客所处的特定地位，双方的交往中具有一系列的特殊性，这些特殊性具体表现为：

①交往时间的短暂性。由于客运服务本身的特点，旅客从购票、候车、上车、途中行驶到达目的地，一般来说时间不会太长。至 2019 年底，中国高铁里程突破 3.5 万公里，约占全

球高铁网的七成,中国走向高铁时代,开通运营的高速铁路最高速度为 350 km/h,至此,中国轨道交通运输事业形成了客运服务交往频率高、时间短的活跃局面。虽然旅客在车站候车时间稍长,但客我交往接触的时间仍然较少,相互沟通、熟悉了解的机会也极少。

②交往地位不对等性。客运服务中的人际关系和人际交往不同于日常人们生活中的人际关系和人际交往。日常人们生活中的人际关系和人际交往,以人们自愿、凭兴趣爱好等,且交往双方的主体地位往往是对等和平等的。而在客运服务交往中,对于旅客来说,人际交往和人际关系可以凭旅客的自愿与兴趣爱好,但对于客运服务人员来说,人际交往和人际关系不能以自愿、凭兴趣。因为,旅客与客运服务人员之间的接触,通常是不对等和不平衡的,这种不对等和不平衡表现在服务人员必须尽最大可能满足旅客的需求和意愿。由此,客运人员不可能在服务中与旅客处于平起平坐的对等关系。需要引起注意的是,有些服务人员因不能正确理解和处理这种不平等的关系而陷入自卑或逆反心理状态,从而给客运服务管理与服务质量造成消极影响,不利于我国铁路交通运输事业的发展。

③交往的公务性。无论是轨道交通运输客运服务,还是民航或旅游、餐饮其他服务,在通常情况下,服务人员与旅客接触只限于旅客需要服务的地点和时间内,否则,就是一种打扰旅客的违反规定的行为。换句话说,客运服务中的客我交往,主要是出于公务上的需要,而非个人感情、兴趣和爱好方面的需要。

④交往深度的局限性。由于客运服务交往具有短暂性、不对等性和公务性的特点,因此,客运服务人员与旅客之间的接触仅限于具体的服务项目,不能涉入个人关系,更不能进行个人历史、家庭背景和性格方面的深入了解。

⑤交往结果的不稳定性。客运服务,是一种人与人之间面对面的交往活动。因客运服务人员个人素质、能力、性格上的差异性以及旅客社会地位、经济状况、文化背景和情绪变化的区别,同一服务人员在不同的时间、地点,向不同的旅客提供同一服务项目,也会产生不同的服务效果。因而交往的结果往往具有不稳定性。

(2)客我交往的心理效应与心理障碍

1)客我交往的心理效应

每一名客运服务人员都希望在与旅客交往过程中展示出自己最好的一面,给旅客留下良好的印象,并希望在与旅客的交往中正确认识、了解他们。为此,客运服务人员非常有必要了解客我交往的过程中的各种心理效应,把握好自己的言行、态度、情绪,与旅客和谐相处。

①建立完美的第一印象(图 4-1-1)。在人际交往中,或者在平时对于某一事物的接触过程中,人们对于交往对象或者接触事物所产生的最初的印象就是第一印象。这种印象不但会直接左右人们对于自己的交往对象或者所接触的事物的评价,还会在很大程度上决定的双边关系的好与坏,或者人们对某一事物的接受与否。因此,客运服务人员在与旅客的初次交往中所留下的第一印象,往往会对服务人员的整体评价与看法起着决定性的作用。第一印象一旦形成,就不容易再改变。

图 4-1-1　美丽的客服人员漫画

第一印象的存在提示我们,要让旅客形成对服务人员的好印象,必须注意与旅客初次交往过程中的表现,服务人员在仪容、仪表、年龄、服装、谈吐、态度，车站设施、候车环境等，都会让旅客在形成最初印象与评价产生影响(图4-1-2)。

图4-1-2　客服人员给旅客行礼

②晕轮效应。晕轮效应是一把"双刃剑"。如果服务人员好的品质先被旅客认知，所形成的"晕轮"会掩盖服务人员的某些失误，也使服务人员有机会对自己的失误加以弥补。反之，如果服务人员的不良品质先被旅客认知，其所形成的"晕轮"则会掩盖服务人员的优点，从而"放大"服务人员的微小失误。

③否定后肯定效应。在客我交往中的这种"否定后肯定效应"，即如果人们先对某人行为做出否定的评价，而后来的事实证明这种评价是错误的，那么，人们会对此人将做出更高的评价。也就是说，如果没有原先的否定，还不至于对此人做出如此高的评价。

知道客我交往中有一种"否定后肯定效应"，客运服务人员是不是可以故意先犯一点错误，让别人对自己做出较低的评价，以便在以后再获得更高的评价呢？显然，这种想法是不对的。但是，知道客我交往中的"否定后肯定效应"后，当客运服务人员在实际工作中由于某种原因出现失误，使旅客对服务人员做出较低的评价时，服务人员就绝不能"垂头丧气"和"一蹶不振"，而是要想方法在后面的服务工作中弥补过失、挽回影响，以此来重新赢得旅客的满意。

④角色扮演。角色在心理学里的解释是一种职能，一种对每个处在这个地位上的人所期待的负荷规范的行为模式。通常来说，角色有四个要点：第一，充当某种角色，也就是在社会生活中处于某种地位。例如，李四担任某趟列车乘务员的角色，那么在客运服务交往中李四处于服务人员的地位，而李四以旅客的身份乘坐列车时，那么意味着在客运服务交往中他将处于旅客的地位。第二，角色是一种职能，一种权利。如客运值班员有客运值班员的职能和权利，客运服务员有服务人员的职能和权利。第三，社会中每一种角色都有其符合规范的行为模式。第四，一旦一个人充当了某一角色，人们会按照该角色的标准、要求来对其寄予相应的期望。

人们常说，人与人是平等的。但在实际生活当中，并不意味着当人们在扮演着不同的社会角色来进行交往时，可以"平起平坐"。从心理学角度来说，人与人之间的"平等"是由人与人之间的"相互尊重"来体现的。在一些服务行业，比如说酒店服务人员中曾经盛传着这样一个顺口溜："客人坐着你站着，客人吃着你看着，客人玩着你干着。"不管他们在传说这个顺口溜的时候是带着怎样的情绪，但须承认顺口溜所反映的一个事实："服务人员"与"客人"在扮演的两种不同的社会角色时是不可能"平等"的。

需要强调的是，我们所提出的"服务人员"与"客人"这两种"角色"不可能"平等"，而不是说扮演这两种角色的"人"有"高低贵贱"之分。对于服务人员来说，必须要对自己所扮演的角色正确认识与定位。

2）客我交往的心理障碍与冲突

近年来，旅客与轨道交通客运服务人员的冲突事件时有发生，通常情况下，旅客觉得铁路"铁老大"思想根深蒂固，"官商习气"在日常工作中表现突出，对旅客生、冷、硬、顶的现象比较普遍；服务标准不高，特别遇到春运、暑运及节假日客流高峰期工作繁忙时，指挥多于引导，重管理轻服务，满足于旅客"走得了"，忽视了旅客"走得好"。而铁路职工也常常被旅客不理解，经常会有旅客因为各种各样的理由辱骂甚至殴打客运服务人员。在客运服务人员与旅客交往的过程中，有些是因为服务人对客我交往的本质缺乏正确的认识，对待服务工作缺乏正确的态度，因而在客我交往中常表现出一些心理障碍而导致冲突的产生；有些是因为客观原因如列车晚点、停运，履行工作职责而被旅客不理解，或铁路规章规定妨碍旅客的个人利益而造成的，还有一部分是因为轨道交通客运服务人员与旅客之间沟通障碍造成服务工作没有顺利进行。

①客我交往中常见的心理障碍有以下几种：

自我中心。在实际的工作中，有些服务人员完全从自己的角度考虑问题，只关心个人的利益与兴趣，忽视了旅客的利益。在客我交往中表现出目中无人、装腔作势、盛气凌人，自私自利；在与同事工作时候，不能很好控制个人情绪，高兴的时候手舞足蹈、海阔天空地讲个痛快，不高兴的时候会不分场合乱发脾气，完全不考虑旅客的情绪。

铁路职工更应文明乘车

作为一名铁路通勤职工，天天坐火车上下班，早已把火车当成了公交车。由于长年通勤，虽然自己不是做客运服务工作的，但也对客运服务工作有了很深的认识，列车乘务员工作的辛苦和繁杂也看在了眼里，记在心上，同时对他们在工作中的辛苦付出也很敬佩。

每天上下班时，一帮通勤职工都聚集在列车门口，为了抢座位喊着号子拥挤着上车，常常把乘务员挤到了一边，不管乘务员怎么劝说、吆喝都白费，有时看着乘务员被挤到一边还嘿嘿地讥笑。

（来源：铁道论坛吧）

羞怯。大部分人们都会有羞怯心理。从心理学角度看，具有羞怯心理的人，往往在工作上羞于启齿或者害怕与人交流。由于过分的焦虑和担心，在言语上不能很好表达，行动上也惊慌失措，长此以往，不利于同旅客的正常交往。

孤僻。孤僻性格的人不喜欢与人交往，常常是孤芳自赏、自命清高。而克服孤僻心理的关键则在于服务人员打破自己设置的心理障碍，敞开心扉，用自己真挚、坦荡的情感去赢得旅客的理解与友谊。

干涉。有的服务人员在与旅客交往中，喜欢询问、打听、传播旅客的私事。这种热衷探听旅客的情况，并非有什么目的，而是其以刺探旅客隐私而沾沾自喜的心理被满足了而已。

讨好。个别服务人员处于功利性目的，刻意讨好旅客，阿谀奉承，曲意相逢。这种行为常常会引起旅客的反感，妨碍正常的交往。

②突发事件引起的客我冲突。在轨道交通客运服务过程中，由于种种原因，不管是客观原因还是主观原因都可能会引发一些突发事件。这些突发事件对旅客的旅程及服务工作都会产生不同的影响，如果处理得不好，有时会造成严重的冲突事件。常见的突发事件引起的冲突有：

列车晚点或停运。近年来，因为天气原因、机械故障等造成的列车晚点或停运导致客运服务人员与旅客发生冲突的事件时有发生。对于旅客来说，或是怀着美好的心情准备出游，或是出差办事时间紧迫，结果遭到列车晚点或停运，会有一种巨大的心理落差。而铁路和城市轨道交通企业因为晚点或停运的原因是不可抗拒的，从安全角度出发，也不会答应个别旅客的无理要求，就很容易引发冲突事件。

> 台风"莎莉嘉"发威，让琼州海峡全线停航，2016 年 10 月 18、19 日的海南环岛高铁所有列车停运。"莎莉嘉"的余威未散，"海马"便乘势而来，更是使得全国上百趟列车停运，影响范围巨大。这种受天气影响，造成列车晚点甚至停运的事件比比皆是。也总有部分旅客戾气满满，一言不合就采取极端方式"维权"。
>
> （来源：铁路新闻网）

旅客的过激行为。某些旅客由于情绪失控或修养不够，在违反相关规章制度又被阻止的前提下，在言行上表现出的冲动行为。

> 2016 年 5 月 27 日 15 时 46 分许，两名旅客(一男一女)到达韶山南闸机口欲乘坐 G1376 次列车(15 时 45 分开)，因时间已到，检票口已停止检票，且旅客未持车票，旅客刷身份证时，闸机显示无电子票。随后闸机口客运员田×制止旅客进站，并向旅客解释列车已停止检票，不能再进站。15 时 48 分左右，被劝阻的女乘客并挥拳打向田×脸部。公安执勤人员、客运员刘×文、苏×华立即上前劝阻，随后，该男性旅客对刘×文进行推搡。值班干部阳×在一站台组织 G1376 的乘降时，听见发现候车室发生争吵后，立即赶到闸机口进行劝阻，并向旅客进行解释。
>
> （来源：中国经济网）

售票差错、退票、无票等问题。由于客观原因、服务意识、态度等因素，在售票环节也会出现很多问题，引起旅客的不满与投诉。一是旅客不了解列车走行路线，售票人员没有耐心细致地向旅客交代清楚，造成"绕远"，影响旅客到达时间引发投诉；二是当节假日时，旅客会因为"一票难求"而把气撒在售票员身上造成冲突；三是售票人员服务不规范、不标准引起客我冲突。

③沟通障碍造成的客我冲突。在轨道交通客运服务人员与旅客这种人与人之间的沟中，由于语言、文化、个性特征、情绪反应在社会地位等方面的差异，带来许多沟通问题，从而导致冲突经常发生。

2.构建良好客我交往的策略

轨道交通运输服务人员要想与旅客保持良好的客我交往，既需要具备健全的人格、正确的认识方式和正常的情绪反应，还需要具有相应的交往技能与技巧。

(1)建立客我交往原则

1)平等的原则

平等原则，是人际交往的基础。没有平等，就谈不上尊重，没有互相尊重就无法维持正常的交往关系。客运服务人员在与旅客交往的过程中，彼此在人格上是平等的，交往的双方都是受益者，一定要平等待人，不可盛气凌人或阿谀奉承。尽管由于主客观因素的影响，人在气质、性格、能力、知识等方面存在差异，但在人格上是平等的。每个人都需要得到别人的尊重，都需要通过交往寻找自己的社会位置，获得他人的肯定，从而证明自己的价值。平等的原则正可以满足客我交往的这一需求。

2)诚信原则

"诚"即真诚，"信"即守信。诚信，是客我交往的根本，也是人与人之间建立信任和友谊的基础。在客我交往中，只有双方都心存诚意，才能互相理解、接纳、信任，感情上才能引起共鸣，交往关系才能得以发展。在现实生活中，人们都愿意与表里如一、言行一致、诚实正派的人交往，不愿意与口是心非、老奸巨猾、口蜜腹剑的人交往。因此如果客运服务人员给旅客以虚假、靠不住的印象，就会失去旅客的信任，就会很难与旅客进一步交往。真诚是获得友谊的桥梁，守信是中华民族最古老的传统。

在客我交往中，客运服务人员务必努力做到"言必信，行必果"。

3)宽容原则

宽容是一种美德，同时也是对健康交往的一种呵护。常言道"人无完人，金无足赤"。这要求客运人员在与旅客交往中，学会用辩证的观点看问题，对非原则性问题不斤斤计较，不过分挑剔旅客。与旅客发生矛盾时，要有宽广的胸襟、豁达的气量，要允许旅客有不同意见。客运人员要以豁达、宽容和开阔的胸怀来容纳旅客的缺点，要严于律己，宽以待人，不放纵自己，不苛求他人，这样才能赢得旅客的尊重。

4)赞扬原则

在客我交往中，要善于发现并且鼓励赞扬旅客的优点与长处，以礼相待，才能相互促进与提高。赞扬旅客会给旅客带来愉悦的和良好的情绪，反过来旅客也会把喜欢给予好情绪的你。赞扬的作用永远胜过批评。要建立良好的客我关系，恰当的赞美必不可少。一个人具有的某些长处或取得了某些成就，是需要得到社会的认可的。如果以真心实意的赞扬来满足旅客的自我需求，任何一个旅客都可能会变得令人愉快、通情达理、乐于合作。恰当的赞美会给人以舒适感。

(2)构建良好客我交往的具体策略

1)塑造良好的自身形象

良好的自身形象和大方的仪表是客我交往的基础。物质文明和精神文明日益进步的今天，在轨道交通客运服务的客我交往中，人们更加注重客运服务人员的外表和风度。因此，客运服务人员的形象如何，直接影响与旅客关系的质量。与旅客交往时候要注意：

①以诚为本，坦诚相待。

②衣着整洁，符合自己的身份和气质，可适当修饰或化妆。

③举止得体，谈吐文雅，不言过其实、不言不由衷。

④态度谦和，热情大方。切忌傲慢自大、蛮横无理、目中无人。

⑤在适当的时候，可以展示自己的才华与特长，但不可自我吹嘘、故意卖弄。

⑥乐于助人，当旅客需要帮助的时候，给予全力帮助。

⑦文明礼貌，谦虚谨慎，实事求是。

2) 学会赞美

与旅客交流要学会使用赞美性的言语。赞美的实质是对他人的赏识、激励。一个笑容可掬、善于发掘别人优点并给予赞美的人，肯定会受到别人的尊敬和喜爱。现实生活中每个人都希望得到尊重和承认，他人的赞美正是对这种需要的满足。恰到好处的赞美能和谐人际关系，给旅客带来美好的心境。赞美需要艺术。充分地、善意地看到旅客长处，因人、因时、因场合适当地赞美，不管是直率、朴实，还是含蓄、高雅，都会收到很好的效果。值得注意的是，赞美不能滥用，赞美是一种诚恳的、自然的情感流露，要真诚，不可虚情假意。人们喜欢得到赞扬，但只喜欢合乎事实的赞扬，对不真实的赞扬则会心生反感。

3) 学会倾听

倾听是对旅客尊重的表现，是交谈成功的要诀。客运服务人要养成良好的倾听习惯，倾听的要领是，首先要表现耐心听旅客讲话，态度谦虚，目光应注视旅客。其次要善于通过体态语言及语言的其他方式给予必要的反馈，做一个积极的"倾听者"。再次就是不要随意打断旅客讲话，更不要中间自己插进来大讲特讲。在旅客讲话时候，我们可以适当地提出一些问题，通过所提的问题向旅客传递一个信息，表达你是在仔细地听他说话。最后倾听的时候要能听出旅客的言外之意。一个聪明的倾听者，不能仅仅满足表层的倾听，而要从说话者的言语中听出话中之话，从而把握说话者的真实意图。只有这样，才能更好地交流与沟通。

4) 学会尊重

尊重包括尊重自己和他人。自尊，是指自重自爱，维护自己的人格；尊重他人，则是指重视他人的人格、习惯与价值，承认客我交往双方地位的平等。在客我交往中，只有先尊重旅客，才能得到旅客对你的尊重。尊重他人可以体现在很多方面，下面以谈话为例来说明如何得到尊重：

与旅客谈话时，应注意倾听，不要看书、看报、看手机，不要东张西望，应避免哈欠连天，也不要做一些不必要的小动作，如剪指甲、弄衣角、手指敲打桌面等。这些动作显得不礼貌。交流时应注意与旅客有目光交流，适当地点头或做一些手势，表示自己在注意倾听，引起旅客继续话题的兴趣。

要尽量让对方把话说完，不要轻易打断旅客或抢旅客的话题，扰乱旅客的思路。必要插话时，可委婉地说："请允许我打断一下。""请等等，让我插一句。"这样可避免旅客产生你对他轻视等不必要的误解。

在交谈时，不要自己一味地滔滔不绝地说个没完，要给旅客讲话机会。否则会显得自高自大，蔑视他人。

在倾听旅客谈话时候不要过于严肃，应给旅客情绪的变化以积极回应。否则，旅客会感到你冷漠，没有情绪说下去。

5) 真诚待客

在轨道交通客运服务中，客运服务人员对待旅客要以诚相待，不要过于世故。"诚"是客我交往的根本,交往能做到一个"诚"字,必能赢得真诚的回报。反之,世故圆滑,尔虞我诈,永远不可能得到对方的真诚相待。

6)热情有度

所谓热情有度,主要指服务人员在为旅客热情服务的时候,务必要重点把握好热情的具体分寸。热情总比冷漠好,主动服务总比被动服务好。然而,什么事情都有一个度,凡事物极必反,若热情过度,同样达不到预期效果。服务不够热情,通常会怠慢旅客;服务热情过头,也会有碍于旅客。此处所说人情的具体分寸,即为热情有度中的"度"。在服务过程中主要是指服务人员在向旅客提供服务的时候,不只是要积极、主动,更要切忌因此而干扰了对方,从而使旅客在享受服务的过程中心安理得,不受过度礼遇的烦扰。

1.3 知识拓展

有效沟通四原则

沟通是指两个或者两个以上的个体或群体之间以语言或非语言为载体,传递信息、交流信息、加强理解的全过程。沟通的内涵是信息的传递、被理解与准确理解、互动反馈,目的是希望达成一致(图4-1-3)。

某列车有旅客拿着个空水杯,找到正在扫地的列车员。以下是旅客与列车员的对话。

旅客:乘务员,你这车的电茶炉热水怎么总不开呢?

列车员:现在是饭口时间用的人比较多,开水可能用光了。

旅客:用光了?那现烧啊?

乘务员:是的,烧也快。您再稍等一下,水可能马上就烧好了。

旅客:我都等半天了,还马上。我到底得等多长时间啊!

乘务员:那可能是这节车电茶炉作用不好,烧得慢些,真的很抱歉。您再多等一会就好。

旅客:你这什么破车啊,连口热水都没有!

乘务员:您可以到旁边车厢看一下。如果需要,我帮您去打吧。

旅客:用不着,我自己去。

5分钟后旅客喝着热水,又看见乘务员,旅客:你早说旁边有啊,和你说话可真费劲!

乘务员:给您带来不便真的很抱歉。

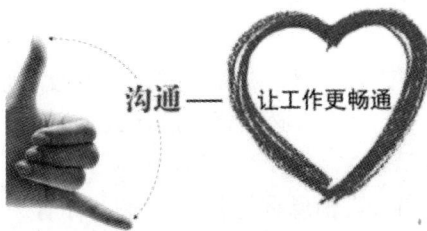

图4-1-3 与外籍旅客沟通

彼得·德鲁克曾指出，人无法只靠一句话沟通，总是得靠整个人来沟通。沟通需要构建通信设施，如电话、计算机、电视等。同时，还要理顺组织内部的沟通渠道，但这些只是形成了沟通的客观条件。沟通的关键还是人的因素。彼得·德鲁克提出了有效沟通的四原则，具体如下所述(图4-1-4)。

图4-1-4　沟通

①沟通是一种感知。禅宗曾提出过一个问题："若林中树倒时无人听见，会有声响吗?"答曰："没有。"树倒时确实有声响，但除非有人感知到了，否则就没有声响。沟通只在有接受者时才会发生。所以，无论使用什么样的渠道，沟通的第一问题必须是"这一信息是否在接受者的接收范围之内? 他能否收得到? 他如何理解?"

②沟通是一种期望。在进行沟通之前，了解接收者的期望是什么是很重要的。只有这样，我们才可以知道是否能利用他的期望值来进行沟通。人们的心智模式会使他们强烈抗拒任何不符合其"期望"的企图，出乎意料的事情通常是不会被接受的。

③沟通产生要求。人们通常不会做不必要的沟通。沟通总会产生要求，它总是要求接受者要成为某人、完成某件事情，相信某些理念。换句话说，如果沟通符合接受者的期望、价值与目的的话，它就具有说服力，这时沟通会改变一个人的性格、价值、信仰与期望。反之，如果沟通违背了接受者的期望、价值与动机时，不仅不能被接受，更有可能遭到接受者的抗拒。

④信息不是沟通。沟通要以信息为基础，但不等同于信息。信息不涉及如情感、价值、期望与认知等人的成分，而沟通是建立在人与人之间的。信息是中性的，而沟通的背后都隐藏着目的。

总之，彼得·德鲁克提出的有效沟通四原则可以归纳为四个"简单"问题：一个人必须要知道说什么；一个人必须要知道什么时候说；一个人必须要知道对谁说；一个人必须要知道怎么说。

一代名人肖伯恩有句名言："倘若你有一个苹果，我也有一个苹果，而我们彼此交换这个苹果，那么，你我自然各有一个苹果。但是倘若你有一种思想，我也有一种思想，而我们彼此交流这些思想，那么我们每个人将各有两种思想。"可见，交流是促进沟通的有效形式，它可能增进友谊，促进团结，活跃团队气氛。但交流的内容和方式有很大的随机性和不确定性，候车厅候车、列车服务等，旅客和客运服务人员都有可能把自己的想法、要求、感受等毫无保留地表达出来。

人类的社会交际活动复杂多样，客运服务中的人际交往也不例外（图 4-1-5、图 4-1-6）。

图 4-1-5 分发列车纪念品

图 4-1-6 引导旅客上车

某天，一位女乘客在某站由于上次车尚未出站，造成无法进站，到补票亭办理补票时，售检票员因为解释补票原因而与该乘客发生争吵。该乘客非常生气，要找本站的值班站长投诉补票亭内的售检票，并记录下了售检票员的员工号码。值班站长得知乘客与补票亭售检票员争吵的信息后，立即来到补票亭，了解了情况之后便对乘客解释说："您好，我是本站的值班站长，非常抱歉，由于我们的服务不周到，让您对我们的服务产生了诸多误解，您今天所遇到的问题也是我们经常遇到过的问题。请您放心，我们不会多扣您一分钱的。如果这次更新后，若有任何疑问，可以凭为你开具的《乘客事务处理单》找我们的工作人员帮你解决问题。我们再次向您道歉！"该乘客听到值班站长的一番话后，很开心，交付了补票费，并且扔掉了所记录员工号的纸条。正是由于值班站长的态度温和，才避免了投诉的发生。

常见的几种沟通技巧

1.有效的语言沟通技巧

（1）语言的沟通

1）语言要文明

作为有文化、有知识、有教养的现代人，在交谈中，一定要使用文明优雅的语言。粗话、脏话、荤话、黑话、怪话、气话等，而语言，绝对不宜在交谈之中采用。

2）语言要礼貌

在交谈中多使用礼貌用语，是博得他人好感与体谅的最为简单易行的做法。所谓礼貌用语，简称礼貌语，是指约定俗成的表示谦虚恭敬的专门用语。在社交中，尤其有必要对"你好、请、谢谢、对不起、再见"五句十字礼貌语经常加以运用，并且多多益善。

3）语言要准确

在交谈中，语言必须准确，否则不利于彼此各方之间的沟通。要注意的问题主要有：发音要准确、语速要适度、口气要谦和、内容要简明、土话要少用、外语要慎用等。

(2)肢体语言的沟通(表4-1-1)

表4-1-1 肢体语言的沟通渠道

肢体语言表述	行为含义
手势	柔和的手势表示友好、商量,强硬的手势则意味着"我是对的,你必须听我的"
脸部表情	微笑表示友善礼貌,皱眉表示怀疑和不满意
眼神	盯着看意味着不礼貌,但也可能表示兴趣,寻求支持
姿态	双臂环抱表示防御,开会时独坐一隅,意味着傲慢或不感兴趣
声音	演说时抑扬顿挫表明热情,突然停顿是为了造成悬念,吸引注意力

1)微笑

微笑很重要,从你第一天开始微笑,你会感到世界变得美好起来。

2)赞美的言语神态

和你交谈的对方有没有露出甜美的笑容呢?

3)静心倾听

理解万岁,这样也可以简单地做到。

4)注视的眼神

你关注的眼神一定能让对方感觉到,但请注意,并不是说注视的眼神就是紧紧地盯着对方的眼睛看,这样会让对方感到不自在,最好的方法是看着对方两眼的眉心或眼睛以下一点的地方。

5)立姿

良好的立姿应该是人直立、挺胸、收腹、梗颈,和人见面时应当不卑不亢、落落大方,眼睛正视对方,微微欠身颔首,并主动伸出手向对方表示问候。

6)坐姿

在正常情况下,人体重心要垂直,不要给人"瘫倒在椅子上"的感觉,手自然地放在双膝上或椅子上,头平稳,眼平视。而当需要侧坐时,应上体与脚同时转向一侧,但头向着前方。

2. 电话沟通技巧

1)选择适当的通话时间

一般早上7点之前、别人的午休时间和晚上10点以后是不应该往人家家里打电话的,若不得已扰人清梦,务必在通话开始的时候向对方道歉,并要记住这样一个原则:通话不超过3分钟,所有的内容都应长话短说。

2)事前准备

打电话前应将想要说的话想好,如这次的谈话应从何处说起,用什么方式交谈,说到什么程度,若出现突然情况如何应对等。

3)打电话时的态度

打电话时应该面带笑容,虽然在电话中,彼此看不到对方,但是我们总能从语气中感受到对方的态度,所以打电话时应该面带笑容,并且语气要温和,口齿要清楚,语言要简洁,第一句话"你好"后就应紧跟着进入正题。

4）挂电话要轻

一般情况下等对方先放下电话机后再轻轻地挂断电话，特别是与长辈、领导、女士通话后，一定要等他们挂断后再轻轻放下话筒。

5）接电话

应当在响铃三遍后立刻接通电话，并要用温柔的语调先说"你好"，再说请问哪位？找谁？哪个单位？若被找人不在，应该说明情况，问一下有什么重要事情，是否需要传达或留字条。

3. 上下级的沟通技巧

（1）领导与下属之间的技巧

1）尊重领导

作为下属，应当维护领导的威望与自尊，在领导面前，应当有谦虚的态度，但又要避免采用过分胆小、拘谨、谦恭、服从，甚至唯唯诺诺的态度讲话，改变诚惶诚恐的心理状态，而要活泼、大胆和自信。而且不能顶撞领导，特别是公开场合，尤其应予注意。

2）听从指挥

作为下属，指挥就应该服从，即使有意见和不同的想法，也应执行，对领导指挥中错误可事后提出或执行中提出意见和建议。

3）对领导工作不能求全责备

应该多出主意，帮助领导干好工作，而不应在同事间随便议论、指责领导。

4）提意见应该讲究方法

应该了解上级的个性。上级固然是领导，但他首先是一个人。作为一个人，他有他的性格、爱好，也有他的语言习惯等。如有些领导性格爽快、干脆，有些领导则沉默寡言，事事多加思考，你必须了解清楚，不要认为这是"迎合"，这正是运用心理学的一种学问。此外，与上级谈话还要选择有利时机。上级一天到晚要考虑的问题很多，所以假若是个人琐事，就不要在他埋头处理大事时去打扰他。你应该根据自己的问题重要与否，去选择适当时机反映。

（2）领导对下属的技巧

1）尊重下属的人格

下属具有独立的人格，领导不应因其地位而损害下属的人格，这是领导最基本的修养和对下属最基本的礼仪。

2）善于听取下属的意见

上下级之间的讲话，上级要力求避免采取自鸣得意、命令、训斥、役使下级的口吻说话，而是要放下架子，以平易近人的方式对待下级。这样，下级才会向你敞开心扉。谈话是双边活动，只有感情上的贯通，才谈得上信息的交流。此外，上级同下级谈话时，要重视开场白的作用。不妨与下级先扯几句家常，以便使感情接近，消除拘束感。

3）宽待下属

领导应该宽待下属，不应就一点问题就对下属大动干戈，应该具体问题具体分析，实在很严重的问题就应从严处理，但如果不是很严重的问题，对公司等不会产生很大损失的话就可从轻处理，这样更能让下属更好地为公司效劳了。

1.4　相关规范、规程与标准

客服人员的五项服务修养规范

1. 看

领先旅客一步的技巧。细微之处见真情，与旅客目光交流，寻找与旅客接近的机会。

2. 听

拉近与旅客的关系。有效聆听——做到"耳听为实"。

3. 笑

微笑服务的魅力。真情微笑——世界上最美的风景。

4. 说

旅客更在乎怎样说。以积极正面代替消极负面，用旅客喜欢听的句式讲话，搭建心与心的桥梁。巧妙赞美——世界上最动听的语言；巧妙发问——变被动为主动。

5. 动

运用身体语言的技巧。言行举止皆有"礼"，举手投足显内涵。

城轨客我交往中的交谈礼仪规范

1. 交谈礼仪

①使用敬语，谦语和雅语。

②态度和气，语言得体。

③注意倾听，做个忠实的听众。

④及时肯定旅客的话语，尽量不要贸然打断旅客的话语。

⑤注意语速，语调和音量，尽量做到平稳和中速。

2. 注意事项

①交谈时，精力要集中，不要左顾右盼，漫不经心。

②面对形形色色的旅客，一定要察言观色，反应灵敏。与旅客交谈时，应根据不同旅客的语言习惯使用相应的语言或方言。如普通话、粤语、英语等。注意用语规范性与地方性差异。

③与旅客交谈时，不要摆弄其他东西，做小动作。也不要频频看手表，让旅客认为你很不耐烦。

④车站员工因工作原因需要暂时离开服务的旅客时，要先说声"对不起，请稍候"。回来继续为旅客服务时，应先表示歉意，对其说声"对不起，让您久等了"，不可一声不响直接开始服务。

⑤在听取旅客意见或建议时，应用心倾听、态度热诚，并适时做出相应的回应如"您的建议很好，我们会……""谢谢您的意见"等，并对旅客表示感谢。

⑥对违反地铁有关规定的旅客应耐心解释，委婉劝解，尽量站在旅客的角度，从旅客的安全、利益等方面做出合理的解释与劝解。

⑦在按规定对违章乘客进行处罚时，应选择恰当的语言表达正确的意思。禁说不尊重之语；禁说不友好之语；禁说不耐烦之语；禁说不客气之语。

服务场合当中的语言规范

1. 接、送用语规范

最好的接待用语是"您好，请问有什么可以帮到您"；送别用语是"再见""您慢走"。

2. 称呼用语的规范

称呼是人们在正常交往应酬中，彼此之间所采用的称谓语，在日常生活中，称呼应当亲切、准确、合乎常规。正确恰当的称呼，体现了对对方的尊敬或亲密程度，同时也反映了自身的文化素质。

在服务场合，一般来说对男士可以用"先生"，也可在"先生"前冠以姓氏。对德高望重的长者，可在其姓氏后加"老"或"公"，如"郭老""林公"，以示尊敬。为了表示庄重和尊敬，有时也可以按职业相称，如"老师""师傅"等，也可以职务、职称、学衔相称，如"孙部长""卢经理""温主任"等。女子则根据婚姻状况而定，对已婚的女子称"夫人""太太"或"女士"，对未婚的女子称"小姐"。如不明其婚姻状况，以称"小姐""女士"为宜。

3. 应答用语的规范

在服务工作中，经常会遇到对方来电或用其他方式来询问事情。怎样回答他人的询问，就体现了一个人的礼貌修养。首先，答询用语要求热情有礼，认真负责，耐心帮助旅客，无论旅客有什么问题，服务人员都不允许用不耐烦的口气同旅客对话。如果有人在服务台向你询问，我们应暂放下手中的事情热情接待。其次，回答问话应耐心、细致、周到、详尽，直到对方听明白为止。再次，当被问到不了解的情况时，应向对方表示歉意，或者帮助找其他人解答，绝不可敷衍应付或信口开河。在回答旅客询问时，切忌以不耐烦的语气打发旅客。例如，"不知道！""你去问别人"等。

当旅客对我们的服务表示满意或直接对服务人员进行口头表扬和感谢时，一般应该谦虚地说"请不必客气""这是我应该做的""您过奖了""您太客气了"等；如果旅客因故向我们致歉，则应该说"不要紧""不必不必""没有关系""我不会介意"等。

关于文明用语和服务语言的规范还有很多，服务人员一定要在实践工作中不断总结和运用，慢慢养成一种文明礼貌的习惯，这样就可以以不变应万变，给旅客留下一个良好的印象。注意文明礼关键还要牢记并多用"十字用语"，即"请、你好、谢谢、对不起、再见"。这十个字简洁明了，通俗易懂，充分体现了文明语言的基本形式。在客我交往过程中，如能经常使用这十字用语，就可以避免许多不必要的误会和摩擦。因此，文明礼貌十字用语是人际关系和谐的润滑剂，是我们中华民族精神文明的具体体现。

1.5 相关案例

案例一

某站一天，一位醉酒的乘客，在车站站台的座椅上睡着了。车站站台安全员发现该醉酒乘客后，立即汇报了车控室。车控室立即汇报了值班站长。值班站长得知汇报后，随同客运值班员一起到现场查看该醉酒乘客的情况。到了现场，发现醉酒乘客如站台安全员所说，睡在座椅上。值班站长上前询问："乘客，您没事吧？"醉酒乘客没有回应。值班站长连连喊了三四声毫无反应后，只能随同客运值班员、站台安全员三人共同将乘客扶到了站厅。突然，乘客醒来，发现自己被移动了，出自防卫，他大打出手。值班站长被醉酒乘客打了几下，鼻子出血。客运值班员也被踹了两下，腿都青了一块。没过一会，醉酒乘客又在地上睡着了。被打时值班站长与客运值班员并没有还手，后又耐心地将乘客继续扶起，送到了办公室沙发上。当乘客醒酒后，得知自己打了人，连连向值班站长和客运值班员道歉。值班站长和客运值班员却说："没关系，这是我们为乘客服务，应该做的。"

【点评】

以上案例的现象是在车站常碰到的乘客与车站工作人员因误解引发的矛盾冲突。案例中值班站长与客运值班员在被醉酒乘客无意打伤情况下，依旧坚持工作岗位，继续做好为乘客的服务工作，充分体现了"人民铁路为人民"的宗旨。

案例二

一天，某站票务室没有计次卡库存了。一乘客来到补票亭需要购买计次卡。他询问补票亭内的售票员："你好，请问你们这里有计次卡卖吗？"售票员回答说："抱歉啊，计次卡早上刚卖完，现在已经没有了。"乘客问："哦，来晚啦！请问还有什么时候会有呢？"售票员回答："抱歉，我也不是很清楚。"乘客感到很惋惜，说："哦，这样啊，打扰了。"售票员看到这位乘客很想买计次卡，突然脑筋想出了一个办法：何不把乘客电话留下来呢？等计次卡到了好通知这个乘客买。售票员对乘客说："这样吧，你把联系方式留给我，等计次卡一到，就立即打电话给你，行吗？"乘客听后非常高兴，说："好啊，谢谢你！"乘客很乐意地把电话留了下来。下午，票务中心送卡来了，配了200张计次卡给该站票务室。售票员得知有卡后，通知车控室打电话给乘客前来购买。乘客接到电话后，马上来到车站，当即就要了66张计次卡。后来经他说才知道，第二天他要出差了，但出差前公司交代他任务，要在这天为他们公司员工购买66张计次卡当作补贴发给大家。乘客买到了计次卡后，很感谢这位售检票员。正是由于这位售检票员的脑筋灵活，才有了这么一笔业务。

【点评】

在与旅客的交往中，案例中的售票员遵从了与旅客交往的基本原则，做到了尊重旅客、真诚待客、热情有度等，从而有了一笔"意外"的业务。这也提示我们，在实际工作中，要妥善处理好客我交往关系。

项目训练

[训练目的]

掌握客运交往技巧，能够运用恰当的交往技巧及时处理客运服务中旅客冲突、投诉。

[训练内容]

当下中国铁路运输事业飞速发展，在客运服务的工作中，常常会出现由于服务人员与旅客的沟通不到位，没能及时解决、处理旅客提出的需求，致使客运服务人员与旅客发送冲突。分组分别表演在春运的时候，旅客进入候车室前在安检过程因旅客带矿泉水被安检工作人员拦截而发生的冲突，客运服务人员如何及时化解冲突。

[考核标准]

教师评分，评分为百分制（10分为一个等级，如100、90、80……），填入表4-1-2中。

表 4-1-2　评分

序号	项目	权重/%	得分
1	表演是否准确、到位	40	
2	理由是否充分、有说服力	40	
3	参与是否积极、主动	20	
合计			

复习思考题

1.客我交往的特征有哪些?

2.客我交往的心理效应有哪些?

3.客我交往的原则有哪些?

4.假定你是客运服务人员,简述在工作中如何构建良好的客我关系。

内容2　旅客投诉心理与服务

2.1　相关知识

1. 消费者权益保护法

中华人民共和国消费者权益保护法是维护全体公民消费权益的法律规范的总称，是为了维护社会经济秩序稳定，保护消费者的合法权益，促进社会主义市场经济健康发展而制定的一部法律。1993 年 10 月 31 日，第八届全国人大常委会第 4 次会议通过，自 1994 年 1 月 1 日起施行。2009 年 8 月 27 日，第十一届全国人民代表大会常务委员会第十次会议《关于修改部分法律的规定》进行第一次修正。2013 年 10 月 25 日，十二届全国人民代表大会常务委员会第五次会议《关于修改的决定》进行第二次修正。2014 年 3 月 15 日，由全国人大修订的新版《消费者权益保护法》(简称"新消法")正式实施。

2. 中国铁路客户服务中心(图 4-2-1)

12306 网站于 2010 年 1 月 30 日(2010 年春运首日)，开通并进行了试运行。2011 年 1 月 19 日(2011 年春运首日)，中华人民共和国 18 个铁路局(公司)所在地也分别成立了铁路客户服务中心，并公布了服务热线。通过全国铁路客户服务中心网站(www.12306.cn)、电话"12306"等方式，旅客可以准确查询列车车次、时刻、票价、余票、代售点、正晚点等信息。铁路货运客户也可以办理业务等信息。此外，铁路客服中心还通过自助语音、人工在线和网站的客户信箱等方式，受理旅客的投诉、咨询和建议。根据不同时期和时段话务量变化情况，合理安排

图 4-2-1　铁路服务热线

人员班次，实现多种班次相结合，梯次工作方式，保证高峰时段最大能力在线接听电话。

2.2　旅客投诉心理与服务

1. 旅客投诉的原因

(1)正确看待旅客的投诉

1)投诉是无法避免的

不论中国铁路的经营管理多么完善，也不论铁路服务人员怎样尽心尽力，要想在服务中使每一位旅客时时处处都感到满意，这是绝对不可能实现的。

尽管铁路工作人员千方百计地为旅客提供尽善尽美的服务，但事实上，无法避免因为某些工作上的差错或者旅客的误解，而导致旅客产生不满情绪，甚至引起旅客的投诉。事实上，乘坐火车，高铁的环境，卫生，或者是食品质量、服务人员的态度等，都会遇到旅客的投诉。即便是那些管理水平高、服务很好的铁路部门和最优秀的服务人员，也难以避免旅客的投诉。旅客投诉的多样性及服务的差异性，必然会导致抱怨。

当碰到旅客投诉时，服务人员不必过度的惊讶甚至惊慌失措，而应当保持平和的心态去面对。一方面，旅客之所以产生不满并采取投诉的方式宣泄不满的情绪，说明铁路部门的工作还有需要改进的地方。旅客提出来是对于铁路部门的信任，是支持铁路工作的一种表现。

如果旅客看到或者是亲身经历不良服务而不指出时，那么这位旅客今后可能不会再次光顾该公司，而且可能会告知身边的人该公司的服务非常恶劣，从而导致部门潜在的客户流失，这样一来会给铁路部门带来更大的损失。另一方面，旅客之所以产生不满并进行投诉，是由于自己的利益受损。几乎所有的旅客都要求自己的消费能够物有所值。如果旅客认为此次消费不值得，就会感到不满，并希望通过投诉讨回他应该得到的东西。铁路服务人员应该把旅客的投诉，当作是旅客维护自身利益的一种方式。

2）投诉对铁路部门工作的开展是有益的

旅客如同公司的一面镜子，通过旅客的投诉，企业可以发现自身难以发现的不足之处，通过旅客的表扬，企业可以了解旅客的需要是什么，哪些方面是企业的优秀之处，而旅客的投诉，正是帮助企业发现问题，促使企业改正问题，提高服务质量。所以，面对那些愿意当面诉说心中不满的旅客，服务人员应予以善待，抱着感谢的心情，倾听他们的诉说，接受他们的意见，并迅速采取措施进行纠正。

小调查

根据以往调查，26 个不满的顾客中，只有一个产生投诉行为；一个不满的旅客会把他糟糕的经历告诉 10～20 个人；6 个严重问题中，只有一个人发出抱怨声；投诉者比不投诉者更有意愿继续与公司保持关系；投诉者问题得到解决，会有 60% 的投诉者愿与公司保持关系，如果迅速得到解决，会有 90%～95% 的投诉者会与公司保持关系；一个满意的顾客会把他的感受告诉给 1～5 个人；100 个满意的顾客会带来 25 个新顾客；维持一个老顾客的成本只有吸引一个新顾客成本的 1/5。由此可见，投诉对企业而言是有很多益处的，旅客不会无缘无故地生出不满并进行投诉，导致旅客投诉的原因多种多样，要正确对待旅客的投诉，吸取好的意见，改正坏的风气，使得企业能更好的发展。

3）区别对待旅客的"挑"刺

有时候旅客的投诉未必合情合理，也会有旅客胡搅蛮缠，故意挑刺。服务人员遇到旅客投诉事件，首先要从自己一方找原因，也就是先自省，如果过错方是自己，就要及时道歉并为旅客解决问题。如果是旅客故意挑刺，提出不合理的要求，服务人员首先要做耐心的解释，尽量大事化小，以免给企业带来不必要的麻烦和声誉上的影响。如果旅客执意坚持不合理地要求并做出损害企业利益的行为，应该及时运用法律的武器维护公司和自己的权益。

（2）冲突、投诉的原因

服务人员要能很好地应对与旅客的冲突和旅客的投诉，就必须要了解和懂得引起冲突、投诉的原因。在服务中，引起与旅客冲突或旅客投诉的原因有客观和主观两方面。

1）客观原因（图 4-2-2）

引起与旅客冲突或旅客投诉的客观原因主要有：火车晚点，气候突变，临时改变停站地点，服务不到位；在列车运营过程中，旅客突发疾病，救治条件有限；旅客的物品丢失等致使旅客内心不满，从而引发冲突以致投诉。

2012 年 11 月，两位广州女青年李小童和张倩(均为化名)在网上订了两张 T38 的卧铺火车票，广州开往武昌，发车时间是 2012 年 11 月 21 日 23 点 53 分，计划 22 日到达武汉参加一个工作会议。11 月 21 日，她们于 22 点 30 分提前到达广州火车站。到了之后，检票员告知，火车最起码晚点到 22 日凌晨 5 点，具体的开车时间不能确定。对于晚点的原因，检票员说他也不清楚。就这样，在极度愤怒又无奈之下，李小童她们在寒冷的候车室待了一晚。为讨说法，2013 年 1 月 30 日，李小童和张倩将广深铁路股份有限公司(简称广深公司)告上法庭，要求其支付包括餐饮费、住宿费、误工费等在内的赔偿金共计 310 元。

图 4-2-2　暴雨引发列车晚点

2) 主观原因(图 4-2-3)

①尊重不到位。服务人员不主动称呼旅客，不主动接待旅客。有的服务人员甚至工作时只顾忙私事，与同事聊天等。当旅客来询问有关事项时，服务人员态度冷淡，爱理不理，旅客多次招呼服务人员，服务人员毫无反应或答应简单的两三个字"没有""不知道"等各种不礼貌的回答。

某旅客 5 月 27 日由于 K687 次列车晚点，旅客在广州站一楼咨询工作人员(陈禾兰，女)K687 次的发车时间。车站工作人员首先是爱理不理，后来旅客再次询问，她态度恶劣地说"有什么事赶紧说，我还有事"。旅客质问"你是什么态度"，工作人员回复"你有神经病吧"。旅客反映现场有很多旅客都看到了，认为这不是一个服务人员应有的态度，特来电投诉。

②沟通不到位。一些服务人员不知道语言文明和表达方式，欠缺沟通能力，不会察言观色，不会变通处理，"与旅客一般见识"，缺乏忍辱负重的精神，由于较真而冲撞旅客，从而引起与旅客之间的矛盾与冲突。

③服务不到位。旅客总是期待热情、周到、细致和耐心的服务，而有些服务人员因为责任心不够或者经验不足，应该做的没有做，能够做好的没有做好，本该耐心而不耐烦，从而引起旅客的不满。

图 4-2-3　投诉主观原因

> 　　某旅客网订 5 月 28 日 Z202 广州—北京西车票, 28 日 8：00 左右在广州站自动售票机取票, 由于机器故障导致车票未取出, 后到人工售票窗处理, 售票员为其办理了挂失补, 旅客在办理挂失补时已明确提出车票需报销, 但售票员未做任何解释且态度不耐烦, 现旅客到站后车票被收回, 无法办理报销, 特提出投诉。

　　④应急处置不到位(图 4-2-4)。在铁路运输中, 由于铁路设备和旅客身体原因经常会遇到紧急情况。突发情况下, 客运服务人员如不能果断、妥善的处置, 并与乘客进行有效沟通, 容易导致旅客的不满和投诉。

> 　　1 月 23 日, 由十堰开往武昌的 K1821 次旅客列车, 快行驶到随州车站时, 一名二十多岁的小伙子突发疾病。该旅客呼吸困难, 情况十分危急, 和他同行的家人却毫无准备, 也不知道发生了什么疾病, 连忙求助于客运服务人员, 服务人员因不知病人是什么疾病并没有做出什么急救措施, 只是拨打了 120 电话等待救援, 待 120 送走病人后家属进行了投诉, 对客运服务人员的处理表示不满, 基本的急救都不会。

　　综上所述, 引起旅客与服务人员的冲突或旅客投诉的两大原因中, 主观原因占很大比重。无论是主观原因或客观原因, 归根结底, 都是因为旅客心理需要没有得到满足, 旅客个人利益受到损害, 从而引起旅客和服务人员冲突与旅客投诉。因此, 要从根本上避免或解决

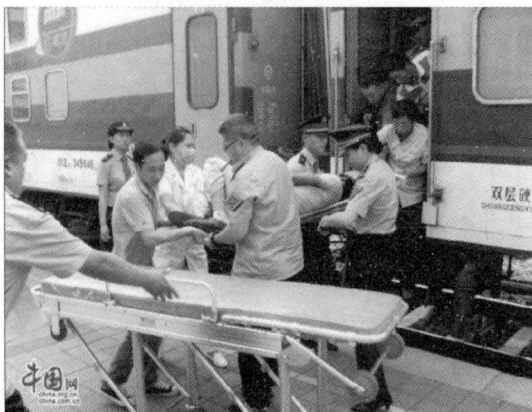

图 4-2-4　转移列车上突发疾病旅客

这种冲突，关键在于服务人员的优质服务，解决旅客的困难，满足旅客心理需要和维护旅客的正当权益。

2. 旅客投诉的一般心理

旅客对轨道服务人员的服务工作的期望与他所得到的实际感受之间的差距是投诉产生的原因。当旅客对购买的某一项服务的期望值大于其购买时得到的实际感受值时，他就会产生不满，就会投诉。这种不满越大，投诉就越容易发生，投诉的强烈程度也就越高。通常来说，旅客在投诉时有以下 5 种心理需要。

(1)求尊重的心理需要(图 4-2-5)

尊重指敬重、重视，人的内心都是渴望得到他人的尊重，但只有尊重他人才能赢得他人的尊重。尊重他人是一种高尚的美德，是个人内在修养的外在表现，是顺利开展工作，树立良好社交关系的基石。

服务要尊重旅客，主要表现在旅客的自主选择和消费权益，重视老弱病残旅客的特殊需要，重视旅客体现身份和地位的需要等。旅客投诉时的尊重表现在他们希望服务人员尊重他们，认为他们的投诉是对的、有道理的，认为自己这样做是应该的，希望得到理解尊重，愿意看到服务人员当面向他们表示歉意并立即采取相应的行动。

图 4-2-5　求尊重的心理

（2）求公正的心理需要

旅客消费是为了寻求愉快美好的经历，如果旅客觉得自己得到的是不公平的待遇，会心里不平衡或窝火，可能会找到有关部门进行投诉，为自己讨回说法，维护自己的利益。

旅客敢于投诉，是自我法律保护意识的觉醒。旅客通过合法的途径投诉，既是为自己，也是为所有的消费者寻求利益保护。通过投诉，使相关部门重视旅客的反映，并不断改进服务质量，能让广大旅客在今后的旅行中得到更优质的服务。

总之，要想妥善处理好旅客的种种不满与投诉，就必须充分了解旅客投诉的具体心理需求，从而对症下药，力争化不利为有利，获得一个圆满的结果。

（3）求宣泄的心理需要

宣泄，是指一个人遇到某种挫折时，把由此而引起的悲伤、懊恼、愤怒和不满等情感痛痛快快地"发泄"出来的心理调节方法。把情绪发泄出来后，就可以比较理智地对待遇到的挫折，而不至于耿耿于怀，从而达到一种平和。投诉的旅客是因为自己对服务质量不满意，遭到了某种挫折，客观上需要寻求心理上的某种平衡。此时，他们往往通过投诉"宣泄"自己的感情，"出了气再说"或者"出了气再走"就成为他们排解心中不快、气恼的最直接途径。

美国心理学家亚当斯（J. S. Adams）提出了著名的挫折理论，他认为挫折是个人在某种动机推动下所要达到的目标行为，是受到无法克服的障碍而产生的紧张状态与情绪反应。当旅客受到挫折后，有的人采取减轻挫折和满足需要的积极进取的态度，有的人采取消极对抗的态度，会采取一系列的行动来发泄不满。发泄不满最重要的一个渠道就是通过投诉，旅客投诉总是觉得自己理由充足，投诉时往往情绪激动、满腔怒火，他们会利用投诉的机会将自己的烦恼、怒气和怨气发泄出来，将直接被触发的或意识深层的挫折感和郁闷的情绪一扫而过，使其不平静的心情逐渐平静下来。

（4）求补偿的心理需要

旅客认为自己花费了钱财和时间，就应该获得相应的优质服务。一旦他们在经济上或精神上受到了一定的损失，希望能得到补偿，就会向有关部门投诉。这也是一种较为普遍的心理。例如，旅客遇到列车晚点或取消，希望尽快改签或得到相应赔偿；在车站买到假冒伪劣商品时，希望能退货；被打折火车票或高铁票的虚假广告欺骗时，希望赔偿损失。当然，很多旅客通过投诉寻求的并不是物质上的补偿，更多的是精神上的补偿，或者说是通过物质上的补偿来达到精神上的代偿，获得心理的平衡。

（5）关心企业发展的心理需要

并不是所有的旅客都是为了满足个人的需求才投诉的，有些旅客投诉是出于对公司的关心，他们希望通过投诉引起有关部门的重视，这样既有利于旅客，也有利于公司的发展。例如，旅客发现铁道公司的广告宣传词中有病句或者错别字；发现企业的服务设施不周全，无法满足旅客的需要并希望提出自己的改进建议；发现服务人员服务态度不好等。这些因素都可能会导致旅客投诉，其目的是期望企业的管理者不要忽视这些"不重要的""小"问题，因为这些问题会影响铁道公司的形象和声誉。

3. 处理旅客投诉的原则和对策

面对各种各样的旅客投诉事件，既不要对旅客的投诉置之不理、淡然处之，也不要把旅客的投诉看作洪水猛兽而惊慌失措。应树立正确的观念，保持沉着平和的心态，灵活运用处理投诉的各种对策，有效采取相应的解决措施，有条不紊地化解各类旅客投诉。

（1）处理旅客投诉的原则

1）"隔离"原则

在可能的情况下，尽量隔离投诉旅客与其他旅客的联系。首先这是因为旅客的同质性，会使其他旅客本能地站在投诉旅客的一边，指责公司。其次是因为旅客的情况。我们现在的服务不足，在知道不足后，我们会及时改进，这些问题不再存在，所以知道的人应该是越少越好，特别是其他旅客就更没有必要知道这些将不存在的问题。最后才是最重要的一点，根据群体心理学和个体心理学理论，一个胆小的人在群体状态下可能做出惊天的冒险行为，在别人的鼓动和面子的支撑下，有些自知理亏的旅客没有下台的台阶，简单的问题可能复杂化。

2）"安抚"原则

在旅客的情绪平静后，在寻求解决方案，在一个人处于情绪中时。认得思维和行动是受情绪控制的，情绪化的行为可能是粗鲁的和违法的，在这样的状态下，旅客难以接受合情合理的解决方案。所以，安抚旅客情绪是首位，只有在旅客情绪平静后，才可以寻求解决方案，否则，我们将很难让旅客对结果满意。因此，正确的做法是在旅客的情绪平静后，再寻求解决方案。通常的安抚技巧一是耐心地倾听旅客的抱怨，哪怕是旅客的言辞激烈和不符合事实，也不要进行解释和说明，旅客的情绪会随着抱怨的过程而慢慢平息；二是对旅客所投诉的非原则性问题进行简单的附和，以达到与旅客存在相似性的效果。

3）"底线"原则

法律就是我们的底线，我们要善于用法律来保护旅客和我们的共同利益，有时候旅客的无理取闹常常是无知的一种典型表现。对于无知的旅客，我们既不能硬碰硬，更不能置之不理。两种方式都会让我们的服务形象受到致命的伤害，我们唯一可以做的就是耐心的教育这类旅客遵纪守法，让他们从无知到有知，懂得用理智和法律来维护自己的合法权益而不是无理取闹，法律是我们处理服务投诉的底线。

（2）处理旅客投诉的对策

1）耐心倾听，尊重为先

当旅客前来投诉时，首先要给予其尊重。"冲动的旅客在火里，冷静的工作人员在水里，冷能抵热，水能克火"。当旅客抱怨时，工作人员务必保持冷静，洗耳恭听，切不可贸然打断。假如此时工作人员没有冷静应对，而是"兵刃相见，刺刀见红"，势必造成双方矛盾激化。有效处理旅客投诉的第一原则就是耐心倾听旅客的抱怨，避免与其发生争辩，待旅客情绪平复后再与之商谈。

2）对症下药，换位思考

工作人员应了解旅客投诉的三种心态：发泄、要求补偿及希望得到尊重。工作人员应根据具体情况来进行分析，判断出旅客投诉的目的，区别对待。旅客提出过分要求，大多数是因为不了解具体情况，并非有意敲诈。一般来说，旅客的要求并不苛刻，不近情理的旅客毕竟属于少数。漠视旅客的感受是处理投诉的大忌。工作人员必须以客户为中心，换位思考，将心比心，无论遇到任何问题，都不要先分清责任，而是先表示歉意，承认过失，然后再对症下药。

3）真诚相待，迅速解决。

倾听抱怨后不采取行动解决问题是一个空礼盒。只对旅客说"对不起，这是我们的过失",不如说"我能理解给您带来的麻烦与不便,您看我能为您做些什么呢?"旅客投诉的处理必须付诸行动,迅速地给出解决方案。能够及时解决固然最好,但如遇到的问题比较复杂或特殊,不确信该如何解决,工作人员不应向旅客做任何承诺。与向旅客承诺做不到相比,诚实更容易得到旅客的尊重。把准备采取的措施告诉旅客,征求旅客意见,了解旅客心理活动,以便采取的措施两全,既不让企业蒙受不该有的损失,又能让旅客满意。

4)跟踪结果,给予关注

处理旅客投诉的工作人员,往往不能直接去解决问题,但应对处理结果进行跟踪,给予关注。如,确定旅客的问题是否最终得到了解决;了解旅客对处理结果的意见;问题解决后,应该与旅客联系。这种同步服务与关心会让旅客感到轨道交通运输企业时刻"以服务为中心,以客户为中心"从而对铁路公司留下良好的印象。另外,应对旅客再次表示歉意,对其向铁路公司反映问题的举动表示感谢。

5)事件解决后,及时总结

当整个事件处理完毕后,应对事件进行深入分析和研讨,找出问题,总结经验教训,摸索事物的发展规律,正确认识到工作中的优缺点;明确下一步工作的方向,少走弯路,少犯错误,提高服务工作效率。同时将事件制成 PPT 形式的案例,以便进行长期循环培训,使员工举一反三,起到警示教育作用。

(3)处理旅客投诉的过程

处理投诉的过程也是向旅客进行补救性心理服务的一个重要组成部分。对于旅客的投诉,服务人员一定要慎重对待。应该耐心而诚恳地接待旅客的投诉。处理旅客投诉的过程中应做到以下几点。

1)诚恳耐心地倾听,让顾客发泄不满(图 4-2-6)

面对旅客的投诉,服务人员必须诚恳耐心的倾听旅客的投诉,专心体谅乘客的感受,并且边听边表示同情,争取在感情上和心理上与投诉者保持一致,切不可还没有听完旅客的投诉就开始为自己或者公司做解释、辩解;避免引起投诉者心理上的反感、情绪上的对立,使事态进一步扩大。旅客来投诉,心中有怨恨,不能发泄,他们的心理不会平静,不会舒服。服务人员应耐心地倾听旅客投诉,使得本来暴跳如雷的旅客平静下来。同时,服务人员耐心地听其投诉,也可以弄清事情的真相,以便恰当处理。

图 4-2-6 服务倾听

2)当旅客投诉时,切忌置之不理或与之发生争吵

有些服务人员认为旅客来投诉他们是多事或找碴,有意和服务人员过不去,这种想法是要不得的。所以当旅客来投诉时,服务人员应当热情地以诚恳的态度去接待他们,欢迎他们的投诉,倾听他们的意见,诚恳地向他们表示歉意,甚至有时可以请相关领导向旅客道歉,这是一种诚意的表现。

真诚地说声"对不起"
◇ 让旅客明白你非常尊重他;
◇ 让旅客感受到你的真诚;
◇ 让旅客知道你理解他的不满。

3)对旅客表示安慰和同情

面对情绪激动的旅客,服务人员要保持心平气和,当顾客发泄时应该做到:
◇ "闭口不言,保持沉默";
◇ 不要说:"请你静一静""别叫……""别激动……";
◇ 也不要说:"你肯定搞错了""我们不会……""不是这样的……";
◇ 使用聆听的技巧,让顾客感受到你很尊重他;
◇ 不断点头、眼神关注、不时应答;
◇ 创造促进顾客理智转化的氛围;
◇ 先道歉、再询问;
◇ 运用"移情法";
◇ 面对气愤和委屈的旅客服务人员要表示理解;
◇ 让他/她明白你懂他/她的感受;
◇ 给予正面的回答,可加上肢体语言;
◇ 理解旅客的行为,保持微笑服务;
◇ 不要用一种无所谓的态度,要认真细心地聆听;
◇ 让旅客在情感上得到相对的平衡。

前来投诉的旅客一般总是觉得自己受到了伤害,是带着一颗受伤的心来请求有关人员主持公道的。这时,服务人员必须对旅客表示安抚和同情,如可以说"我对您感到气愤和委屈的心情非常理解,如果我是您,我也会和您有相同的感受。"对投诉的旅客做出一些同情和理解的表示,是安慰其已受伤的心灵的最好的办法,也是把他的注意力引向解决问题而不是拘泥于令人烦恼的细节和令人沮丧的情绪的有效方法。

投诉者所说的事情有时候可能不是真的,但他仍然希望服务人员能够对他表示同情和理解,对于那些夸大其词、喋喋不休的投诉者仍然可以给予他们适当关注,以安抚他们的情绪,如果他们还纠缠不休,可以将他们带到上级主管部门那里,但不能置之不理。

如果旅客大发雷霆,服务人员一定要,保持冷静,不要计较旅客过激的言行,对他们某些过激的态度表示宽容,要理解他们此时的情感,让他们宣泄不满的情绪做出些同情和安慰的表示,才能唤醒旅客的理性,引导事态向着双方都有利的方向发展。

4)采取积极行动,找到解决问题的正确方法

对于一些明显是服务工作上的错误,服务人员应当马上道歉,在征得旅客同意后,做出补偿等处理。

　　征得旅客的同意是为了避免处理时不合旅客的意愿，反而会使问题复杂化。而对于一些较为复杂的问题，在弄清楚事情真相之前，不应急于表态或处理。服务人员应当做到有理、有礼。如果是自己能够解决的，应该迅速回复旅客，告诉旅客处理意见。旅客投诉的处理如果超过自己的权利范围，需要及时向上级报告。如果暂时不能解决投诉，服务人员要耐心向旅客解释，取得原谅，并请旅客留下地址和姓名，以便告诉旅客最终处理的结果。如果可能，要向主管人员或主管部门报告旅客的投诉，这样会让旅客感到他们的投诉受到重视，因而会使得怨气下降而满意度上升。

　　5）感谢旅客的批评指教

　　旅客无论是基于何种心理去投诉，在客观上都起到了帮助我们改正缺点，改进工作，完善服务的作用。因此，要向旅客表示真诚的谢意，感谢他们的提醒与建议。

　　6）将补救措施立即付诸行动

　　服务人员了解清楚旅客的投诉情况后，要果断采取补救措施，视情况对旅客予以补偿。

　　制订了措施后，要立即贯彻执行，付诸行动。拖延只会引起旅客更大的不满，旅客可能会认为铁路企业缺乏诚意，抓紧时间和提高效率是对旅客的最大敬意，否则旅客是不会满意的。补救措施实施后，要尽快再次征求意见，询问旅客的满意程度。

　　7）要落实、监督、检查对旅客投诉的具体解决措施，总结经验教训

　　处理旅客投诉并要获得良好的效果，其最重要的一环便是落实、监督、检查已经采取的纠正措施。

　　只有良好的监督机制，才能确保正确的补救措施能得以真正地执行，否则，补救措施制订得再完美，也只能流于空谈。

　　同时，一定要做好总结工作，对服务和管理上存在的问题进行整改，避免类似导致旅客不满的事件发生。

　　（4）处理旅客投诉的技巧

　　在日常工作中，旅客投诉的事情时常发生，但是我们要认真地对待旅客的投诉，对待旅客的投诉要坚持下面几条建议：

　　①对待任何一个新接触的人和对待旅客一个样。

　　②没有无关紧要的接触和不重要的旅客。

　　③投诉不总是容易调解清楚的。

　　④没有可以忽视的投诉。

　　⑤一份投诉是一次机会。

　　⑥发牢骚的旅客并不是在打扰我们，他在行使他的最高权力。

　　⑦处理投诉的人一定被认为是企业中最重要的人。

　　⑧迅速判明投诉的实质。

　　⑨用关键词限定投诉内容。

　　⑩每当无理投诉出现高峰时，应当设法查明原因。

　　⑪在采取纠正行动之前，应立即对每份投诉做一礼节性的答复。

　　⑫要为旅客投诉提供方便。

　　⑬使用提问调查表以方便对话。

　　⑭组织并检查答复投诉后的善后安排。

⑮接待不满的旅客时,要称他的姓,握他的手。

⑯处理投诉应因人制宜。

⑰请保持轻松、友好和自信。

⑱让旅客说话。

⑲要做记录,可能时使用一份印制的表格。

⑳投诉旅客他的问题由你负责处理,并切实去办理。

(5)处理旅客投诉的总原则

综上所述,处理投诉的总原则:"先处理感情,后处理事件"。

1)切不可在旅客面前推卸责任

在接待和处理旅客投诉时,一些售票员自觉或不自觉的推卸责任,殊不知,这样给旅客的印象更糟,使旅客更加气愤,结果,旧的投诉未解决,又引发了旅客新的更为激烈的投诉,出现投诉的"连环套"。

2)从倾听开始

倾听是解决问题的前提。在倾听旅客投诉时,我们不但要听他表达的内容,还要注意他的语调与音量,这有助于了解旅客语言背后的内在情绪。同时,要通过解释与澄清确保你真正了解了客户的问题。例如,我们听了旅客反映的情况后,根据自己的理解向旅客解释一遍:"王先生,来看一下我理解的是否正确。您刚才说几天前在重庆站 10 号窗口买票时你要今天的车票,而售票员却错误地发售为昨天的车票,现在造成你无法乘车,要求我们对车票进行处理,请问是不是这个意思?"这样通过认真倾听,向旅客解释他所表达的意思并请教旅客我们的理解是否正确,向客户表示我们对他的尊重以及真诚地想了解问题,这也给旅客一个机会去重申他没有表达清晰的地方。

3)认同旅客的感受

旅客在投诉时会表现出烦恼、失望、泄气、发怒等各种情感。我们就不应当把这些表现当作是对自己个人的不满。特别是当旅客发怒时,旅客仅仅是把我们当成了倾听对象,旅客的情绪是完全有理由的,是理应得到极大的重视和最迅速、合理的解决的。所以让旅客知道你非常理解他的心情,关心他的问题:"王先生,对不起让您感到不愉快了,我非常理解您此时的感受。"所有无论旅客对与错,我们都要把旅客的错当"对"来处理,我们只有与旅客的思维同步了,才有可能真正了解他的问题,找到最合适的方式与他交流,从而为成功的投诉处理奠定基础。我们有时候会在说道歉时很不舒服,因为这似乎是在承认自己有错。说声"对不起","很抱歉"并不一定表明"我"真的犯了错误,这主要表明你对旅客不愉快经历的遗憾与同情。不用担心客户会因得到你的认可而越发的强硬,表示认同的话会将客户的思绪引向关注问题的解决。

4)表示愿意为旅客提供帮助

"让我看一下该如何帮助您""我很愿意为您解决问题",正如前面所说,当旅客正在关注问题的解决时,我们体贴地表示乐于提供帮助,自然会让客户感到安全、有保障,从而进一步消除对立情绪,取而代之的是依赖感。问题澄清了,旅客的对立情绪也就减低了,我们接下来要做的就是为客户提供解决方案。

5)解决问题

一是为旅客提供选择:通常一个问题的解决方案都不是唯一的,给旅客提供选择会让旅客感到受尊重，同时，旅客选择的解决方案在实施的时候也会得到旅客的更多认可和配合。

二是诚实地向旅客承诺：能够及时地解决旅客的问题当然最好，但有些问题可能比较复杂或特殊，我们不确信该如何为旅客解决，此时我们就不要向旅客做任何承诺，而是诚实地告诉旅客情况有点特别，你会尽力帮旅客寻找解决的方法，但需要一点时间，然后约定给旅客回话的时间，你一定要确保准时给旅客回话，即使到时仍不能帮旅客解决，也要准时打电话向旅客解释问题进展，表明自己所做的努力，并再次约定给旅客答复的时间。

6）灵活处理

只要是为了方便旅客，在不违背相关规定的情况下，我们一定要积极为旅客着想，不要故意设置"门槛"，当事情无法把握处理时，要及时请示值班领导批准，尽量满足旅客的出行需求。

面对旅客投诉我们应当承认旅客投诉的事实而不是去辩解，表示同情和歉意。询问旅客要求并承诺采取措施，要感谢旅客的批评指教，同时快速采取行动并纠正错误，核查旅客满意度。

4.乘客投诉处理的禁忌

（1）与乘客争辩

面对乘客投诉时，服务人员不要伤害乘客、责怪乘客、与乘客争辩是非，要心平气和去倾听乘客的需求和期望，找到乘客抱怨的重点，解决问题，这样才能有效解决乘客抱怨和投诉。

（2）只有道歉，不解决问题

如果接到乘客投诉，服务人员只跟乘客道歉，并没有采取任何措施去帮助乘客解决问题，这样会让乘客觉得企业缺乏诚意、不重视自己，而不能消除乘客抱怨。

（3）做出承诺，却不兑现处理

乘客投诉时，企业给乘客做出了承诺，如答应乘客改正错误、给予乘客物质上的补偿等，却迟迟不兑现。这样不仅会损坏企业形象，而且会适得其反，使乘客更加生气，甚至会继续投诉。因此，企业一定要说话算数，答应乘客的事情，必须做到。

（4）对乘客态度不好

服务人员切记用恶劣的态度对待乘客，如对乘客冷言冷语，用蔑视的眼光看待乘客、对乘客粗鲁无礼等。

（5）逃避责任，将错误归咎于乘客

在服务人员处理乘客投诉时，乘客还非常忌讳的一点是服务人员逃避责任，将错误归咎于乘客身上。

2.3　知识拓展

客户投诉危机

客户投诉危机是当人们面对客户投诉处理目标的阻碍时产生的一种状态。这里的阻碍是指在一定的时间内，使用常规的解决方法不能解决客户投诉过程中的问题。

客户投诉按照问题的严重程度分为一般投诉和重大投诉，按投诉主体规模大小分为个别投诉和群体投诉。一般投诉和个别投诉大多属于企业销售过程的后续环节，按照企业售后服务的流程处理，一般不会引发企业危机；而重大投诉和群体投诉则属于企业经营的意外事故，且二者往往具有交叉性，是企业危机的一种主要表现方式。

客户投诉危机具有突发性、紧迫性、破坏性、不确定性及舆论关注性等与其他危机相同的特点。

1. 突发性

客户投诉危机往往不期而至，令人措手不及。由于是在企业毫无准备的情况下瞬间发生的，容易给企业带来混乱和震惊。有些客户投诉由于企业没有进行适当、及时地处理，积累到一定时间，最终爆发危机，也可以说是长期积累的突发性危机。

2. 紧迫性

对企业来说，客户投诉危机一旦爆发，其破坏性的能量就会被迅速释放，并呈快速蔓延之势，如果不能及时控制，就会急剧恶化，使企业遭受更大损失。同时，客户投诉危机的迅速发生还会引起各大媒体以及社会大众对这些事件的关注，要求企业立即进行事件调查与对外界说明。

3. 破坏性

由于客户投诉危机的突发性，不论什么性质和规模，都必然不同程度地给企业造成破坏，带来混乱与恐慌。同时，由于决策的时间紧迫以及掌握的信息有限，往往会导致决策失误，产生不可估量的经济损失和负面影响。有些客户投诉危机甚至可以将一个企业毁于一旦，例如三鹿奶粉事件，就是一个沉痛的教训。

4. 不确定性

客户投诉危机爆发的征兆一般不是很明显，具体时间、实际规模、发展态势和影响深度等使企业难以做出准确预测。危机出现与否和出现的时机是无法完全确定的。

5. 舆论关注性

客户投诉危机事件的爆发能够刺激人们的好奇心理，成为人们谈论的热门话题和媒体跟踪报道的焦点内容。特别在当今时代，信息传播迅速，所以危机的信息传播比危机本身发展要快得多。企业越是反应迟缓，束手无策，危机事件越会愈演愈烈而引起各方的关注。

旅客的"五点"服务

语调柔一点：有一天，一位女乘客因为 IC 卡无法刷卡进站，在志愿者的引导下，向补票亭走来。售票员看到乘客向补票亭走来，便好心地向乘客喊道："这位乘客，在这里进行补票。"由于声音过大，该乘客引起了周围乘客的注目。顿时，这个乘客看到有许多乘客盯着自己感觉到不好意思。来到了补票亭后，售票员帮助乘客处理了 IC 卡。而乘客却将该售票员的员工号抄记了，随后拨打了投诉电话。

耐心足一点：有一天，某站出站人比较多，补票亭内的售票员正在为乘客办理补票，一位男乘客来补票亭询问售票员："你好，我怎么出不了站？"售票员当时比较忙碌，随即回复了一句："等一下，我帮你分析。"乘客说："你快点，我还有些事！"售票员说："嗯，好的。"售票员回答完后继续为先来的乘客补票。当她忙完后，便帮助这位乘客分析出结果是尚未进站。售票员说："你进站没有刷好，请问你是从哪站进站的？"乘客听说后，迷惑不解地问："我怎么可能没有刷进站呢？"售票员回答："你的确没有刷进站。"乘客说："不可能没有刷，那我怎么进来的？难道逃票进来的？"售票员有点不耐烦地说:"我怎么知道你怎么进来的。"乘客听后,有点不高兴地说:"你们什么意思?你们自己设备的原因,还要怪我吗?"随后,售票员和该乘客发生了纠纷。后来经过值班站长的耐心地解释,乘客才满意地离去。

嘴巴甜一点:有一天,一位女乘客在某站由于上次车尚未出站,造成无法进站,到补票亭办理补票时,售票员因为解释补票原因而与该乘客发生争吵,该乘客非常生气,要找本站的值班站长投诉补票亭内的售票员,并记录下了售票员的员工号码。值班站长得知乘客与补票亭售票员争吵的消息后,立即来到补票亭,了解了情况之后便对乘客解释说:"您好,我是本站的值班站长。非常抱歉,由于我们的服务不周到,让您对我们的服务产生了诸多误解,您今天所遇到的问题也是我们经常遇到过的问题。请您放心,我们不会多扣您一分钱的。如果这次更新后,若有任何疑问,可以凭为你开具的《乘客事务处理单》找我们的工作人员帮你解决问题。我们再次向您道歉!"该乘客听到值班站长的一番话后,很开心,交付了补票费,并且扔掉了所记录员工号的纸条。正是由于值班站长的嘴巴甜,才避免了投诉的发生。

肚量大一点:有一天,一位醉酒的乘客,在车站站台的座椅上睡着了。车站站台安全员发现该醉酒乘客后,立即汇报了车控室。车控室立即汇报了值班站长。值班站长得知汇报后,随同客运值班员一起到现场查看该醉酒乘客的情况。到了现场,发现醉酒乘客如站台安全员所说,睡在座椅上。值班站长上前询问:"乘客,您没事吧?"醉酒乘客没有回应。值班站长连连喊了三四声毫无反应后。只能随同客运值班员、站台安全员三人共同将乘客扶到了站厅。突然,乘客醒来,发现自己被移动了,出自防卫,他大打出手。值班站长被醉酒乘客打了几下,鼻子出血了。客运值班员也被踹了两下,腿都青了一块。没有一会,醉酒乘客又在地上睡着了。被打时值班站长与客运值班员并没有还手,后又耐心地将乘客继续扶起,送到了办公室沙发上。当乘客醒酒后,得知自己打了人,连连向值班站长和客运值班员道歉。值班站长和客运值班员却说:"没关系,这是我们为乘客服务,应该做的。"

脑筋活一点:有一天,某站票务室没有计次卡库存了。一乘客来到补票亭需要购买计次卡。他询问补票亭内的售票员:"你好,请问你们这里有计次卡卖吗?"售票员回答说:"抱歉啊,计次卡早上刚卖完,现在已经没有了。"乘客问:"哦,来晚啦!请问还有什么时候会有呢?"售票员回答:"抱歉,我也不是很清楚。"乘客感到很惋惜,说:"哦,这样啊,打扰了。"售票员看到这位乘客很想买计次卡,突然脑筋想出了一个办法:何不把乘客电话留下来呢?等计次卡到了好通知这个乘客买。售票员对乘客说:"这样吧,你把联系方式留给我,等计次卡一到,就立即打电话给你,行吗?"乘客听后非常高兴,说:"好啊,谢谢你!"乘客很乐意地把电话留了下来。下午,票务中心送卡来了,配了200张计次卡给该站票务室。售票员得知有卡后,通知车控室打电话给乘客前来购买。乘客接到电话后,马上来到车站。当即就要了66张计次卡。后来经他说才知道,第二天他要出差了,但出差前公司交代他任务,要在这天为他们公司的员工购买66张计次卡当作补贴发给大家。乘客买到了计次卡后,很感谢这位售票员。正是由于这位售票员的脑筋灵活,才有了这么一笔业务。

2.4　相关规范、规程与标准

客户投诉处理的我国国家标准

1998 年我国参考澳大利亚的《处理投诉》（AS 4269—1995）国家标准，并结合我国处理投诉的实践，制定了具有自己特色的《投诉处理指南》国家标准。在此之前，我国还从来没有一套关于如何处理客户投诉的国家标准出台。在短缺经济的条件下，人们最大的愿望就是能够买到足够的商品，客户投诉少之又少，根本谈不上如何有效处置客户投诉了。随着我国市场经济逐步建立，消费者自我保护意识不断增强，客户对产品和服务的期望值不断提高，企业所面临的投诉数量和范围日益增多，加强投诉处理迫在眉睫。《投诉处理指南》（GB/T 17242—1998）规定了组织处理投诉的基本原则，确定了投诉处理的基本要素、程序、解决争议的途径等。同时，将投诉处理工作列为组织建立和完善质量体系中的一项重要内容。

2008 年 5 月，我国将《质量管理顾客满意组织处理投诉指南》（ISO 10002：2004）国际标准转化为《质量管理顾客满意组织处理投诉指南》（GB/T 19012—2008）国家标准。该标准以企业为主体，为投诉提供了一个公开、公平、用户能积极响应的处理系统，提高了企业以系统方式解决投诉的水平。实施该标准，有助于创造一种"用户关注型"的解决投诉的有效途径，鼓励企业有关人员提高产品质量或服务水平，使企业在激烈的市场竞争中牢牢抓住用户，提高用户满意度和忠诚度。该标准的颁布实施，表明我国高度重视投诉处理工作，并保持了与国际标准的协调一致性。

2.5　相关案例

案例一

某旅客在 12306 网站购买了两张 A 站至 B 站的二等座车票，其中一张成人票票价为 146 元，一张儿童票票价为 77 元，旅客到车站咨询"为什么儿童票价不是成人票价的 50%，是不是系统出错了"，售票员回答不清楚，让旅客退票重买，最终带来旅客投诉。

【点评】

以上案例说明，一是售票员业务规章不熟练，未准确掌握票价基础知识。二是售票员未落实首问首诉负责制，对自己把握不准的业务知识点，没有进一步核实，直接为旅客办理了退票，敷衍了事。

针对此事件，一是售票员应加强售票业务的学习掌握，善于总结和累积工作经验教训；站段应加强针对性培训和业务抽问。二是售票员对旅客提出的质疑不能答复时，应及时请示或汇报值班员、值班干部等，得到准确答复后再妥善处理。

案例二

2018 年 6 月 22 日，有一名乘客在汉口站换乘，由于换乘时间短，被挡在入站口迟迟不能放行，两个人工检票口都留给站内的旅客检票，整个检票口没有一个通道可供换乘旅客换乘，眼看着换乘的列车就要发车了，检票口还是不肯放行，有几个换乘旅客等不及了便挤进人群。检票员见状骂旅客素质差，最终导致被投诉。

【点评】

遇旅客投诉首先要感谢旅客对车站工作的监督和指导，再思考是换乘旅客素质差还是火车站的换乘服务不到位？如果两个人工检票口留一个给换乘旅客通行，还会不会出现换乘旅客赶不上下一班列车的状况？此次投诉是由于汉口站换乘问题一直没有解决，因为检票口通行缓慢旅客面临赶不上下一班换乘列车的问题。检票员对旅客的问询应耐心解释为什么不能放行，安抚旅客情绪，尽可能提供帮助；还应及时汇报给值班员采取改进措施。

案例三

7 月 5 日，某旅客在 12306 网站购买了一张学生票，从 A 站到 B 站，在 A 站进站未成功检票就上车，到达 B 站出站时，出站口工作人员要求旅客补票，旅客表示都已进站乘车至到站为何还要补票，引发投诉。

【点评】

以上案例说明，一是工作人员未向旅客耐心解释互联网购买学生票的相关规定，二是出站口未核实旅客是否成功进站，直接要求旅客补票。

针对此事件，一是工作人员应耐心做好学生票购票条件相关解释工作。二是出站口到补票室应核实旅客是否有购票信息以此确定旅客是否需要补票。三是遇旅客故意刁难或强行出站时，应立即报告值班员、公安等到场处理，同时开启音视频记录仪对处理过程进行拍摄。

案例四

一名无票旅客强行冲击某高铁车站进站闸机，客运员在劝阻过程中说了一句："飞机也是这样要求的"。旅客认为我来坐火车，不是坐飞机，客运员这么说暗指让我上天，是在咒我死，遂向客运值班员投诉。客运值班员接到投诉后一个劲解释客运员绝没有这个意思，是旅客误解了。旅客认为值班员偏袒职工，于是将两人一起向上级部门投诉。

【点评】

客运值班员说的都是实话，但为什么旅客还会不领情，把他也一起投诉了呢？这涉及一个处理投诉的技巧问题。铁路客运人员在面对旅客投诉时首先应该在感情上、心理上与投诉者保持一致。在此案例中，值班员说客运员绝对没有这个意思，是旅客误解了。旅客会认为这句话的潜台词就是"旅客错了"，说客运员没有这个意思那就等于说旅客诬陷客运员，特别是一个联想力如此丰富的旅客当然更觉得值班员与客运员是一伙的，从而不相信其处理，要向上级部门投诉。遇类似问题，换一种说法就会带来完全不一样的效果。值班员应该回答"对不起，他不应该这么说，这么说确实容易让您误会，我代表他向您道歉"，这样讲既会让旅客感觉到值班员完全是站在旅客的立场讲话，也强调了这仅仅是一场误会。

案例五

8 月 3 日，开往北京的 T2 次列车，由于天气原因，晚点未定，这趟车也不知何时可以启动，乘务员不时地为乘客解答疑问，一个小时很快过去了，两个小时过去了，三个小时过去了……越来越多的乘客开始烦躁起来。对于解释,乘客们丝毫听不进去了。乘务员们一边顶住侮辱谩骂,一边仍然耐心做好解释工作,可是列车始终都没有启动,乘客的情绪到了无法控制的局面,投诉的投诉,骂人的骂人。一位老人因劝说一名孩子不要打扰其休息,引起了孩子父母的谩骂,最后竟发展到年轻夫妇对老人动手。见此情景,乘务员小王立刻上前劝说,谁想,男孩的父亲一拳打在她身上。乘客们听到"啪"的一声都循声望去,挨打后的小王仍然表现得十分从容礼貌,丝毫没有责怪对方,用更加温和的语气劝说双方消气。小王如春风般的服务感染了年轻夫妇和老人,一场激烈的冲突就这样双方握手言和了。

5个小时过后,列车终于启动了,这5个小时是乘务组几年来受到的最大的考验。在晚点期间,受尽侮辱的乘务员始终用她们灿烂的笑容为旅客服务,她们用饱满的热情始终在忙碌着。列车启动时,乘务员对于此次列车的晚点以深深的鞠躬表示了歉意,在每位乘客在不同地点下车时仍不忘一句句礼貌的问候。此次列车晚点,给旅客增加了躁动,并且还增加了投诉率,可正是由于乘务员的耐心与温和的态度,感染了每位乘客,使得投诉的旅客纷纷撤除了投诉。

【点评】

对于列车的晚点,旅客们的心情都是躁动的,各种抱怨声,各种吵闹声,交杂开来,可是作为乘务员还是依然耐心回答和解释着旅客的问题。因为旅客之间的冲突,乘务员小王前去劝架,却遭到旅客的殴打,可是乘务员小王依旧是以温和的语气劝说双方消气,乘务员的做法感染了旅客,不管车厢发生了什么,乘务员始终以饱满的热情和温柔的笑容对待每一位旅客,使得旅客的投诉降低至最低,让大家忘记了列车的晚点,使得车厢充满了欢声笑语,该乘务员将服务做得非常好。

案例六

2018年9月8日晚,武汉市民祝先生和夏先生二人乘坐高铁G505从北京回武汉,晚上七点多钟二人到餐车去买了两盒盒饭,打开一看,严重发霉变质。祝先生对此很吃惊,立即向列车上的工作人员投诉。随后,列车长到场处理,向祝先生赔礼道歉,餐车服务员夏慧莲退还了80元餐费。随后,工作人员重新送上了新的套餐,但遭到祝先生拒绝。与祝先生同行的夏先生因为没注意,先把盒饭吃了一大半,出现了上吐下泻的状况。

【点评】

经调查,这次事故投诉的原因在于服务员在售货过程中,给乘客提供了发霉的食物,造成了伤害,以及列车工作人员未发现食品安全问题,存在严重的工作疏忽。

作为铁路工作人员一定要从中吸取教训:一是高度重视旅客食品安全,增强法制观念,提高安全防范意识;二是加强和规范车站食品销售管理,车站与站区食品生产经营单位签订安全协议,加强监督工作;三是严格落实《食品卫生法》,严把食品进货、储存、加工、销售关;四是加强对食品卫生工作的日常检查,及时发现整改存在问题,防控食品安全事故;五是完善相关突发事件应急处置预案,提高应急处置能力。

只有做好了本职工作的标准化规范作业,才能优化服务质量,从而保证旅客的满意舒适度,减少旅客投诉。

项目训练

训练一

[训练目的]

让服务人员更好地去了解旅客，在旅客产生投诉心理时更好地提高服务人员的服务质量，端正服务态度，减少旅客投诉。主要为了解旅客投诉的原因。

[训练内容]

模拟检票服务作业

候车室停止检票后，一旅客持北京到上海的车票强烈要求进站上车，候车室服务人员该如何处理？

同学们扮演同一角色，看大家在同一问题上的不同处理方式。

[考核标准]

教师评分，评分为百分制（10分为一个等级，如100、90、80……），填于表4-2-1中。

表4-2-1 评分

序号	项目	权重/%	得分
1	操作程序是否符合岗位规范	40	
2	工作态度是否友善、不卑不亢	20	
3	反应是否灵活	20	
4	旅客投诉心理是否掌握得当	20	
合计			

评分参考：

①看服务人员是否视旅客情绪，耐心向其解释可以改签或退票；观察旅客反应，再做进一步处理。

②当旅客继续要求进站，看服务人员怎么做出反应，看其是否首先表示理解对方的心情，然后再进行礼貌相劝，争取让对方接受并认为在为他的安全着想。

③如果旅客情绪非常激动，看服务人员能是再耐心做出合理的解释，并且观察服务人员是否给旅客发泄不满的时间，但是决不能迁就放行。

训练二

[训练目的]

通过模拟演练，从中学习作为服务人员在不慎弄脏旅客衣物时应该怎么做，怎样做才能避免旅客的投诉，要充分抓住旅客的心理来进行服务。

服务失误的心理

由同学分别扮演旅客和乘务员，乘务员在送餐时，不慎将饭盒的饭菜洒落，弄脏了旅客的衣物。

[考核标准]

教师评分,评分为百分制(10分为一个等级,如100、90、80……),填于表4-2-2中。

表4-2-2　评分

序号	项目	权重/%	得分
1	操作程序是否符合岗位规范	40	
2	工作态度是否友善同时不卑不亢	20	
3	反应是否灵活	20	
4	旅客投诉心理是否掌握得当	20	
合计			

评分参考:

①考核服务人员是否马上向旅客致歉(语气要亲切,语气充满关心),尽量帮助旅客做整理、清洗等弥补工作,将损失降到最低。

②对于弄脏的衣物,看服务人员是否主动提出帮助旅客清洗。如果在车上无法清洗,应将旅客的联络方式留下,待衣物清洗干净后,以邮寄等方式送还旅客。

③对于损坏程度较大、需要赔偿的衣物,看服务人员如何怎样处理,是否酌情给予赔偿。

④如果损坏或弄脏的衣物是由不可抗力的原因引起的,看服务人员是否向旅客解释由单位有关人员协调解决。

复习思考题

1.怎样正确对待服务过程中出现的差错?

2.引起旅客与服务人员冲突与投诉的原因是什么?

3.简述引起旅客投诉的客观原因。

4.简述引起旅客投诉的主观原因。

5.分析旅客投诉时有哪些心理需要?

6.作为一名服务人员,碰到旅客投诉你将如何处理?

参考文献

[1] 向莉,岳继勇. 民航服务心理[M]. 北京:科学出版社,2013.

[2] 魏全斌,等. 航空服务心理与实务[M]. 成都:四川教育出版社,2008.

[3] 裴瑞江. 城市轨道交通客运服务[M]. 北京:机械工业出版社,2009.

[4] 朱晓宁.旅客运输心理学[M]. 北京:中国铁道出版社,2001.

[5] 魏全斌. 民航服务心理与实务[M]. 北京:师范大学出版社,2012.

[6] 张澜.民航服务心理与实务[M]. 北京:旅游教育出版社,2007.

[5] 赵然. 员工帮助计划:EAP 咨询师手册[M]. 北京:科学出版社,2010.6.

[6] 徐光兴,等. 企业心理咨询·EAP 案例集[M]. 上海:上海教育出版社,2012.1.

[7] 谢弗尔. 压力管理心理学[M]. 4 版.方双虎,等译. 北京:中国人民大学出版社,2009.9.

[8] 杨炎坤,等. 行车安全心理[M]. 北京:中国铁路出版社,2009:1.

[9] 李慧玲,等. 城市轨道交通行车人员安全行为分析与对策[J]. 铁道运输与经济,2014(4):87-92.

[10] 张舒,等. 安全心理与行为干预的研究[J]. 中国安全科学学报,2011(1):23-29.

[11] 陆费楠,等. 乌鲁木齐铁路局列车乘务员健康现状调查分析[J]. 疾病监测与控制杂志,2017(11):8-10.

[12] 韩泽平,等. 4303 名铁路客运职工健康体检结果分析及健康干预对策[J]. 护理实践与研究,2017(14):88-91.

[13] 麦格尼格尔. 自控力:和压力做朋友[M]. 王鹏程,译. 北京:北京联合出版公司,2016:3.

[14] 赵岚. 铁路运输市场营销[M]. 北京:中国铁道出版社,2016.

[15] 彭进. 铁路客运组织[M]. 北京:中国铁道出版社,2015.

[16] 张厚粲. 大学心理学[M]. 北京:北京师范大学出版社,2001.

[17] 朱小瑶. 城市轨道交通运营心理学[M]. 北京:中国铁道出版社,2013.

[18] 赵冰冰,穆丽婉. 满足旅客心理需求,提高客运服务质量[J]. 现代企业文化,2009(6):18.

[19] 谢红霞. 沟通技巧[M]. 北京:中国人民大学出版社,2015.

[20] 张锦. 铁路旅客运输质量服务标准[J]. 铁道技术监督,2003.

[21] 王慧晶. 轨道交通客运服务训练教程[M]. 北京:中国铁道出版社,2015.

[22] 刘尧坤,覃伟,等. 顾客投诉管理与处置技巧[M]. 广州:广东经济出版社,2005.

图书在版编目(CIP)数据

轨道交通客运服务心理与实务(第二版) / 王慧晶主编.
—长沙：中南大学出版社，2021.1
ISBN 978-7-5487-4259-3

Ⅰ.①轨… Ⅱ.①王… Ⅲ.①轨道交通－客运服务－
商业心理学－教材 Ⅳ.①U293.3

中国版本图书馆 CIP 数据核字(2020)第 228465 号

轨道交通客运服务心理与实务(第二版)
GUIDAO JIAOTONG KEYUN FUWU XINLI YU SHIWU (DI-ER BAN)

主编　王慧晶

□责任编辑	刘　辉	
□责任印制	周　颖	
□出版发行	中南大学出版社	
	社址：长沙市麓山南路	邮编：410083
	发行科电话：0731-88876770	传真：0731-88710482
□印　　装	长沙鸿和印务有限公司	

□开　　本	787 mm×1092 mm 1/16	□印张 13.5	□字数 346 千字
□版　　次	2021 年 1 月第 1 版	□2021 年 1 月第 1 次印刷	
□书　　号	ISBN 978-7-5487-4259-3		
□定　　价	42.00 元		